本论文集为“上海市卓越新闻传播人才培养教育基地项目”成果

媒介融合背景下的新闻传播教育

陈丽菲 主编

广西师范大学出版社
·桂林·

图书在版编目(CIP)数据

媒介融合背景下的新闻传播教育/陈丽菲 主编. —桂林:广西师范大学出版社, 2015.6
ISBN 978-7-5495-6857-4

Ⅰ. ①媒… Ⅱ. ①陈… Ⅲ. ①新闻学-传播学-教育研究 Ⅳ. ①G210

中国版本图书馆 CIP 数据核字(2015)第 131857 号

出 品 人:刘广汉
责任编辑:熊 慧
装帧设计:程雨廷

广西师范大学出版社出版发行
(广西桂林市中华路 22 号　邮政编码:541001
网址:http://www.bbtpress.com)
出版人:何林夏
全国新华书店经销
销售热线:021-31260822-882/883
北京东君印刷有限公司印刷
(北京市大兴区黄村镇三间房工业区　邮政编码:102600)
开本:690mm×960mm　1/16
印张:27.75　字数:353 千字
2015 年 6 月第 1 版　2015 年 6 月第 1 次印刷
定价:72.00 元

目录

课程改革与实践探索

七国十八所世界名校新闻传播学科课程设置备览

课程改革与实践探索

媒介融合背景下新闻传播教育发展趋势探讨*

陈丽菲**

在数字技术和网络技术的背景下，以网络、手机为代表的新媒体技术推动信息传播业进入了媒介融合的时代，由此带来了传统媒体和新媒体、传统传媒产业和其他产业之间的交融，形成了融合化的“大媒介”产业形态。同时，传播技术带来的不只是技术本身和生产力的变化，也带来了与此相关联的社会习惯、社会组织和结构的变化，以及传播消费力与影响力的正向度、持久度呈现二律悖反非良性发展的文化困境。

以上的媒介融合发展趋势，对高校新闻传播的人才培养提出了全新挑战。业界对“融合型”新闻传播人才提出了至少如下几种重要能力的要求：对多介质数字化内容资源整合利用的能力；对新媒介技术操作运用的能力；对数字传播产业链增值环节的认知与反应能力；对内容定制、发布渠道的个性化再造能力。它要求新闻传播课程体系建设必须适度增加技术型新课程。但另一方面，特别对发展中国家来讲，新闻传播事业发展的最大课题，

* 本文的课程资料制表整理由研究生吴竹筠同学帮助完成，谨致感谢。

** 陈丽菲，上海师范大学人文与传播学院出版传媒系教授。

是如何为国家和社会的发展、富强起到在内部公共政策协调、外部影响力扩容方面不可替代的作用,因此又必须进一步强调人的参与和人类认识论立场上的责任感。这就为高校的新闻传播教育提出了加强媒介认知和媒介分析新课程的综合素养教育目标。如何照应好这两方面的需求,是目前我国讨论媒介融合环境下新闻传播教育不可回避的两个基本问题。

为了更好地认知这两方面的问题,本文将眼光放远,选择和翻译了来自欧洲、美国、亚洲各区域 18 所高校的新闻传播教育资料①,旨在通过这面小小的折射镜,看看世界各区域在新闻传播教育上的教育设置、课程设置以及教育理念,区分与总结不同的经验与价值观,判断趋势,以为借鉴。

一、本次调查综述:新闻传播学科发展的独立性与偏向度

本次研究随机抽样样本所涉及范围为美洲、欧洲、澳洲、亚洲,性质为综合性高校,高校总数 18 所。它们分别是:英国爱丁堡龙比亚大学、普利茅斯大学;意大利米兰语言与传播自由大学;新西兰奥克兰理工大学;澳大利亚埃迪斯科文大学;美国北卡罗莱纳大学、佛罗里达大学、卡迪夫大学、哥伦比亚大学、密苏里大学、威斯康辛大学、西北大学、谢菲尔德大学;日本东京经济大学、上智大学、筑波大学;韩国梨花女子大学、中央大学。

为了观察新闻传播学学科发展的独立性与偏向度,本文将 18 所高校中新闻传播学科所属学院做了调查与分类,得出结果如下:

① 本文分析所据资料内容,请见本论文集的“七国十八所世界名校新闻传播学科课程设置备览”。

表1　各学校类型和新闻传播专业所属学院统计(2015年)

学　　校	大学类型	新闻传播专业所属学院
英国爱丁堡龙比亚大学	综合性大学	工程、计算机及创意产业学院 ——**艺术与创意产业系**
普利茅斯大学	综合性大学	艺术与传媒学院
澳大利亚埃迪斯科文大学	综合性大学	传播与艺术系
北卡罗莱纳大学	综合性大学	人文与社会科学学院 ——**传播系**
佛罗里达大学	综合性大学	新闻与传播学院
卡迪夫大学	综合性大学	艺术、人文和社会科学学院 ——**新闻与传播系**
哥伦比亚大学	综合性大学	新闻学院
密苏里大学	综合性大学	新闻学院
威斯康辛大学	综合性大学	新闻学院
西北大学	综合性大学	传播学院
谢菲尔德大学	综合性大学	社会科学学院 ——**新闻系**
新西兰奥克兰理工大学	综合性大学	传媒学院
米兰语言与传播自由大学	综合性大学	传播、广告和公共关系学院
东京经济大学	综合性大学	传播学院
日本上智大学	综合性大学	新闻学院
筑波大学	综合性大学	情报学群
梨花女子大学	综合性大学	社会科学学院 ——**互动·媒体学部**
韩国中央大学	综合性大学	社会科学学院 ——**新闻传媒学院**

表格分析：在综合性高校，以学院的大建制来进行新闻传播教育已经成为趋势。上述18所综合性高校中，新闻传播学以独立的学院建制规模

进行专业教育的学校比例为72%,以系的建制规模进行专业教育的学校比例为28%。完全以新闻传播学科对接命名的学校比例为72%,学科设置与艺术创意对接的学校比例为17%,学科设置偏社会科学的学校比例为11%。

以上数据非常明确地显示,新闻传播学院的普遍建立,表明它作为一个独立学科的教育地位在全世界高校的范围内已经得到稳固提升,其发展速度更是超过了曾被普遍认为地位最为尊崇的学科,这个新闻传播学教育学院化时代的趋势在亚洲更是得到显著印证。中国在1990年代初期时相关的院系、专业不到60个,而且多挂靠在文学系、管理学系、图书馆情报系、社会学系等等,2013年新闻传播学系数字已经达到400多个,而且一半以上的涉及高校已经由专业上升到学院的层面;韩国的大众新闻传播类学科教育是从1954年汉城大学创办第一个新闻学系开始的,2006年有相关学系90多个,其中大部分(约70%)是在1993年之后出现的,系名和挂靠也大都走过由分散到集中的路程,大多称作传播学系、新闻系、报刊新闻学系等。[①] 在这样快速扩展的态势面前,大家共同面临着学科的整合与内涵建设问题,如1.劳动市场的供求原则在引进新专业和扩大招生时没有得到应用;2.课程过于学究化,理论与实践课程不平衡,需要更多实践应用课程;3.道德和法律还不是普遍的必修课程。新闻与大众传播研究必须建立在道德与法律的基础上。[②]

亚洲新闻传播学科虽然十年来有了长足进步,但实际上数量的增长与质量的提高之间尚有很大的差距。扩展到以此18所学校为代表的世界范围看,这样的问题倾向度更加多元。

同时,以这18所世界范围内所显现的学科偏向度看,以传播学教育为特色的高校偏理论教育,以新闻学为特色的高校偏实践教育,而媒介管理教

① 车根锡:《韩国的大众传播教育》,载《现代传播》2005年第3期。
② 元佑铉:《重塑韩国新闻与大众传播教育》,载《国际新闻界》2005年6月版。

育,则是两边通吃。基本是三大块的内容。同时,新闻传播教育与其他学科的联系程度以人文和艺术为紧密。新闻传播教育偏向人文与艺术,似乎是世界范围内的认知趋势。这个问题也将在下面再次涉及。

除此之外,本文还发现,新闻传播学内部的课程设置与知识勾连越来越融合为一体,而在外部的教育建制上却分属二科,这是学科独立度上二律背反的现象;以及新闻传播学教学概念正处于扩大化趋势之中。此点将另文专述。

二、各区域高校新闻传播的通才教育趋势

1. 新闻传播学的课程模块与分类调查统计

根据以上学科独立性与偏向度调查结果,本文将新闻传播学教学模块做了"理论型"、"实务型"、"艺术创意型"课程一级分类的基本划分(本文将"媒介管理类课程"拆分到"理论"与"实务"中);同时根据各个学校设置的课程,在每个一级分类下又做了具体的二级划分。这个划分的框架如下:

- 理论型课程
  - 媒介环境类课程
  - 媒介历史类课程
  - 媒介理论分析类课程
  - 媒介法规伦理类课程
  - 语言和交叉学科类课程
- 实务型课程
  - 业界实习实践类课程
  - 产品制作类课程
  - 写作类课程
  - 实用管理技术课程
  - 应用软件学习课程

艺术创意型课程{媒介艺术创意课程；媒介艺术表现课程}

根据以上框架，本文将18所大学的课程综合情况整理如下表：

表2　18所大学新闻传播课程综合信息统计（分为三个表格）

美国（6所）							
		北卡罗莱纳州立大学	佛罗里达大学	哥伦比亚大学	密苏里大学	威斯康辛大学	西北大学
大学类型		综合性公立大学	综合性公立大学；公立研究型大学	综合性私立大学	综合性公立大学；学术型明星大学	综合性公立大学；公立研究型大学	综合性私立大学；私立研究型大学
大学特色专业/学院		农业；工程；数学；生命科学；物理科学；纺织；设计；社会科学	工商管理；社会科学；工程；人文学科	商学；法学；医学；工学；社会与人文科学；艺术	新闻学；医学院；兽医学院；法学院；农学院；工学院	教育系；地理系；历史系；社会学系	传播学院；医学院；法学院；商学院；工程与应用科学学院；文理学院
新闻传播相关专业/方向		3季 传播学春夏秋三季课程	1个 新闻学课程	1个 新闻硕士课程	30个 艺术和文化新闻；商业和经济新闻；融合新闻摄影；融合电台报道和生产；融合电视报道；设计、新兴媒体；创业新闻等	2个 新闻学本科课程；新闻学研究生课程	1个 传播学
教学特色		传播学理论和传媒组织	新闻基础和技能	新闻学研究	创意写作；媒介融合	新闻与大众传播；文科教育	传播学理论与技术

续表

美国(6所)							
		北卡罗莱纳州立大学	佛罗里达大学	哥伦比亚大学	密苏里大学	威斯康辛大学	西北大学
所在学院		人文与社会科学学院传播系	新闻与传播学院	哥伦比亚新闻学院	密苏里大学新闻学院	威斯康辛大学新闻学院	传播学院
具体课程分类统计							
课程种类总数		89	54	4	57	50	48
理论型	媒介环境类课程	11门 多变世界中的传播媒介;传播和技术;游戏研究;环境传播;传播和全球化;媒体和家庭;移动式通讯;网络和社会;新兴技术和社会;组织中的政治传播;环境传播	6门 摇滚和美国社会;技术,变革和传播;大众媒体和你;媒介文学;体育媒介和社会;世界传播系统	1门 新闻业的未来	4门 对抗信息控制;全球传播;国际新闻媒介系统;媒介力量塑造的欧盟	4门 多文化美国中的大众媒介;数字时代的媒介流畅度;解读当代事件;发展中国家中的大众媒体	2门 国际电影;媒介和流行文化
	媒介历史类课程	3门 媒介历史和理论;电影历史(至1940年);修辞史	1门 新闻史	1门 新闻史	2门 美国新闻史;新闻摄影史	3门 大众传播史;大众传播和社会;书籍和印刷的历史	1门 美国电影史

续表

具体课程分类统计							
课程种类总数		89	54	4	57	50	48
理论型	媒介理论分析类课程	17门 个人传播;说服理论概论;小组传播;论证和宣传;公共关系介绍;传播理论概述;非语言传播;传播媒介批判性分析;关系传播;国际和跨文化传播;高级群体传播;政治运动中的传播;组织传播;媒介所有权;游戏和社交网络;风险传播;人类传播理论	4门 新闻业概论;大众传播概论;媒介与传播概论;网络传播		4门 参与式新闻;新闻摄影基础;新闻编辑概论;战略传播的原则	16门 大众传播概论;战略传播原理;科学和环境新闻学;调查研究概论;大众传播定律;传播和公共舆论;大众传播与政治行为;国际传播;大众媒体和消费者;大众媒体和少数派;大众传播专业责任;政治传播;大众传播战略;大众传播与个人;科学和环境传播;大众传播与社会机构	7门 人类传播概论;大众传播;公共关系概论;言辞和说服;人际传播;跨文化传播;组织传播
	媒介法规伦理类课程	2门 传播法;传播中的伦理问题	4门 社会中新闻的问题和伦理;大众媒体中的伦理和问题;媒介和政策;大众传播的法律		3门 新闻法;法律和法庭;互联网法	2门 有关政府和大众媒体的话题;大众传播的法律和政策	

续表

具体课程分类统计							
课程种类总数		89	54	4	57	50	48
理论型	语言与交叉学科类课程	18门 语音学;修辞理论的研究;演讲的解剖学和生理学;语言发展;传播和性别;演讲科学;修辞和数字媒体研究;修辞学评论;传播和种族中的高级主题;视觉修辞;性别和传播中的高级主题;公共关系中的高级主题;传播中的高级话题;高级独立研究;修辞批评：理论与实践;现代修辞理论;传播与社会变革;公共关系理论	1门 新闻研究		3门 新闻业和民主政治;女性和媒介;思考、语言和新闻业	3门 公众、社会和另类媒体;大众媒介和青年;信息时代的健康传播	4门 语言交际基础;数字媒体导论;争议讨论;西北原住民的人类学
比例		57%	28%	50%	28%	56%	29%
实务型	业界实习实践类课程	5门 传播学实习——非本地;传播中的特殊项目;公共关系活动;传播实习;传播活动	5门 新闻中的个人问题;新闻专门研究;新闻实习;新闻摄影实习;应用在线记者		4门 新闻业实践;纽约程式：新闻理论和实践;新闻学留学;新闻摄影商务实践	5门 高级战略传播活动;公共信息活动和项目;促成社会变革的技术;高级大众媒体实践;环境信息和教育项目	8门 语言交际基础研究室;在小组前演讲;小群体动态和讨论;辩论：个人演讲比赛;专业综合;好莱坞生产工厂;实习及职业发展;实习：在好莱坞

续表

具体课程分类统计							
课程种类总数		89	54	4	57	50	48
实务型	产品制作类课程	5门 数字音频音制作;数字视频制作;多媒体制作和数字文化;高级数字音频;高级数字视频	1门 高级在线媒介生产			1门 大众传播研究的概念和设计	5门 数字音频工作站;视频制作;电影制片;专业编剧;独立项目
	写作类课程	4门 电子媒体写作:理论和实践;公共关系写作;通讯写作和生产;采访	14门 写作技巧;报道;多媒体写作;独家报道;高级报道;调查性报道;公共事务报道;文学新闻;公众舆论和编辑分析;杂志和特写;高级杂志写作;体育报道;在线媒体的报道和写作;传播者的写作基础		16门 中级写作;批判性评论;新闻报道;融合报道;高级写作;健康报道技巧;调查性报道;商业和经济报道;新闻报道;高级新闻报道;食品系统和环境的现场报道;科学、健康和环境类写作;国际问题报道;照片故事和摄影评论;食品和酒的功能写作;宗教报道和写作	4门 中级报道;深度报道;非虚构类写作;为媒体开发创造性信息	3门 媒介写作导论;高级视频叙述;科技写作

续表

具体课程分类统计							
课程种类总数		89	54	4	57	50	48
实务型	实用性管理技术课程	22门 传播调查;会议管理;制片公司;公共关系案例研究;量化传播研究方法;传播和冲突管理;电影生产;非营利组织的领导与发展;高级电视制作;语言数据分析;组织传播的评判方法;国际和跨文化交流;组织冲突管理研讨会;传播文化和技术;科学和技术组织之中的人际沟通;来函咨询;传播中的批评和解释调查;应用传播中的定量研究法;应用传播中的定性研究法;视觉内容分析;非营利市场营销和公共关系;移动技术和社会实践	11门 应用事实查明;多媒体报道;新闻调查;编辑;高级编辑和设计;应用杂志;媒介管理和出版;传播者的个人品牌;媒介企业;消费者和受众分析;新闻摄影的调查	1门 论证与推理(案例)	14门 新闻编辑入门;杂志编辑;杂志出版;信息图形;在线读者开发;融合编辑和生产;广播新闻;媒介管理和领导;电子新闻摄影;故事和图像制订;战略写作和设计概论;报纸管理;新闻的创造力和创新性;战略传播管理	11门 大众传播实践;杂志和杂志编辑;网络和广播的电子新闻;战略媒体计划;客户规划(战略研究和战略活动);公共关系策略;数字媒体策略;传播学研究方法;新闻的文学性;质性传播研究法;大众传播的批判和文化方法	13门 学生媒体:视觉新闻;学生媒体:翻译新闻;照明设计概论;多媒体原则;高级语言传播;解释性阅读;青少年创意沟通;讯息设计;图形设计;网站设计和布局;冲突解除;解决冲突和谈判;好莱坞中的神学

续表

具体课程分类统计							
课程种类总数		89	54	4	57	50	48
实务型	应用软件学习课程		1门 视觉新闻	1门 数字媒介	3门 基础摄影和图像编辑;计算机辅助报道;广播/电视新闻中的高级互联网应用		
比例		40%	59%	50%	65%	34%	60%
艺术型	媒介艺术创作课程		6门 设计;杂志设计;新闻摄影;高级设计;专业新闻摄影;高级摄影记者		3门 多媒体策划和设计;高级出版物设计;图形设计		3门 电影学院:好莱坞教育的差错如何产生;著名演讲分析;论文、专栏和评论
	媒介艺术表现课程	2门 公开演讲;表现演讲			1门 视觉传达	1门 多媒体图形	2门 主要电影制片人;解读电影
比例		2%	13%	0%	7%	2%	10%

续表

具体课程分类统计							
课程种类总数		89	54	4	57	50	48
其他专题		传播学专题;传播学独立研究;硕士的指导教学;论文研究;传播学中的定向阅读		校外课程硕士论文	非新闻类选修课(密苏里在上表中的课程基本只统计了新闻类专业课程)	先进概念和技能专题;专题:专业传播事业座谈会;专题:网络空间、超媒体和社会;专题:数字媒体的法律和伦理;专题:新闻的未来;专题:互联网和政治动员;专题:新媒体与社会;专题:视频游戏和大众传播;大众传播话题讨论;大众传播研讨会;论文	

新闻传播国外课程翻译统计整理(日本、韩国、意大利,6所)							
		东京经济大学	日本上智大学	筑波大学	梨花女子大学	韩国中央大学	米兰语言与传播自由大学
大学类型		综合性公立大学	综合性私立大学	综合性国立大学	综合性公立大学	综合性私立大学	私立大学(偏重文科)
大学特色专业/学院		经济学;法学;传播学	新闻学科;英语学科;神学科	生命科学和生物医学;技术;自然科学;社会科学	朝鲜语;经济学;国际关系和贸易;音乐;历史;地理;商务;韩国研究;法律;文学;陶器制作;社会福利	新闻传媒专业;戏剧表演专业;摄影专业;动画专业;广告专业;社会福利专业;统计专业;法学专业;医学专业	翻译;传播学;文学
新闻传播相关专业/方向		3个 传播学本科—全球课程(全球);媒体课程(媒体);企业课程(公司)	2个 新闻学专业本科、研究生	3个 信息科学,知识;信息·图书馆学;信息创生学	3个 媒体信息专业;广告宣传专业;广播影视专业	2个 媒体信息专业;数字媒体专业	8个 本科——传播,媒体和广告;公共关系和商业传播;研究生——市场、消费和传播;电视、电影和新媒体;新闻学硕士;音乐制作和出版硕士(MBA课程);文案和广告传播硕士;出版学硕士
教学特色		媒体理论与技能;社会文化;全球化	新闻学理论与技能	信息情报学	媒介理论与技能;社会文化	媒介理论与技能;数字媒体	媒体语言;广告与公关

续表

新闻传播国外课程翻译统计整理(日本、韩国、意大利,6所)							
		东京经济大学	日本上智大学	筑波大学	梨花女子大学	韩国中央大学	米兰语言与传播自由大学
所在学院		传播学院	新闻学院	情报学群	社会科学学院(互动·媒体学部)	社会科学学院(新闻传媒学院)	传播、广告和公共关系学院
具体课程分类统计							
课程种类总数		58	29	80	77	53	87
理论型	媒介环境类课程	7门 现代社会学;社会心理学;社会研究概论;媒体与传播的社会心理学;媒体、传播与人的关系;全球化研究;社会和传播	1门 时事研究	5门 知识探索的世界;社会文化论;知识信息特论;读书与丰富的社会性;教育文化政策	3门 信息社会和新媒体;人之间的沟通;媒体与现代社会	3门 新媒体与社会;新媒体社会学;未来社会和文化产业	4门 媒体和社会学文化概论;媒体、新媒体和社会网络;经济政策;数字时代的创新和社会
	媒介历史类课程	1门 传播史	1门 新闻史	1门 图书馆文化史论	1门 媒体史		6门 当代史;电影历史与美学;意大利电影史;新闻史;历史和音乐出版实践;意大利出版史

续表

具体课程分类统计							
课程种类总数		58	29	80	77	53	87
理论型	媒介理论类课程	18门 传播原理；信息社会理论；媒体代表；传播学概论；媒介素养概论；多媒体概论；全球传播科学；媒介文化理论；电视文化理论；媒体传播科学；媒介理论；影视文化理论；广播理论；大众传播理论；新闻理论；出版理论；广告理论；企业传播研究	11门 传播原理；国际传播原理；人类行为和大众传播；媒体论；新闻论；广播电视论；杂志论；出版论；电影论；大众传媒（讲座）；美国大众传媒（讲座）	18门 情报科学概论；软件科学概论；智力信息媒体概论；系统控制概论；数据库概论；信号处理概论；认知科学概论；知识处理概论；知识信息概论；信息系统概论；信息基础；特许信息论；医疗信息论；科技传播学；知识论；学术情报基础论；经营情报论；情报经济论	17门 媒体的理解；广告的理解；广播的理解；大众传媒理论；传媒批判理论；媒体社会学；媒体需求者论；媒体心理学；国际传媒；政治传播；媒体产业论；文化产业和版权；虚拟传媒论；数码媒体和文化；视觉传播理论；网络广播的理论及实习；影像媒体产业研究	19门 数字媒体论；媒体内容论；传媒概论；多媒体新闻学理论；大众传播理论；理解传媒经济；虚拟传播；媒体受众理论；国际传播理论；媒体产业论；新媒体内容和文化；传播理论；了解媒体内容；视觉传播理论；数字内容产业；新媒体心理学；人类传播；在线新闻理论；媒体信息公开理论	10门 语言理论与电视技术；视听传播心理学；大众传播理论和技术；新闻语言的理论和技术；定量分析的基本概念信息；传播公共政策；传播学经济；媒体市场；传播、媒体和犯罪；新媒体与数字娱乐
	媒介法规伦理类课程		2门 媒体伦理的立法理论；大众传播的法律与伦理（讲座）	5门 信息社会法制；知识产权概论；情报法；图书馆信息法制论；知识发表基础论	3门 传媒法；媒体伦理案例分析；媒介和政治法律	2门 道德；数字媒体政策论	3门 公法与私法的机构；新闻与出版的权利；版权法

续表

具体课程分类统计							
课程种类总数		58	29	80	77	53	87
理论型	语言与交叉学科型课程	15门 文化人类学;文化学;语言学;跨文化交际;计算机知识介绍;英美文化理论;英语语言学概论;英语和文化理论;现代语言学;当地的文化理论;英国音乐文化理论;艺术理论;公共关系理论;社会心理学;沟通心理学	1门 大众文化论	8门 哲学;社会学;公共经济学;经营组织论;图书馆论;统计学;基础数学;信息数学	4门 PR(公共关系)的理解;消费者心理学;女性和媒体;统计分析及应用	2门 媒体与文化;需求者福利论	9门 符号学;社会研究方法和技术;语言文学和其他;文学与媒体;社会学基础;政治哲学与文化;政治沟通;伦理学与经济学;消费心理学和神经学营销
比例		71%	55%	46%	36%	49%	37%
实务型	业界实习实践类课程	1门 实习		3门 电脑基础·同实习;信息特别演习;实习	6门 媒体现场实习;宣传活动实习;广告活动实习;VJ(电视编导)实习;广播及实习进行报道;影视策划实习	1门 媒体实践	2门 自选培训活动;专业舞台/工作室

续表

具体课程分类统计							
课程种类总数		58	29	80	77	53	87
实务型	产品制作类课程	2门 数据研究研讨会；社会研究研讨会	2门 练习（报纸新闻）；练习（广播电视）	5门 数据结构和算法·同实验；逻辑系统·同实验；情报科学基础实验；逻辑电路实验博客练习	5门 高级报道实习；影像文本实习；网络采访练习；中级报道实习；电子编辑及出版实习		6门 广告实验室；新闻实验室；有效的沟通——实验室技术；职业戏剧实验室；公关实验室；多媒体编辑项目
	写作类课程	4门 英美文学；演讲；翻译和解释方法；学术写作	5门 英语报道；论文写法；报道论；特殊新闻；今天的新闻	1门 自然语言处理	11门 媒体写作基础；报道摄影实习基础；新闻写作基础；新闻报道和写作；新闻评论；国际报道；杂志和特写；高级新闻报道和写作；写作及制作宣传；广告文案；电影理论和批评	8门 新闻写作训练；国际报道；勘探报道论；采访报道论；内容创作实践入门；中级内容创作实践；媒体的报道叙事；消息评论	14门 创意写作—实验室；英文写作和通信；电影故事和叙事；跨媒体故事讲述和叙述；编辑和新闻写作；现代音乐语言与翻译；神奇的词汇；戏剧性的词汇；非营利性文案；伟大的文案；新词；梦想的词汇；词汇的由来；音乐与词汇

续表

具体课程分类统计							
课程种类总数		58	29	80	77	53	87
实务型	实用性技术管理课程	8门 营销管理；沟通战略理论；社会化媒体理论；网络通信原理；计算机网络原理；社会调查理论；广告与消费者的沟通；现场工作技巧和传媒文化研究	5门 外交部新闻；传播技术；编辑论；广告论；媒体控制查	22门 情报可视化；视觉信息科学；机械学习；信号分析；数字信号处理；体验型系统开发；定量调查法；多变量解析；信息探索论；信息行动论；知识资源组织化论；自然资源解析基础；信息服务系统；信息检索法；信息构造；信息处理；图书馆和信息服务的比较研究；信息教育实践评估；情报信息的活用；知识资源记录；知识资源的分析；知识资源的用语管理	16门 广播制作基础；媒体调查方法；广播新闻制作；报道照片制作；宣传战略论；广告和营销；广告宣传战略开发方法论；广告媒体计划论；宣传规划论；传媒员工关系；协同广告企划管理论；营销公关；行政宣传论；整合营销沟通；危机管理；演讲沟通基础	13门 广播方法；媒体领导人；新闻摄影入门；在线新闻服务；电视节目策划；媒介舆论夸张；媒体和技术；媒体接口；媒体研究方法；数字媒体编制组织；移动通信；定性研究方法；内容演示文稿	19门 信息和传播技术；广告语言策略和交际；电影和电视语言；多媒体娱乐公司；文化娱乐事件的组织和管理；传播企业的商业计划；政治话语分析；工商管理；公共关系和企业的沟通；企业文化消费；市场营销；统计和市场调研；企业组织与人力资源管理；影院扩展；电视跨媒体的要素和业务模式；社交媒体和新闻办公室；数字电视的发展与管理；病毒式营销和它的工具；编辑

续表

具体课程分类统计							
课程种类总数		58	29	80	77	53	87
实务型	应用软件学习课程	1门 媒体制作研讨会	1门 影视制作	5门 程序设计入门；软件技术；系统程序；网络编程；信息技术	9门 网络媒体制作；广播广告制作；照片制作基础；多媒体制作实习；综艺节目制作实习；喜剧制作实习；数码影像制作研讨会；纪录片制作；广播制作	3门 视频制作初学；视频制作中级；高级广播影视制作	6门 计算机科学；(网络媒体)新媒体技术；唱片制作；页面布局；封面图形、内部图形与 Photoshop；PDF 印刷准备
比例		28%	45%	45%	61%	47%	54%
艺术型	媒介艺术创意课程			6门 人工智能；模式识别；人机界面；声音听觉信息处理；画像识别工学；画像工学	1门 广告创造性概论	1门 设计的理解利用	4门 创意实验室；数字编辑实验室；照明和拍摄技术实验室；虚拟数字
	媒介艺术表现课程	1门 肢体表现研讨会		1门 信息表现处理	1门 影像美学	1门 媒体美学	4门 媒体声音；视觉研究；动画及视觉效果实验室；视觉信息处理与通信图像
比例		2%	0	9%	3%	4%	9%
其他专题							

新闻传播国外课程翻译统计整理(英国、新西兰、澳大利亚,6所)							
		英国爱丁堡龙比亚大学	英国普利茅斯大学	卡迪夫大学	谢菲尔德大学	新西兰奥克兰理工大学	澳大利亚埃迪斯科文大学
大学类型		综合性公立大学	综合性公立大学	综合性公立大学	综合性公立大学;公立研究型大学	综合性公立大学	综合性公立大学
大学特色专业/学院		工程学专业;旅游与交通;传媒与电影;新闻、出版与公共关系;建筑城镇规划;法律学专业;商务、管理与市场;土木工程专业;艺术与设计;电影制作与摄影;语言学	环境、海洋、供应链、物流、艺术专业	建筑学;土木工程;传媒与媒体研究专业;医学;心理学;会计与金融;法律	建筑学;牙医专业;护理学;新闻学;机械工程;政治学;语言学;哲学;宗教研究	艺术与设计;商业;通信;计算机与科学;创意技术;教育;工程学;保健科学;酒店与旅游;语言和社会科学;法学;体育与娱乐	商业;财务;大众传播;媒介通讯;电脑网络;咨询科技和教育
新闻传播相关专业/方向		2个 出版学硕士;杂志出版学硕士	2个 出版硕士;图形传播与排版课程	3个 媒介、新闻和文化学;新闻与传播学;媒介与传播学	1个 新闻学本科课程	2个 传播学研究学士学位(荣誉);传播学学士	2个 传播学学士(新闻辅修);传播艺术学学士(新闻专业)
教学特色		文化与出版	多媒体技术	媒介理论与文化	新闻技能	多媒体技能和实践	新闻实践
所在学院		艺术与创意产业学院	艺术与传媒学院	艺术、人文和社会科学学院	社会科学学院新闻系	传媒学院	传播与艺术学院

续表

具体课程分类统计							
课程种类总数		11	17	31	16	45	12
理论型	媒介环境类课程	2门 出版环境新闻；信息与社会		4门 广告与消费者社会；媒介和民主政治；社会媒介发展趋势；战争、政策和宣传	1门 记者的公共管理	3门 音乐产业；广播和社会；毛利和帕斯菲卡媒介产业	
	媒介历史类课程	1门 图书史		2门 大众传播和文化的历史；世界电影、历史与文化			
	媒介理论类课程		2门 出版创意产业；设计研究导论	7门 媒介知识；理解新闻研究；进行媒介研究；全球新闻学；公民媒体；创意和文化产业；传播和文化	3门 新闻研究介绍；理解媒介；网络新闻	6门 人际传播；媒介传播；新闻学原理；跨文化传播；广播新闻准则；说服性传播	8门 政治新闻；新闻学概论；新闻自由；体育新闻；科学新闻；商业新闻；健康新闻；电视新闻
	媒介法规伦理类课程			2门 媒介和民主政治；媒介法律	3门 新闻伦理问题；道德与新闻；媒介法律	2门 应用媒介伦理；新闻法律和伦理	1门 媒介法规和道德

续表

具体课程分类统计							
课程种类总数		11	17	31	16	45	12
理论型	语言与交叉学科型课程			8门 公共关系和新闻媒介;体育和媒介;媒介、种族主义和冲突;政治暴力的中介;流行音乐和身份;新闻、新媒体和公众;流行文化;高清电视	1门 谢菲尔德声明—地方问题的全球视野	4门 大众文化导论;媒介心理学、策略和策划;创意产业和电影;商业环境中的传播	
比例		27%	12%	74%	50%	33%	75%
实务型	实习实践类课程	3门 出版实践:从概念到创意;出版实践:从创意到客户;出版实习及专业发展	7门 出版流程;出版工作经验/合作;设计商谈;识别设计沟通;编辑设计沟通;信息设计沟通;出版实践和目标市场	1门 文化机构:理论与实践	1门 新闻技能(第二部分)	2门 采编部任务;高级演播室生产	3门 广播新闻编辑室;新闻编辑室专业安排
	产品制作类课程	3门 杂志出版;活动与创作;小说出版印刷	2门 设计研究开发;设计研究呈现	1门 展示		1门 电影生产实践	

续表

具体课程分类统计							
课程种类总数		11	17	31	16	45	12
实务型	写作类课程			4门 科学、环境和健康报道；报道科学；当今媒体的写作；轻写作	2门 研究和报道；杂志新闻和特写	9门 新闻报道；公共事务报道；高级新闻报道；写作原则；高级文案；为演播室写作；电视生产管理；编剧：戏剧；编剧：非虚构	
	实用性管理技术课程		1门 理解沟通（设计案例研究）	2门 新闻的制作和塑造；管理媒介传播	5门 新闻技能（第一部分）；广播新闻1；广播新闻2；广播新闻3；新闻技能（第三部分）	13门 媒介生产研讨会；音频生产技术；电影叙述生产；声音制作；技术和创作；摄影；编辑和设计；广播新闻；摄影新闻；电视新闻；杂志新闻；移动新闻；数据新闻	
	应用软件学习课程	2门 产品出版学；创意工具	2门 排印与图像；设计与排版				

续表

具体课程分类统计							
课程种类总数		11	17	31	16	45	12
比例		72%	71%	26%	50%	56%	25%
艺术型	媒介艺术创作课程		3门 识别设计；编辑设计；信息设计			2门 技术和创造性表达；高级广告艺术指导	
	媒介艺术表现课程					3门 图像和声音；表演传播艺术；摄影表现	
比例		0%	18%	0	0	11%	0
其他专题		毕业论文	出版论文或出版项目与报告；主题设计；重点设计；毕业论文	论文		广告创意的特定主题；创意产业的特定主题；新闻的特定主题；数字媒体的特定主题；公共关系的特定主题；广播的特定主题；电视和电影生产的特定主题	

以上将18所大学所能查到的课程均作了框架上的归类和划分①，回过头来，再根据此前设定的三大模块理论型、实务型、艺术创意型进行比例上的统计，得出结果如下：

表3 18所高校三大模块课程设置比例统计

学校名称	理论型课程(%)	实务型课程(%)	艺术创意型课程(%)
英国 爱丁堡龙比亚大学（特色：工程学专业；旅游与交通；传媒与电影；新闻、出版与公共关系；建筑城镇规划；法律学专业；商务、管理与市场；土木工程专业；艺术与设计；电影制作与摄影；语言学）	27	72	**说明：因为只有“媒介创造工具”学习模块，无法具体统计比例**
英国 普利茅斯大学（特色：环境；海洋；供应链；物流；艺术专业）	12	71	18
澳大利亚 埃迪斯科文大学（特色：商业；财务；大众传播；媒介通讯；电脑网络；咨询科技和教育）	75	35	0
美国 北卡罗莱纳大学（特色：农业；工程；数学；生命科学；物理科学；纺织；设计；社会科学）	57	40	2
美国 佛罗里达大学（特色：工商管理；社会科学；工程；人文学科）	28	59	13

① 由于各学校的教学网页展示详略不同，有些学校给出的课程为模块展示，故以上课程统计并非18所学校的所有课程。

续表

学校名称	理论型课程(%)	实务型课程(%)	艺术创意型课程(%)
美国　卡迪夫大学 (特色专业：建筑学；土木工程；传媒与媒体研究专业；医学；心理学；会计与金融；法律)	74	26	0
美国　哥伦比亚大学 (特色：商学、法学；医学；工学；社会与人文科学；艺术)	50	50	0
美国　密苏里大学 (特色：新闻学；医学院；兽医学院；法学院；农学院；工学院)	28	65	7
美国　威斯康辛大学 (特色：教育系；地理系；历史系；社会学系)	56	34	2
美国　西北大学 (特色：传播学院；医学院；法学院；商学院；工程与应用科学学院；文理学院)	29	60	10
英国　谢菲尔德大学 (特色：建筑学；牙医专业；护理学；新闻学；机械工程；政治学；语言学；哲学；宗教研究)	50	50	0
新西兰　奥克兰理工大学 (特色：艺术与设计；商业；通信；计算机与科学；创意技术；教育；工程学；保健科学；酒店与旅游；语言和社会科学；法学；体育与娱乐)	33	65	11
意大利　米兰语言与传播自由大学 (特色：翻译；传播学；文学)	37	54	9

续表

学校名称	理论型课程(%)	实务型课程(%)	艺术创意型课程(%)
日本　东京经济大学 (特色：经济学;法学;传播学)	71	28	2
日本　上智大学 (特色：新闻学科;英语学科;神学科)	55	45	0
日本　筑波大学 (特色：生命科学和生物医学;技术;自然科学;社会科学)	46	45	9
韩国　梨花女子大学 (特色：朝鲜语;经济学;国际关系和贸易;音乐;历史;地理;商务;韩国研究;法律;文学;陶器制作;社会福利)	36	61	3
韩国　中央大学 (特色：新闻传媒专业;戏剧表演专业;摄影专业;动画专业;广告专业;社会福利专业;统计专业;法学专业;医学专业)	49	47	4

分析上述资料可见,设有新闻传播学科的高校,无一例外都是综合性高校;但随着高校的学科设置偏向、课程资源的不同,新闻传播学科的课程特色也有不同：凡是高校设有新闻传播学科或社会科学学科的,均比较重视理论性课程建设,如埃迪斯科文大学有75门理论课程,卡迪夫大学有72门,东京经济大学有71门,北卡罗莱纳大学有57门,威斯康辛大学有56门,上智大学有55门,哥伦比亚大学有50门,而普利茅斯大学人文学科的理论课程只有18门,但由于此校有艺术学科,所以新闻传播的艺术课程多到18门,相比于这个数字,如哥伦比亚大学、上智大学、谢菲尔德大学、卡迪夫大学,艺

术类的课程设置是 0，就只能是望尘莫及了。新闻传播学学科体系中最为稳定的课程设置是实习实践类课程，最少的大学也有 28 门(东京经济大学)，最多的课程是 65 门(并列的有密苏里大学、奥克兰理工大学、普利茅斯大学)。

因此，总体来看，18 所学校课程设置中偏重理论性课程的有 6 所，偏重实务性课程的学校有 8 所，两者并重的有 2 所；而单独的艺术性课程相对较少，多数高校的新闻传播学艺术、美学类教学内容，是作为具体实务类课程中的部分内容加以呈现的方式来完成教学目标的。

为进一步看清这 18 所大学的课程设置所表现出来的新闻传播学课程建设趋向，本文再做表 4 如下：

表 4　18 所学校二级课程种类涉及课程总量排序

序列	课程总类	课程总量(门)
1	实用性管理技术课程	176
2	媒介理论分析类课程	169
3	写作类课程	99
4	语言与交叉学科理论性课程	81
5	媒介环境类课程	61
6	实习类课程	56
7	产品制作类课程	39
8	法规伦理类课程	34
9	应用软件学习课程	34
10	艺术创作学习课程	27
11	媒介历史类课程	24
12	艺术表现学习课程	16

上表的课程是根据本文设定的课程三大模块框架下二级模块的细分来统计的。以上18所高校资料收集所得共816门课程。为避免琐细,更好地理解此间的倾向,现将课程作这样的划分观察:

(1)理论素养型课程:

媒介理论分析类+媒介环境类+媒介历史类=169门+61门+24门=254门

(2)职业素养型课程:

语言与交叉学科类+法规伦理类+艺术创作类=81门+34门+27门=142门

理论、素养型课程两者相加:254门+142门=396门

(3)实用技能型课程:

实用管理+写作+产品制作+实习实践+应用软件+艺术表现=

176门+99门+39门+56门+34门+16门=420门

(4)艺术型课程总数:

艺术创作+艺术表现=27门+16门=43门

首先,我们可以看到,816门课程中,理论素养教育有396门,占全体课程的48.53%,技能与实习类课程有420门,占全体课程的51.47%。所以,单纯从课程设置的内容深度、广度比例来看,作为有"实践性反思"特点的新闻传播大学教育,课程开发着力点的总体倾向还是新闻传播人才培养中的理论与素养教育。

其次,若按二级课程分类下各学校所包含课程数量总和的统计,可以看出,前六名中实务性和理论性的课程各占一半。在实务性方面,多数学校重视对新闻、出版和传播过程中可能遇到的具体问题对策性训练,课程涉及出版、新闻、广播、电影电视、广告、网络传播等诸多领域,包含项目运营、媒介管理、产品制作、编辑方法、写作技巧等多方面,其中语言与写作是重点教育,并辅以相关实习计划和项目实践,力求提高学生进入行业的实际操作水平。

在理论性方面，除了重视传播学、新闻学的相关理论普及，多数学校重视对当今传播环境的整体性介绍与研讨，力求探索传播领域内各产业的运行状态，同时补充与传播学相关的一些必要交叉学科的理论知识，如语言学、修辞学、政治学、经济学等学科，也被应用到传播学的理论性学习过程。

2. “新闻传播”概念的不断扩大化：通识性课程与通用性人才培养的趋势

根据以上归纳总结与初步分析，可以看到，比较适合新闻传播学作为通识性课程学习的课程类型大致应有：

（1）基于传播学理论与媒介素养教育的课程（大众传播与媒介伦理的理论教育）；

（2）新闻传播技术实务课程（产品编辑和制作课程教育）；

（3）媒介经营管理课程（媒介管理与市场策略制定教育）；

（4）新兴技术与社会发展课程（对当代媒介技术以及媒介与社会关系的探讨）。

在这里，本文以上文“作为有‘实践性反思’特点的新闻传播大学教育，课程开发着力点的总体倾向还是新闻传播人才培养中的理论与素养教育”的结论为依托，得出新闻传播学教育发展的一个重要动向，即“新闻传播”概念在不断扩大化中的观察结论。

新闻传播教育机构的兴盛，依托于信息化背景下媒介机构大爆发的公共洪流，于是信息媒介与社会认知观察教育也就必然地、势不可挡地渗入了传统的新闻教育内容，毫无疑问，它迅速扩展了新闻传播学科的疆界。因此，大学的新闻传播培养方案和课程组合之效果，也应该重点考虑让学生具有平衡的思考能力、宽泛的知识结构与良好的知识迁移能力、沟通能力和具有丰富的专业实践经验。我们所看到的 18 所大学的新闻传播教育课程，几乎都走在这条通才型教育的路上。当然，我们可以分出这条路上两种不同倾向的代表。一种是以密苏里大学、奥克兰理工大学、普利茅斯大学(实践类课程均为65门)为代表的实务型教育为主的流派,其主要特征是:(1)重视大众传播的技能和方法,重视人际、组织等传播的研究与体验;(2)对修辞写作教育和沟通教育非常重视;(3)强调实习实践,强调媒介融合经验细分传授与研究;(4)课程教育与研究注重与商界、政府的密切联系。一种是以埃迪斯科文大学(有75门理论课程)、卡迪夫大学(有72门)、东京经济大学(有71门)、北卡罗莱纳大学(有57门)等为代表的文化型教育流派,其主要特征是:(1)注重媒介融合背景下广泛的社会和文化背景教育;(2)强调社会背景对传播活动的影响力和塑形力;(3)注重新闻传播业实际训练的同时,也注重与学术层面相关的视野拓展。

但是,不管这两路的课程特色体系有何不同,适应信息化形势的需要,强调媒介发展背景下人的参与和人类认识论立场上的责任感,将“培养编辑与记者”的功能主义教学目标,移位为培养“社会观察教育与传播实务并重”的通用型人才教育目标,是符合新闻传播学毕业人才对社会各类职业岗位广泛参与现实状况的。这个理念强调,新闻传播学科培养出来的人才即使不进传媒,也应成为“富有良知的社会一员”。

淡化纸质属性，重塑媒介观念

——新媒体环境下报纸编辑学课程转型引发的思考

李　静*

20世纪90年代后期，笔者本科就读于新闻系，在报纸编辑学的课堂上花了不少力气练习如何画版，如何计算版面字数，但大学毕业进了报社才发现，电脑排版已经全面使用，根本不需要计算每篇文章的字数，直接把文字块拖到版面上多删少补就行了。这件事给我留下深刻印象，因此，从2008年为上海师范大学编辑出版学专业本科二年级开设报纸编辑学课程起，我每学期都会修订教案，希望学生学到的知识不致沦为"屠龙之技"。起初我坚信"内容为王"，相信不管媒体的介质如何，新闻编辑的一些基本概念、操作思路是不会改变的，需要做的只是更换案例、更新操作技术、关注时下热点。然而，近年媒介环境日新月异，尤其是2014年国内多家报纸宣布停刊，我感到对报纸编辑学课程的小修小补并不能解决问题。麦克卢汉所说的"媒介即讯息"之含义从未如此清晰，纸媒的理念无法原封不动移植到新的传媒载

* 李静，上海师范大学人文与传播学院出版传媒系讲师，博士，主要从事传播理论与报刊实务研究。

体上，除了技术之外，整个课程的框架，乃至整个传媒行业的内涵与外延、历史与理论都在经历挑战与重塑，需要反思与重新界定。

这或许是传媒相关专业教师窘境的一个缩影。许多传统学科的课程，比如高等数学或者古代汉语，讲授的概念、范围和基本知识可以数十年不变，如果讲授内容有所变化，通常只是随着教师对本领域的理解和精研而进行深入拓展或侧重。而传媒相关课程却要随着环境的飞速改变而经受考验。过去奉如圭臬的理念与规范，完美如艺术的操作流程，花了许多精力和时间学习与训练得来的经验，或许已不适应新的传媒环境。一项技术，或许教师才刚刚掌握，在业界已成明日黄花。

在近年的教学中，我试图将报纸编辑学这门课程逐渐转型为新闻编辑学，一方面淡化课程的纸媒属性，另一方面补充新媒体时代新闻编辑所需的更新的理念、规范与技能。下文将叙述报纸编辑学课程在新媒体环境中遭遇的各方面挑战以及笔者的转型尝试。这些尝试并不成熟，笔者对许多问题亦心怀疑虑、踌躇不已。本文期待抛砖引玉，也为传媒教育领域有同样困惑的同仁提供些微借鉴。

一、报纸编辑学课程转型的背景

报纸和新闻是两个密切相关的概念。一方面，大多数报纸的主要内容是新闻报道，“报纸”一词的英文为“newspaper”，直译就是新闻纸；另一方面，报纸新闻也是传统新闻报道的代表。在很长一个时间段内，报纸几乎就等同于新闻媒体，例如我国最早的新闻史著作就是戈公振先生的《中国报学史》。广播、电视兴起后，虽然广播新闻、电视新闻有其独特的制作技术与广泛影响，但由于纸媒便于保存、可供仔细研读的特质，报纸新闻整体来说撰写要求更高，编辑流程更为严谨。

具体到我国,1942年延安整风时期,中国共产党明确提出党报的党性原则,经过半个多世纪的打磨、完善,以新闻工作的党性原则为核心的党报理论一直指导着我国的新闻实践。再加上我国广播电视事业在20世纪80年代以后才蓬勃发展,报纸在很长时间内是公众能接触到的影响最大的新闻媒体,因此在中国共产党领导下的新闻传媒序列中,报纸尤其是党委机关报也长时间居于主导地位。

以上种种原因导致报纸编辑学虽是新闻编辑学的一个分支,但在过去的教学中,许多新闻传播类院系的新闻编辑学课程都是以它为主体。以普通高等教育"十一五"国家级规划教材、国家精品课"新闻编辑"配套教材,中国人民大学出版社出版的《新闻编辑学》①为例,书名虽为"新闻编辑",其讲授的微观业务与技术都是基于报纸编辑工作的。这不难理解,因为新闻编辑业务不能脱离具体的传播介质而存在,在纸媒为主流的年代,新闻编辑教育自然也是以报纸编辑教育为主。

在今天的媒体环境中,新闻编辑微观技术、新闻产品策划、新闻生产组织、新闻制作规范等等都有了很大变化,这便迫使新闻编辑教育也要随之变化。下文将对此一一说明。

二、报纸编辑学课程遭遇的挑战与转型尝试

1. 微观操作技术:从报纸版面到客户端

新闻编辑的微观操作技术是报纸编辑学课程最先受到挑战的部分。

例如,制作新闻标题是报纸编辑的一大传统技能,"许多报社都把这项

---

① 蔡雯、许向东、方洁:《新闻编辑学》,中国人民大学出版社,2014年。

技能看作是衡量编辑水平的标尺之一”[①]。报纸新闻标题有其特殊规则，标题的结构、长短、字体大小、与文字块及图片的搭配，都与报纸的视觉效果相关，是在近两百年的现代报纸发展过程中为适应对开或者四开的报纸版面而形成的。但以 PC 端阅读为主的新闻门户网站对新闻标题的要求就有了变化，像“引题＋主标题＋副题”这样的三行题是典型报纸标题，但在新闻网页上不再实用，网页新闻最常用的标题形式是“一行、两段”题。除此之外，网页新闻的长短字数、组合元素、编排逻辑都和纸媒新闻标题迥然不同。到了移动客户端，屏变得更小，新闻发布方式也由“展示”变成“推送”，标题的要求又起了进一步变化。在实际教学中，我减少了对报纸标题规范的讲授，而增加 PC 端和移动客户端新闻标题的编辑技巧。

再如，报纸的版式设计部分。排版是报纸编辑的重要本领，它不仅仅是一个技术活，而且是一种审美、一种艺术，是编辑将自己的新闻判断用视觉呈现出来的思维方式。我从 2008 年起参考了《美国报纸视觉设计》[②]、《报刊装帧设计手册》[③]等，对版面的设计潮流、基本概念、版面语言、版面设计方式、新闻照片与插图等进行全面讲解。整章共安排 15 个课时，绘制了 40 余张版式示意图，搜集了国内外 300 多个经典报纸版面，配合 10 余道排版练习题与上机操作。然而，不过短短几年，在互联网迅速普及乃至智能手机风靡的现在，媒介融合势不可挡，移动终端更是取代个人 PC 机成为时下最流行的阅读终端。作为一名教师，最直观的感受就是：“九零后”学生几乎从来不看报纸。他们并不是不看新闻，也不是不看报纸等传统媒体生产的新闻内容，但他们阅读的新闻大多来自社交媒体推送或互动，手机几乎片刻不离身。面对这样的学生，该怎么去讲基于纸张介质的那些概念——版面、报头、报眉或者顶题、加框、破栏？

---

① 蔡雯、许向东、方洁：《新闻编辑学》，第 202 页。

② 许期卓：《美国报纸视觉设计》，中国人民大学出版社，2008 年。

③ 蒂姆・哈洛维：《报刊装帧设计手册》，杜然译，中国财政经济出版社，2006 年。

基于备课投入的精力、时间与生长于印刷时代的个人情感,我希望能继续讲授报纸版面设计。然而从理性上说,新闻去纸质化的潮流是难以逆转的,因此我也只能忍痛砍掉大部分纸质版面设计相关知识,而转向新闻网页和客户端的视觉编排规则与技巧。这类实践在业界推行的时间并不长,尚未形成成熟统一的规范,许多新闻类新媒体,例如新闻 APP,它们本身对受众的需求和喜好也在摸索之中。这就对教师备课提出了更高的要求。

2. 新闻产品设计:从整体到碎片化

新闻编辑不仅仅是干雕章琢句、编编排排的活儿,媒介产品的设计也是新闻编辑的重要能力。

在讲新闻媒介产品设计这一部分时,起初我顺理成章地以报纸产品为案例,选取了某一期上海《东方早报》,那期报纸共有 5 叠 80 个版,分别是新闻时事版组、经济版组、文化体育版组、房产周刊、汽车周刊。通过剖析这期报纸的结构,我会给学生讲解本地新闻、国内新闻和国际新闻的区分和不同来源,专副刊和每日新闻的采写出版区别,新闻版和评论版的区别,版组之间和版组内部版面安排的逻辑关系,等等。这个案例我连续用了两三个学期,当时我认为这些基础知识不会过时,即使将来学生毕业后不去报社而是去新媒体工作,这种对媒体产品结构的理解也是有益的。但随着自己对各种新媒体的使用,尤其是移动客户端新闻产品,例如微信公众号和新闻 APP 的使用,我渐渐明白,传统新闻媒介产品的设计思路,其实与移动终端时代的产品迥然不同。

无论是报纸版面还是广播和电视的节目单,往往是“大而全”的,一份日报有从本地要闻到国内新闻到国际新闻,从政治经济法律到文化教育娱乐的种种版面,一个电视新闻频道有早间新闻、午间新闻、晚间新闻等等栏目。它们总是试图表达大千世界的芸芸图景,或者至少是自己覆盖的某一领域的所有重要新闻，正如19世纪晚期《纽约时报》提出的办报方针所述："……用一种简明动人的方式，提供所有的新闻；用文明社会中慎重有礼的语言，来提供所有的新闻"[①]，或者如同《新京报》初创刊时的广告语——"负责报道一切"。

传统新闻产品也往往强调结构的整体性。例如某个报纸版组，哪个版面放在前面，哪个版面放在后面，常常有精密的逻辑。一档30分钟的新闻调查节目，可能包括5分钟的本周新闻资讯、5分钟的旧闻回顾、15分钟的焦点事件访谈再加5分钟的嘉宾对话，各版块之间也会强调一种承接、过渡和分工。甚至PC时代的新闻媒介产品亦是如此，新闻门户网站沿袭了与传统媒体类似的，强调整体与"大而全"的结构，这只需看看新浪和搜狐的新闻门户网站上数量繁多的新闻频道与栏目就知道了。

然而，在移动客户端迅速流行的时代，新闻媒体真正在向碎片化、小型化和个人定制式发展。《搜狐新闻采编规范》中即提出，手机客户端的每日推送新闻不宜超过6条。[②] 一个微信公众号发的报道往往一天只有两三条，重点报道则大多只有一条，而这精选的几条新闻，往往是十分切合订阅者个人口味的。智能匹配的新闻客户端更是能够根据客户的阅读兴趣，挑选与推送客户感兴趣的报道。这既是技术进步的体现，也迎合了现代社会公众倾向于利用碎片时间阅读的需求。

观察到这些变化后，我对新闻媒介产品设计的教学内容作了调整。除了增加新媒体新闻产品的讲授内容外，更要求学生对当前市面上的新媒体产品作研究分析，在课后设计练习中，鼓励学生进行新媒体产品设计，并联系实际分析其可行性。

---

① 迈克尔·埃默里、埃德温·埃默里、南希·L.罗伯茨：《美国新闻史——大众媒介解释史（第九版）》，展江译，中国人民大学出版社，2009年，第293页。

② 吴晨光：《〈搜狐新闻采编规范〉精选之三：手搜"水"有多深》，搜狐传媒，2015－03－03，http://media.sohu.com/20150303/n409305389.shtml。

3. 新闻媒体的生产组织：从集中到分散

新闻媒介产品的设计不仅仅是内容的编排，它还与内容的生产方式紧密相关。例如，报纸的本地新闻一般由本报社记者采写，国内新闻和国际新闻一般是向通讯社购买或与其他媒体交换、从网络获得等等，而专副刊版块的生产周期一般是以周为单位，所以采写与编辑发排周期都与以日为单位的时事新闻生产部门有所不同，这些都会直接影响到新闻媒体内部的部门分工以及生产流程。所以，在新闻媒介产品的形式和内容发生变化之后，传统的新闻编辑部组织方式和新闻产品生产流程也必将发生剧烈的改变。

现在，许多新媒体产品虽然来自传统媒体，但它们就不再执著于"大而全"，而是"分而治之"，往往会推出系列公众号或 APP，每个产品只专注于一个较小的领域或话题，针对小众人群。伴随着这种变化，过去严格按照"条线"组织，以及强调总编辑（编委）—部门主任—责任编辑—记者这种自上而下的层级的新闻编辑部，必将变得更为扁平、分散、去中心化，甚至以后的编辑部办公场所也不一定是传统的办公楼大格子间，而会更趋小型和个人化。在业界实践中，多数媒体机构的栏目、节目进行产品外包也早已司空见惯。

仍以人大版《新闻编辑学》教材为例，其第一章"新闻编辑概论"中用数页篇幅介绍了《人民日报》由几百人组成的多达 11 个部门的庞大编辑部，以及 10 个工序的报纸新闻编辑流程。在实际教学中，我对报纸的组织结构与生产流程亦作了简单介绍，但也强调了当前的发展趋势。

4. 新媒体时代新闻编辑需要加强的技巧：核实与分发

在今天的《报纸编辑学》课程中，除了对以往内容的修改之外，我还主要增加了以下内容的讲授：(1)对新媒体环境下新闻来源的鉴别；(2)通过新闻客户端和社交媒体发布新闻的技巧。

今天新闻编辑对新闻的“把关”,含义和过去有所不同。传播学中古典的“把关人”理论认为新闻流向公众是一个线性的过程,如果大众传媒关闭了通向公众的关口,新闻就不会为公众所知。今天,科技把公众从被动消费者变成了主动参与者,媒体已经无法决定公众应该和不应该知道什么。今天的新闻编辑要做的是帮助公众从信息中理出头绪——新媒体环境中信息泛滥,但失实的可能性并不是减少了而是增加了。在这一认识的基础上,我整理了新媒体环境中的各种新闻失实案例,并综合能找到的国内外著名新闻网站的编辑规范,讲授新媒体环境中的新闻编辑规范,主要包括对消息来源的核实、消息出处的注明、嵌入社交媒体内容的规范、如何进行更正或更新等等。

对传统的新闻媒体来说,“分发”一般不由编辑负责,报纸和广播、电视都有专门的发行部门,编辑一般只需进行内容制作。但在新媒体环境下,“分发”成为一项值得重视的新闻编辑技能。编辑和受众间的中介环节消失了,编辑要直接把内容发送到受众那里,这就衍生了许多新的技巧。仅以移动客户端进行新闻推送的时间为例,除重大突发新闻发生后要尽快推送外,一般在早中晚高峰时间各需要推送一条重要新闻——早高峰是7点到8点,便于读者上班路上阅读;午高峰是12点到13点,午休时间;晚高峰则是20点到22点,晚饭后的休闲时间。一些媒体客户端甚至推出“夜读”模式的深夜推送。除此之外,如何让新闻便于搜索,如何做导读,如何使用关键词,新闻最终页如何编辑等等,都有独特的技巧。对此,我搜集了国内外媒体新闻客户端的案例对此进行讲解,并要求学生自行阅读分析比较。

三、报纸编辑学课程转型引发的思考

本文上一部分不厌其烦地讲述了许多报纸编辑学课程转型的细节,哪些东西过时了，哪些东西需要补充。可能有人会问，直接把报纸编辑学课程取消，代以新闻编辑学不就可以了吗？当然，变更一门课的名称是很简单的。但是，建立起一门新的课程框架并非易事。讲授一门课程就是对一个领域的梳理和建构，只能是一个循序渐进，不断补充与完善的过程。何况新媒体新闻编辑的业界实践，本身还处在一个不断探索发展的过程中。但毋庸置疑的是，今天的新闻媒体已经不同于过去的了。通过对报纸编辑学这门课程转型的实践，引发了我下列思考：

其一，在新媒体时代，传媒相关专业教师的思维方式必须挣脱纸质传媒的框架。

如前文所述，报纸编辑学这门课程，小到微观操作技术，大到新闻产品设计，乃至新闻生产流程与媒体的内部组织、操作规范，在新媒体环境下全都起了变化。也就是说，纸媒的知识想“平移”到互联网新媒体中，几乎是不可能的。以媒介融合为基本特征、以移动终端为流行载体的新媒体时代要求的不仅仅是淘汰一些过时的知识点和增加一些新的知识点，而且要求的是对整个纸媒思维的一种颠覆。

如果教师的思维故步自封，就会对学生的思维产生桎梏。以本人讲授新闻媒介产品设计这一章的经历为例，某次我对学生设计的媒介作品不太满意，觉得可行性都不太强，受众不会喜欢。但转念一想，我自己讲的案例是以强调“大而全”和整体性的纸媒产品，又怎么能要求学生不照葫芦画瓢而设计出灵活的、个性化的产品？

其二，在新媒体时代，传媒相关专业的课程设计应该重塑媒体观念。

报纸编辑学课程是基于传统媒体类型而设置的。从19世纪30年代大众报刊的出现开启了大众传媒时代以来，书籍、报纸、杂志、广播、电视等传统媒体在各自领域可以说都发展到了极致，形成了相对独立的职业理念、操作规范、市场运营机制等等。以纸媒为例，我国的行业体系中，图书对应的专业化媒介组织是出版社，报纸对应报社，杂志对应杂志社。在实际操作中，这三种纸媒的从业路径不同，人员流动不多，媒体组织内部结构和生产流程也迥异。从职业理念上说，图书编辑强调"优秀文化的传播"，杂志编辑强调"小众兴趣"，报纸强调"新闻专业主义"。传媒教育在作课程设计时，往往以媒介类型为区分，毕业生输送方向也往往更注重去传统媒体。

但是，互联网打破了传统媒体之间的壁垒。学者喻国明认为，互联网并不是和报纸、书籍、广播、电视对等的一个新的传播渠道或媒介，它是一种重新构造世界的结构性力量，它比传统媒介高出一个维度，能生长出新的社会空间、运作空间、价值空间。从某种程度上来说，传统媒介始终是以机构为元素的传播系统，从活字印刷到书刊出版、报纸广播电视，虽然形式上有了很多变化，但是它们都是以媒介机构为基本单位来运行的。而这种机构的运行在一个社会的运行中，就要受到强力者的控制和把握，无论是政治的强力者还是财富的强力者。所以总是少数人把它作为传播工具牢牢掌握在自己手里，而很少能够为社会大众自由地分享。而互联网恰恰激活了比机构更为基本的社会基本要素——个人，使每个人都成为这个传播系统中的一个元素、一个基本单位，互联网所创造的所有价值、机会其实都是对元素集的激活。①

基于这一理解，以后的传播可能会呈现以下态势：职业传播机构的传播垄断会越来越被打破，传播会进入"业余传播"阶段。内容生产会向"职业媒体生产内容＋用户生产内容＋企业生产内容"的混合模式转变。当然这不是说职业媒体会消失，而是说媒体概念会发生很大变化。这对传媒教育的学生培养方向会产生很大的影响。

新闻出版编辑等传媒相关技能并不是独立的存在，它的背后必定渗透着我们对媒介的理解。在新媒体时代，我们脚下的历史与理论都在动摇，这

---

① 喻国明：《现在所有媒介融合基本逻辑是错误的》，传媒大观察，2015－01－05. http://www.mediaob.com/viewpoint/2015/0105/618.html。

对教师来说是非常大的考验。更新知识结构，从理论的高度思考整个专业教育的重新界定，重新建构本课程领域的知识和概念体系，是传媒相关专业的当务之急。

出版学专业课程教学中的四大辩证关系探讨

——以“出版学原理”教学为例

王秋林*

目前，我国已有近百所大学开设编辑出版专业，虽然各高校编辑出版专业的定位和特色不尽相同，但大学编辑出版学专业为新闻出版业培养合格的专业人才的目标是一致的。在达成这一目标的过程中，始终都离不开课程教学这种最主要、最基本的形式。鉴于课程教学在合格的编辑出版人才培养中的重要地位和作用，本文拟结合笔者的教学思想和教学实践，以编辑出版学专业主干基础课程“出版学原理”的教学为例，从教学理念、教学内容、教学方法和教学成果检验四个方面，探讨大学编辑出版专业课程教学过程中广泛存在并应处理好的四大辩证关系。

一、教学理念上的“人”与“才”

正确理解、践行合格的编辑出版人才观是出版学专业课程教学的首要

* 王秋林，上海师范大学人文与传播学院出版传媒系副教授，研究方向为出版经济。

任务。从概念上讲,合格的编辑出版人才是“人”和“才”的综合体。“人”,指未来编辑出版人应具有的素养和价值;“才”,则指未来编辑出版人应具备的职业知识和职业技能。

在大学应用型学科的教育理念上,历来都存在着“人”与“才”孰轻孰重之争,进而演化成“重人文素养、轻职业技能”和“轻人文素养、重职业技能”的两种教育理念。例如,在新闻传播学领域的芝加哥学派和哥伦比亚学派之争就是典型案例。芝加哥大学认为新闻学教育的目的不应当是为业界培训称职雇员,而应当是培育有能力继承启蒙传统的社会和文化批评家。以普利策为代表的哥伦比亚大学则认为,新闻学教学的培养目标是为业界提供用之得心应手的从业大军。[①] 清华大学钱颖一教授最近在谈及中国高等教育的问题时曾指出,在知识和能力上,中国学生的特点是高均值,低方差;在人的素养和价值等方面,则是低均值,高方差。这说明素养太差的学生不在少数。其结果是,有些学生走上职业岗位后,知识水平高,做人却很差,是典型的利己主义者。[②] 因此,钱颖一教授主张“人重于才”,即人们常说的先做人,再成才。

其实,人文素养、价值与职业知识、职业技能并非水火不容。实现两者兼顾和结合既是出版媒介发展的基本前提和要求,也是编辑出版学专业存在的意义。从新闻出版实践要求看,一方面,新闻出版业的本质是为社会选择、提供、传播具有正确价值观的人文思想和科学知识,护守文化的传承和社会的进步。这种本质首先取决于人。人的品质取决于其人文素养的品质,出版人的素质则决定媒体的品位。出版媒介失去了品味,也就丧失了长期存在的社会价值。但另一方面,出版市场竞争加剧、技术更新和生产经营成本带来的各种现实压力逼迫新闻出版业界在选择从业人员时,更青睐于

---

① 杨春娇:《论芝加哥学派的新闻传播教育观》,《才智》2013 年第 26 期,第 23 - 24 页。

② 钱颖一:《从经济学视角看中国教育问题》,《中国教育报》,2014 年 12 月 26 日。

职业知识和职能技巧更为熟练的学生，达到“来之能用，用之能胜”之短期功效。从教育必须为社会服务的本质意义看，由社会主义本质特征决定新闻出版人文素养和价值观，以及扎根于生活中出版媒介对新闻出版知识、职业技能的现实要求，决定了编辑出版专业在教学中必须将两者统一起来，即编辑出版专业课程教学的目标在于通过教学，不仅使学生掌握通过专门训练得到的技能，更在于使学生具有服务全社会公共利益、献身社会福祉的精神，并有将这种献身精神转换到自己的日常职业生涯的能力。

那么，在日常出版学专业课程教学中，如何达成上述教学目标的统一呢？笔者多年从事出版学基础理论课程的教学，基本体会是，出版知识和技能的教学相对来说比较容易，而在素养和价值的教学上比较困难。要将两者统一起来，必须讲究一定的方法。通常情况下，出版知识和技能的讲述基本上以出版业务过程为中心展开，例如，在“出版学原理”教学中，知识和技能环节的教学按出版资源（尤其是选题资源）、出版物生产、出版市场、出版物流通等出版流程的逻辑顺序展开，在更小的环节上，出版物生产又由选题策划、组稿审稿校对、印刷复制及成本结构等过程构成，等等。各环节之间有内在的逻辑联系，各环节的知识点和技能有出版实践为背景，做好细节并辅以实践案例教学，就能让学生理解和接受。而出版素养和价值的内容通常贯穿在出版理论章节中，本身比较抽象和空洞，容易被学生忽略和厌倦。笔者的体会和做法是，素养和价值的内容讲述切忌大话、空话，应尽量贴近生活，贴近学生喜闻乐见的事实，在学生的共鸣中让学生牢记出版人的底线和良知。例如，“出版学原理”课程中安排有“出版工作的性质和作用”一章，其教学内容和目的旨在培养学生的人文素养和出版价值观，笔者除讲述正面材料外，重点采取了反证法的教学方法来论述。在列举了曹雪芹创作《红楼梦》、马克思创作《资本论》等学生熟知的正面案例后，再以反证法的方式重点为学生解析了历史上发生的湖南某出版社出版的《新编汉语词典》抄袭、剽窃商务印书馆出版的《现代汉语词典》的官司由来及惨痛结果，以及新近发生的新浪网因传播淫秽色情信息被新闻出版广电总局吊销“互联网出版许可证”和“信息网络传播视听节目许可证”的来龙去脉。告诫学生作为未来的出版人,作为知识创新的参与者和先进文化的传播者,本身要历经艰难困苦,在利益面前,应守住出版人的职业底线和做人的基本良知。

二、教学内容上的“稳”与“变”

作为对编辑出版社会实践的成果总结和提炼,出版学有自己特定的研究对象,独特的概念和内在逻辑。通过构建特定的研究对象和独特的概念,并运用特定的逻辑方法串联、论证,从而形成了出版学理论。这种理论具有一定的科学性、系统性和稳定性。但这种稳定是相对的。随着人类出版实践的发展,尤其是技术的进步,人类对某种特定对象的认识会进一步加深,形成新的研究成果,包括新的出版模式、新的出版概念、新的出版技术、新的研究方法、新的出版案例,等等。这些新的研究成果一旦为世人所接受,就形成了新的出版知识或知识体系,并进入原有的出版学理论体系,从而丰富、发展出版学理论。所以,短期看,出版学的理论体系及课程内容是稳定的,但从长期看,学科体系又是变化的。大学出版学专业课程的教学内容既要与出版理论的科学性、系统性相对应,保持一定程度上的稳定,又要与出版实践的发展和人类研究成果的阶段性创新相适应,适时、适度地变化,以将最新知识和成果及时传递给学生。

仍以“出版学原理”教学为例。由于教材修订和出版的滞后性,课程教学中指定教材的研究内容和论证材料基本以纸质出版为基础,推荐的国内外其他同类参考教材也存在类似现象,对于新兴的数字出版业态要么甚少论述,要么语焉不详,严重滞后于出版实践。为解决这一问题,笔者的做法是,在理论和过程教学上,依然遵循原有教材的总体逻辑体系展开,在总体框架上体现“稳”的思路。但在相关章节的内容安排上求“变”，以传统纸质出版和数字出版两条线索展开，分别讲述两种出版模式知识点、技能要求以及差异点，并力求使两者结合起来。例如，在讲述出版的定义时，仍遵循“出版是指将作品进行编辑加工，大量复制，并广泛传播”的传统说法，但在阐述概念时，分别制作了纸质出版和数字出版两幅鸟瞰图，既解释了出版的定义，又使学生对数字出版的流程和形态一目了然，同时使学生在比较中认识了两者出版形态的异同，强化了学生对数字出版技术属性和数字出版一体化性质的认知。在出版物类型的知识点安排上，增加了互联网出版、网络文学、OA 期刊、POD 出版、电子书自助出版等新型出版物形态。在出版物成本构成上，增加了 OA 期刊、电子书自助出版等数字出版物的成本结构和盈利模式等内容。在出版物流通环节上，增加网上书店、数字出版一体化平台等知识要点，使课程内容始终与出版实践保持一致，部分节点上甚至具有一定的前瞻性。

三、教学方法上的“静”与“动”

通常来讲，专业教师的教学教案中包含大量的知识点，这些知识点首先需要教师通过讲授传递给学生，这种传递的过程常常是单向的，甚至是灌输的。但学生能否理解、能否掌握，能否融会贯通，仅仅依靠单向传递无法检验。因此，还需要一个双向互动甚至多向互动的过程。教学过程中这种师生间单向、双向或多向交流方法的构建与执行，可以理解成师生双方形成的“静”与“动”的辩证关系。“静”，简言之，是指教师的个人独白式讲授，即专业教师按照课程教学内容的要求，将知识点以语言或图像按照学生认知逻辑进行讲解和说明，以单向形式加以传播的过程。“动”，简言之，是指教师与学生就某一知识点的认知或情景形成交流、讨论与互动的双向或多向信息流动过程。

在专业课程教学过程中，教师与学生要达成动静结合的高度统一，“静”是前提，没有教师单向静态知识传授，也就失去了“动”的统一平台。但“动”是关键。在构建统一知识平台的基础上，“动”的方式可以由传受双方发起。既可以由教师创设问题情境，提出问题或者引导学生思考、探讨、分析、发现和解决问题；也可以由学生在学习、思考知识点的基础上，自主提出问题，教师解答。这两种方式在课堂教学中应交替运用，不可相互偏废。实际课程教学过程中，教师创设问题情境是主要方式，因为课程教学的主要目标是全体学生；后者属于辅助方式，主要解决单个学生的困惑或创新性疑问。教师创设问题情境，是指依据教学内容和要求，教师通过教学设计，提出有针对性的问题，让学生现场思考回答，或者让学生带着问题先堂下查阅资料、思考，然后进行课堂讨论，最后教师根据讨论的情况，有针对性地引导、指导或讲解。无论哪种方式，互动的目的都有利于培养学生创造性思维，以及分析、比较、归纳知识点的能力和应变技巧。

在“出版学原理”课程的互动教学中，笔者除常规就某一单个知识点设问或单个答疑解惑这种互动方式外，重点将辩论这种多方互动方式引入课堂教学。这种方法的基本要点是，教师在讲述某个知识点后，根据学生兴趣，结合知识点，设置辩论主题，将学生分为或者由学生自由组合成多个小组，每个小组承担议题的角色之一，每个小组成员根据各自的议题在课后合作查阅资料，讨论要点，达成共识，并商议辩论方法和技巧，在下次课堂上与其他小组成员进行辩论交流。在整个辩论过程中，教师既要引导，又要在辩论完成后进行点评、归纳和总结。

例如，在讲完“出版工作的性质和作用”一章的内容后，笔者设置了如何“看待出版的性质”的辩论议题，并设置了政府、社长、编辑、作者、书店、读者六个角色，学生自由组合成六个小组，根据兴趣商议确定辩论角色，分别从不同角色定位阐述各自对出版的理解，教师进行指导、点评和总结，加深学生对知识点的理解和掌握程度。再如，在讲述完出版流通制度后，针对批发制和代理制这一知识点比较抽象、难以理解的问题，笔者设置“阿亚之争的本质”这一辩论议题，分别设置政府（反垄断委员会）、亚马逊、阿歇特公司、实体书店、作者、读者六个角色，就电子书批发制和代理制的利弊进行辩论，不仅加深了学生对批发制和代理制这两种流通制度的概念及其异同点的理解，而且将学生引向国际出版视野，使学生认识到阿亚之争的本质在于争夺出版物的市场定价权进而达到控制出版市场的终极目的，同时，在比较和争论中，也使学生认识到数字技术和数字平台对传统出版的深远影响。这种由教师和全体学生共同参与的互动教学，不仅激发学生自主学习、独立思考问题的能力，而且能培养学生团结合作的精神和与人交流的技巧。一静一动之间，教师既可以及时发现讲授知识点时可能存在的问题；又通过学生堂下自学，教师堂上现场解答、指导、点评、总结，加深学生对知识点的理解，增强学生融会贯通的思维能力和学习能力。

四、教学成果上的“学”与“研”

出版学理论的学习应该具有理论之高屋建瓴，使学生学会用出版学理论范式的思维方式把握知识点的内在逻辑关系，并将这种思维方式和逻辑关系运用于社会实践中，主动发现问题、提出问题、分析问题、行之有效地解决问题。这一学习与运用的过程，本质上反映的是学生“学”与“研”的辩证关系。

“学”指课程学习。出版学教学中，无论是教师单向讲授，还是与学生双向互动，其本质是解决学生“学”的问题：人格培养、思维方法、知识点领会、技能练习，等等。学生反复的学习和练习，掌握知识点，通过考试，达到课程学习的要求。“研”指研究性学习，也是学习的一种方式，但与一般的课程学习存在差异。通常情况下,课程学习的要求是掌握必要的体现于专业课程中的间接经验,而研究性学习则基于学生的直接经验,以探究实践问题为基本方式,以激发学生创新精神和解决实际问题的能力为直接目的,以个性健全发展为终极目的。如果说“学”主要着重于课堂与书本,那么,“研”则着重于社会实践和全面发展。因此,从本质上讲,“学”是基础和前提,“研”是对“学”的检验和实践,是“学”的延续和深化。

在“出版学原理”的课程教学中,笔者始终提倡、鼓励、坚持学生进行基于社会实践的“研究性学习”。其基本要求是学生以小组为单位,每小组3至5人,结合课程内容和专业知识进行出版市场调查。学生在教师指导下,以类似科学研究的过程、方法和形式,从学习生活和社会生活中选择和确定与出版传媒相关联的研究主题,经反复讨论,先提出问题,通过浏览、查阅与主题相关联的各种信息资源,检验主题的意义和有效性,并制定出详尽的调查研究方案,设置调查问卷,然后以现场访谈、发放问卷和网上调查等方式,收集数据,用所学出版专业知识分析、解释数据,最终回答和解释提出的问题,并以科研成果或实践总结的形式提交调查报告,从而完成一项课外研究性学习过程。在十多年的研究性学习中,学生受益匪浅,并涌现出非常优秀的研究成果。例如,2004级学生以“上海市大学生阅读倾向与购买调查”为主题的调查成果,分别发表在《出版商务周报》和《出版发行研究》杂志上。2011级学生以“上海市图书馆电子书借阅状况调查”为主题,获得上海市大学生创新项目立项,在中期评估检查获得肯定后,又获得全国大学生创新项目立项。

论我国高校数字出版技术教学内容的更新策略及措施

周伟良*

我国高校数字出版技术教学(本文不涉及研究生教学),由编辑出版学专业、数字出版专业(以下合称“出版专业”)开展。既包括概论性、综述性的数字出版课程中对相关技术的简要介绍,又包括数字出版技术课程。

1985 年北京大学、南开大学、复旦大学设立首批编辑出版学专业,之后各地大学纷纷跟进,至 2013 年 12 月,全国已有 80 余所高校兴办了此专业,还有 5 家本科院校兴办了数字出版专业。[①] 某些高校不但增加或更新了数字出版技术课程,还办起了数字出版实验室。总体看来,高校数字出版技术教学的整体阵容已较为庞大。

在高校陆续兴办出版专业的同时,出版持续不断地发生巨大变化,传播方式不断翻新,媒介融合风起云涌,用以承载传播内容的媒介、平台、呈现手段日益多样化,用以模仿、整合并超越现实世界的技术及制作软件层出不

---

* 周伟良,上海师范大学人文与传播学院出版传媒系副教授,硕士,主要从事数字新闻出版研究。

① 章红雨:《全国 5 所高校开设数字出版专业》,《中国新闻出版报》第 5678 期,2013 年 12 月 16 日头版。

穷，更新升级越来越快，如何与时俱进，适当突破观念的牵绊，优化观念“情境”，在数字出版教学内容更新策略与具体措施上，回应数字出版的飞速发展与业界对相关人才的需求，成为摆在出版专业教师面前的一个值得重视且具有普遍意义的课题。

一、逐渐优化观念“情境”

人的行为，皆在观念中发生，固有的先存观念仿佛组合为一张网，成了一个个或开阔或逼仄的“行为情境”。数字出版技术教学也受观念“情境”的限制，需要有所突破，才能与时俱进地更新。

1. 突破专业归属传统观念的束缚

基于专业归属的传统观念，高校明确文理科的界限，并分别招生，有一定合理性。问题是出版作为全人类知识的媒介形式，承载着文理各科的思想成果(包括研究成果)，既需要大量文科编辑，也需要大量理工科编辑，因而将编辑出版学归入文科，并不符合出版的性质。

进入数字时代后，文理分科的观念更显得不合时宜。数字出版以不断更新的技术为导向，增添了更多的理工科成分，编辑掌握传统的专业知识已不能满足工作的需要，他虽非技术人员，但一定要对技术有一定的把握能力和较多的接触，对各种技术实现的途径与所起的作用有比较广泛的了解。

武汉大学等少数高校的出版专业对文理分科框架作了有益的突破，既招文科生，又招理科生，这无疑可为数字出版技术教学内容更新提供更大的余地，为教学特色的塑造开辟更为广阔的空间，值得肯定。

2015 年 2 月 3 日晚，上海电视台新闻播报，复旦大学哲学系应本系教师要求，决定今后招生，学生须考物理与化学，此一决断值得我们深思。

2. 避免过度的标准化观念的冲击

出版专业设立哪些核心课程，是落实标准化观念的一个重要方面，这向来是学界考虑的重点问题，中国编辑学会教育工作委员会曾将“电子与网络出版”拟定为核心课程之一，高校则通行将出版现代技术（具体名称不一，有“电子出版技术”、“出版发行现代技术”等）作为核心课程之一。[①] 这对喜好确定性的人们来说，是一种需要；况且要证明一个学科之存在所以可能，必须对其属性和特点加以确认，进而确定一个有机的专业课程体系的骨架，对专业人才培养计划和目标起基础支撑作用，以图突出专业优势，无可置疑地独立于学界，所以又有一定的必要性。不过，在核心课程的设定范围上值得仔细斟酌考量，过宽则与“核心”两字相矛盾，回旋的余地也小；过窄则无法充分利用课目组合优势使专业定性达到一定的确切程度。

适度强调标准与规范，是学科进步的基础。高等学校出版专业教育指导委员会于 2015 年 1 月 17 日全体委员会议上宣读了《关于认定高等学校出版专业（含编辑出版、数字出版）核心课程的决定》，只确定出版学、编辑实务、传播学、出版营销与管理等 8 门课程为出版专业核心课程，是比较稳妥的。[②]

过分强调标准与规范，则是科学精神泛滥的体现，有违出版对知识及其类型无所不包的性质，今后似不宜在核心课程之外再规定课目，不宜规定课

---

① 王彦祥：《编辑出版学专业核心课程体系的构建》，《2007 全国出版学学科建设高层论坛年会暨“高校出版专业学科建设协作小组”第一次会议论文集》（未正式出版），会议于 2007 年 12 月 29 日在北京召开。此文被万方数据知识服务平台收录，于 2014 年 4 月 18 日上线。

② 张聪、陈丹：《北印举办高等学校出版专业教指委 2014 年全体委员工作会议》，北京印刷学院新闻网，http://news.bigc.edu.cn/zhxw/51202.htm。2015 年 1 月 18 日发布（未出现名称的四门课程为数字出版、中外编辑史、出版法规、版权贸易与管理）。

程教学质量标准。

作为出版专业，自当贯彻教指委有关核心课程的规定，并在其中的“数字出版”课程中因校制宜，因人（师生）制宜，稳步更新技术介绍等教学内容，或在核心课程之外有目的、有重点地更新技术教学内容，更新出特色来。

3. 弥补逐渐强化的务实观念的不足

都说出版学是应用性学科，要十分注重实践，这本没有错。但强调过度，或者说片面执行，恐怕还是有问题的。

高校不是中专、技校，不但要务实，而且要务虚，务实能使学生有能力尽早立足于社会，务虚能使学生开阔眼界，提高学习能力与效率。在数字出版技术教学中，不但要教学生做一些有实际效用的事，讲实践讲技术讲操练，而且要讲逻辑讲原理讲趋势，潜移默化地提高学生的思维能力、洞察能力等而不一味追求立竿见影的效果；在技术教学内容安排与更新时，应作相应的调整，以弥补逐渐强化的务实观念的不足，使学生将来在学养、事业等方面能上得更高，走得更远。

4. 消除简单化更新观念的不利影响

有些高校出版专业会基于简单机械的更新课程的观念，实施“嫁接”的改进办法，小修小补，增加某个主流软件的教学。这也许只是对某几位同学实习需要或反馈的回应，未必对所有同学都有帮助。学生日后踏上工作岗位，对技术的需求不一，从这个角度讲，有时教学新的软件，还真不如设法提高学生自学软件的能力来得要紧。

我们还需要贴近目前的数字出版技术发展水平与数字出版工作岗位的要求，在教学内容的整体安排、结构体系上多加考虑，有系统有层次有重点地更新，以顺应技术不断细分、更新，流程日益复合的数字出版实际。

二、数字出版技术教学内容的更新策略

数字出版技术不断产生，产生以后又不断迭代，更新速度快，更新频次高。高校的数字出版技术教学内容不断更新，也是必然趋势。但更新不易，应讲究策略，遵循以下三大原则，并处理好六重关系。

1. 遵循三大原则

（1）以善为先

“教育崇善”，学校是“首善之区”。教学本身不是目的，培养、提高学生的素养，引导、激发学生学习的兴趣与潜能，帮助学生顺利走向社会、贡献力量才是目的。一切教育行为，包括学术研究与教学改革举措背后都应有个“善”字。避免主观主义、形式主义，纠正教育中不善的因素，呈现和维护教育的善的本质，是教育伦理学的要义。我们在技术教学内容更新中也必须以善为先，不该以功利、效用为先或只从学术视角去安排，而应立足于教育规律，回望过去，注目现在，放眼将来，既顾及学生自身的学习基础与学习要求，又充分考虑学生的近期与长期的发展需要，基于合理、适当的方案来更新数字出版技术教学内容，并尝试建立起长效的更新机制。

（2）分层次通盘考虑与区别对待

出版专业可教学的内容很多，可以在“宽口径，厚基础，多技能”的教学主基调下，作为一个整体来考虑，其中的数字出版教学内容，也可作为一个整体来考虑，数字出版技术教学内容，又可作为再下一个层次的整体来考虑，应根据各层次的特点、教学目的以及彼此之间的内在关系，根据教学条

件和资源，统筹安排。

具体的技术教学内容各种各样，有概论性、综述性的教学内容，包括数字出版类型及相关技术的简要介绍等；还有纯技术的教学内容，包括电子出版技术、网络出版技术、数据库技术、多媒体技术等，应根据各自的重要性与实用性等，予以区别对待。前者可进入“数字出版”这一核心课程，适时作内部更新。后者不宜进入核心课程，但我们要更为积极地予以更新，以紧追数字出版发展的实际与业界需要。

对编辑出版学专业与数字出版专业也要区别对待，数字出版专业应更注重技术教育，技术教学内容的更新也要更加及时。

（3）借鉴成功模式或经验

人文学科就该百花齐放，标准、规范对它也许没有想象中的那么重要，成功模式与成功经验倒是比较珍贵。在数字出版技术教学内容更新方面，最好有一种荐举、评判、选拔、推荐机制；最好召开专门的研讨会，以便各地教师交流更新的经验。有关方面可在这方面多作努力，评选出好的模式与经验供大家借鉴。

成功模式一定不止一种，经验也会多种多样，这是因为成功的环境、物质条件与人的因素各不相同。本就因地制宜取得成功，所以也需要因地制宜地去匹配、借鉴。

2. 处理好六重关系

（1）处理好数字出版技术课程与核心课程的关系问题

出版专业教指委新近确定的核心课程，以内容编辑、内容管理与内容推广教育为重点，符合出版专业的本质定位与业界对出版专业毕业生的期待。数字出版技术课程，多传授相关的计算机软件技术，在出版课程体系中，自应处于从属地位，教师只要教会学生熟练掌握基本的技术及流程即可；数字出版技术课程还应服务于核心课程，比如应让学生明白视频、APP 等内容编辑、发布以及调研统计、数字版权保护所对应的是什么技术与流程，为编辑、营销、版权等方面的核心课程服务。

数字出版技术教学内容与核心课程教学内容重要性的差距正在缩小，因为出版技术的重要性正在不断上升，数字出版各环节对从业人员的技术水平有了较高要求，技术也是做好内容的一个重要方面，我们甚至应该考虑是否设立技术类必修课程。

(2) 处理好基本技术课程与特色技术课程的关系

数字出版方面有些技术是常用的、基本的，比如版面设计、网页制作、多媒体技术等，相对应就可设为基本课程，这些课程相对稳定，只需作内部更新。特色课程则应处于从属地位，可基于所属系所的师资力量来开设，比如南京大学信息管理系下的编辑出版学专业就开设了“数据库系统及其应用”、“信息检索”、“信息存储与组织”等课程；可根据教师的技术特长来开设，比如开设任课教师擅长的 Office VBA、ASP 等课程；也可随教师研究范围的变化，或随教师人员的调整，作适当更新或改变。

(3) 处理好出版技术渐进与新生的关系

有的数字出版技术早就有，且在不断渐进、更新，比如 Adobe 系列软件，相应的教学内容更新自然需要随之渐进；有的虽是新生的，比如苹果公司的 Ibooks Author、麻省理工学院的 APP Inventor 等，但也最好在教学中有所涉及，作为教学内容更新的一个侧面，如果机房软硬件教学条件等有局限，则可以给同学们作一些演示。

渐进式更新是重点，新生技术内容设为课程则需等待条件、时机的成熟。一旦设为课程，也需要逐渐加以更新。

(4) 处理好出版技术实用与拓展的关系

一般来说，出版专业学生出去工作，主要还是做内容，所学技术的实用性主要体现在他明白内容实现的技术途径与可实现的程度，有利于自己的策划工作,有利于与技术人员沟通,将内容表现得更好。

出版是对现实生活的反映,承载社会上所有的文化成果,门类众多,我们并不能精准预知学生到底在实习单位会碰到什么样具体的数字出版技术问题,也不能预知每位同学将来担任什么工作职责,所以学生只要精于几项基本技术即可,但摸过的技术一定要多,接触面一定要广,视野一定要开阔,教师应在考虑实用的基础上适当拓展教学内容,作为更新教学内容的一种方式。

(5) 处理好出版技术短期效应与长期效应的关系

处理好短期效应与长期效应的关系,跟处理好实用与拓展的关系紧密相关,有的数字出版技术课程看起来很有用,学生反馈也很好,但可能并没有长期的效应。

随着数字出版技术的演进,技术不断推陈出新,需要工作人员了解新的技术,以适应工作重心的变化,这个时候快速学习能力就显得尤其重要。快速学习能力的培养能够带来长期效应,该是我们进行课程更新时需要加以考虑的一个重要维度。这就需要对学生进行计算机思维的训练,而学习编程是一个很好的途径。

(6) 处理好出版技术内容更新的局部与整体的关系

技术内容的更新,较少体现在概论性、综述性的数字出版课程中,较多体现在技术课程中。不管是哪种情形,我们都要处理好局部与整体的关系。

我们在更新技术内容时,要有系统性的思维,心中要有一盘棋,要全面了解数字出版升级的与新生的技术,仔细考量其流行程度、实用程度、影响程度及稳定程度,在教学内容的更新上予以反映,根据教学资源、条件与学生情况,决定更新的程度、速度与频率。

我们在更新技术内容时,还要有结构化的思想,区别对待不同的技术内容,依据它们各自的发展前景与重要程度,在更新时间、力量投入、课时上予以不同层次的安排。哪些与技术相关的内容该进概论性、综述性的数字出版课程,哪些技术主要安排为技术课程教学内容,也要分层次予以考虑并妥善安排。

基于系统化、结构化的整体思路,才能安排好内容更新的整体基调与节奏,并对各个局部内容做恰当的更新。

三、技术教学内容更新的前提与具体措施

技术教学内容的更新不是一蹴而就的,需要具备一定的前提条件,还要采取适当的措施,并对更新途径做一些适当的开拓。

1. 前提:教学人员与组织作用的充分发挥

(1) 教师全身心投入

数字出版技术教学内容需要不断更新,有时还有必要进行教学创新,这对任课教师提出了较高的要求。教师要对工作有高度的责任心,全身心地投入,才能很好地完成教学任务,才能带领学生与时俱进,更好地塑造学生在数字出版技术方面的能力与悟性,使他们今后在工作中有较好的发挥,取得良好的成绩。

(2) 组织对教师倾力支持

各高校应尊重数字出版课程特别是技术教学课程的任课教师,在营造良好的校园文化环境的同时,明白他们不断更新备课内容的辛苦,在各方面予以支持与鼓励,只有这样,才能充分激发他们的工作积极性,充分发挥他们的作用。

(3) 教师之间良好的交流与配合

数字出版技术的教学工作及内容更新工作比较繁重,非一人所能胜任,

需要基于沟通交流作一些配合。分是一个方面，要基于教师各自的特长，合理分工，承担不同的课程教学任务；合也是一个不容忽视的方面，有时教师可以有机组合，配合起来上同一门课或完成一个个较大的项目。

2. 可采取的措施及可走的其他途径

(1) 分层次更新数字出版技术教学内容可采取的措施

① 第一层次：适当增删、合并软件技术课程

软件技术课程不必求多，它们一般只是在学生实习期间、正式工作初期有明显的直接的效用。编辑出版学专业只要详细讲授几个基本的软件，如排版软件、设计软件、网站制作软件、多媒体作品制作软件，有三四门软件技术课也就可以了，数字出版专业则可以再增加两门。

因此就需要在数字出版教学中，适当增删、合并软件技术课程。有的软件比如号称“多媒体大师”的 Authorware，因 Adobe 公司 2005 年从 Macromedia 公司将此软件收购过去后只过了两年即宣布停止此软件的开发计划，即等于宣告此软件不再有升级的版本，其后此软件对逐渐更新的计算机环境的适应性不断降低，使用起来会有障碍或比较麻烦，所以理应在教学内容中逐渐淡出，更新为 Flash、Premiere 等；有的软件，比如方正系列的排版软件，因为产品的升级换代，原先的方正飞腾软件教学逐渐被飞腾创意所替代，近年来又出现了与飞腾创意在排版功能上较接近且多了用于 APP 产品制作的互动创意工具的方正飞翔，基于传统出版的衰落、软件的好用程度以及数字出版的发展趋势，当可减少飞腾创意的教学内容，将教学内容较多地更新为方正飞翔软件。

这些技术教学内容的更新情况应反映到概论性、综述性的数字出版课程教学之中，成为其更新的一个方面。

② 第二层次：增加一门综合性的技术引导课程

数字出版软件的产生、发展及其软件功能的演变，其实是对人的思维方式、思维结构等加以精密巧妙的落实与超越，多了解技术背后的思想原理，对学生自身思维的扩展、细化与深化很有好处。

数字出版新技术不断产生，媒介内容、技术、业务等方面的融合程度不断提高，产品多功能集成，采集、整理、传授信息的设备多种多样，而且都在不断地发展变化，这就需要从业者懂得或领略更多的技术，更新或“现学现卖”更多的技能。

目前高校的数字出版技术教学，主要就是学软件，让学生学会操作，提高动手能力，练习制作出一些东西。学生固然是动手了，但动脑情况怎么样呢？普遍存在的教学问题就是学生的自学能力、快速学习能力、创造能力十分欠缺，导致软件升级以后，学生就会遇到应用的困难，或者以后因工作需要学新的软件时，就陷入事倍功半的境地。所以我们有必要在教学工作中进行创新，增加一门以引导为目的的综合性数字出版技术课程，重点讲软件的类别、结构、功用、操作规律，教给学生学习方法与诀窍，逐渐培养其对软件的把握能力、对步骤的推断能力，比如讲数字化文本的批处理时，可以告诉同学们学习 Excel 公式多琢磨少看书的诀窍，并逐渐加以引导；比如有的软件做出来的作品可以拆解，就应强调拆解时的要点，告诉同学们怎么拆，怎么能拆得不走样，并告诉他们修改、模仿时需要特别注意的地方，等等。这门课还应尽量多介绍、解析一些软件，或改变同学们对原先使用的软件的看法，开阔学生视野，还可演示一些基于最新平台及技术做的作品，告诉同学们制作的途径、方法，比如可以登录微信公众平台，讲解、演示微信帖子的制作过程及要点。

③ 第三层次：设立一门脚本语言编程选修课

有的教师认为学习编程对学生来说太难且无必要，其实是一种误解。因为现在流行的编程语言已接近英文的自然语言，并不太难，而且其中的脚本语言是简单易学的。有些教师认为编程需要高等数学作为基础，不知道他们为什么会有这样的印象，其实只是网络安全技术、大数据挖掘技术等少数几个领域或专业层次上才需要先期掌握高等数学。

学 VBScript 或 JavaScript 等脚本语言，是一种以不变应万变的努力，学生的思维能力可从中得到训练，得到提高，学生对计算机软件背后通行的运行机制能有所了解，对计算机的感觉、对计算机技术的领悟能力就会得到加强，再去组合使用 Excel 公式等就会觉得容易，再去跟学、自学软件或解决计算机使用问题就会轻松许多，以后如有工作需要，再去学其他编程语言也会比较顺利。笔者有个学生毕业后到中文在线工作，做数字教育出版系统，里面有一个个模块，模块背后有 xml 语言需要他掌握，幸好他在校学校期间学习了 Html、JavaScript 语言，有一定的编程基础，他赶紧去自学，很快就掌握了 xml 语言，顺利克服了工作对自己的挑战。

(2) 其他更新数字出版技术教学内容的途径

① 教师组合教学更新技术教学内容

有时可以实施项目制，以制作某个较大的完整作品为教学目标，走“流水线”，教师互相配合，合理衔接，集中上课，接力实施。项目可以自拟、自定，也可来自企业的委托与合作动议。这种教学模式较多地在高职院校实施，取得了较好的效果，增强了学生对未来工作岗位的适应性与职业迁移能力，值得本科院校应用性专业包括出版专业借鉴，以提升实践教学的层次与效果，使学生有更强的综合实战能力。

这种教学方式要求教师组成教学团队，先商量好教学方案和计划，同时也要求在实施过程中按“流水线”更新、组合好原来分开教学的技术内容，以适应项目制作的需要，包括整体布局安排的需要、衔接的需要、强化项目作品功能的需要以及某些特殊需要等。

② 课后扩充、更新教学内容

新旧技术更替太快，课堂教学作用有限，对技术的追踪学习与深入学习除了靠教师指点，更要靠学生自己，因此学生自主学习的意识必须得到加强。

以配备有诸多数字出版教学软件的实验室作为实践教学基地的高校，可顺应数字出版技术多样化、无法全部在课堂上实训的现实情况，实施一种补充、更新教学内容的办法，满足同学们的个性化需求或特殊需求。

学生可在实验室内自学课堂上未教到而自己感兴趣的软件技术，更新学习以前学过但之后升级的软件技术，或自学应实习、竞赛要求需要掌握的软件技术。学生可以请求实验室专任教师或其他相关任课教师先行辅导或及时予以指点。这种模式等于将实践教学扩充到课堂之外，可以作为课堂教学的一种延伸与扩充。

③ 引进社会力量，扩充、更新教学内容

数字出版技术太多，涉及面太广，有时单靠高校教师难以及时有效地更新教学思路与案例，需要在业界第一线工作的专家学者的加盟。

高校应多多争取社会力量的支持，约请数字出版机构管理人员和技术专家在校内开办专题讲座或担任兼职教授。通过他们，将数字出版技术发展的最新信息和新兴技术引入课堂，在一定程度上扩充、更新教学内容，同时促进高校教师的教学工作，包括技术教学内容的更新工作。

四、结　语

数字出版技术教学内容的更新不容易，可能预定的更新计划没有完成，新的技术又出现了，所以更新一定是个动态演进的过程，需要观念、策略、措施的更新，需要学校、学院的大力支持，需要专业任职教师不断努力，需要培养与加强学生自主学习的意识与能力，需要学界同仁多交流、多借鉴，需要业界的支援，只有靠各方力量合力推进，才能使更新工作高效及时、绵延不断地进行。希望本文的一些新想法能对大家有一点参考作用，能有助于大家进一步思考、解决数字出版技术教学内容更新上的实际问题。

数字出版教学的思考与实践

王月琴*

随着国内外数字出版规模的不断扩大，模式不断成熟，生态链不断完善，作为培养数字出版人才的高校也迅速做出了反应。据不完全统计，目前我国开设编辑出版学专业的专科、本科教育的高校已达130多所，其中开设本科编辑出版学专业的有80所，开设数字出版专业的高校有5所。2014年底，高等学校出版专业教学指导委员会正式确定将“数字出版”课程纳为编辑出版学和数字出版专业的8门核心课程之一。这说明，无论是传统的编辑出版学专业还是新兴的数字出版专业，数字出版已经成为出版专业的必修课。因此，如何做好数字出版教学，如何为业界培养出适用的数字出版人才，如何使得我们的学生成为具有竞争力的求职者，这是我们作为编辑出版学教师首先应该思考的。

然而具体到数字出版教学，却仍存在着各种问题。“数字出版是新传媒环境下的新事物，坦率地说，包括我们的老师们，对于数字出版，未知远比已

---

* 王月琴，上海师范大学人文与传播学院编辑出版学专业讲师，网络传播夜大学专业负责人。

知的多。相当一部分授课,还处于以其昏昏,使人昭昭的状态。”[①]这一方面是由于我国教育工作本身的性质决定的,从事数字出版教学的多数是专职老师,老师们大多时间生活在校园中,鲜有机会与业界接触,了解新知识的途径往往是通过教材或相关的学术刊物,然后再通过自己的学习将知识消化、整理之后传授给学生,在这知识“汲取—消化—教授”的过程中,就有可能对新知识理解不透,教授不全。另外,数字出版范畴广,数字出版技术更新速度快,而与之相关的理论研究滞后,也是教师们难以全面掌握数字出版知识和技能的原因之一。数字出版从出现到发展至今,从概念到表现形式,都是伴随着技术的不断进步而不断变化的。从广义上说,只要是用二进制这一技术手段对出版的任何环节进行的操作,都是数字出版的一部分,包括原创作品的数字化、编辑加工的数字化、印刷复制的数字化、发行销售的数字化、阅读消费的数字化。因此,数字出版概念从桌面出版、电子出版、网络出版、游戏出版、手机出版再到数字出版;而数字出版的表现形式更是层出不穷,从电子书、网络杂志、网络电视到手机报等等。如此庞大而又没有系统理论的知识,使得教师们难以适从。

为此,笔者作为一个多年从事数字出版相关课程教学的老师,对数字出版教学进行了一些不成熟的思考与实践,在此撰文以供同仁们共同探讨。

一、教师须做好数字出版教学的先行者

教师在教学中起着主导和引导的作用,在尚未形成成熟的理论体系的新课程教学中,教师的作用显得尤为重要,数字出版教学亦是如此。那么面对本文开头所描述的教师面临的各种困难,我认为可以通过“走出去、请进

① 宋超:《数字出版人才培养的三个建议》,《中国出版》2009 年第 7 期。

来”的方法，及时填充和更新数字出版知识。

所谓“走出去”，即走出校门，甚至走出国门，不仅是教师自己“走出去”，还可以带着学生一起“走出去”。在教学之余，教师可以到数字出版企业去实习甚至工作一段时间，在实际的工作中掌握数字出版业务，了解数字出版动态，从而能结合实际案例开展教学工作；参加一些数字出版培训班、数字出版学术会议，或者去一些办学时间较长、较有特色的高校参观学习，也许是更为实际的做法，教师能更直接地接触和汲取新的经验、理论和研究成果；带领和指导学生参与各种业界竞赛项目是一种更加互动、有效的方式，教师和学生为了同一目标相互配合、共同努力，知识和技能的教授在竞赛中得以同步实现。除了走出校门，教师还可以走出国门。虽然中国已经成为世界上发展数字出版最快的国家之一，但在数字出版教学方法和理念上，国外有很多高校的经验是值得借鉴的。如世界上最早开设新闻教育的美国密苏里新闻学院的编辑出版教学注重开放创新性的方法就值得借鉴，即把编辑教学课堂和媒体实验编辑部、教授办公室整合在一处。密苏里新闻学院创办报纸、电视台、电台、杂志、网站等媒体，为编辑出版教学提供了实验基地。教师担当编辑工作，学生直接参与编辑出版工作流程，这样他们的第一个错误是在实验基地犯的。[①] 通过到国外去寻找和引进先进的理念、先进的内容，并将这些理念和内容应用于教学和科研，必能对培养出适合数字出版产业的人才起到非常重要的作用。

所谓“请进来”，是指聘请业界具有丰富实战经验的数字出版管理者、从业者来校开办相关讲座，通过这些讲座可以让教师和学生不走出校门便可直接了解业界的发展，再结合讨论、业界参观实践、实习等实践活动，实施“校内教师＋校外技师”的双师型实践教学模式，使得我们的数字出版教学密切结合业界发展。同时也能与这些业界的管理者、从业者本人以及他们

① 罗昕：《论数字时代编辑出版专业的实践教学》，《新闻大学》2009年8月(下半月)。

所在单位建立友好合作关系，为学生的实习、就业打下良好的基础。

2013 年起，笔者开始为上海师范大学编辑出版学专业学生开设数字出版理论与实践课程，在开设此课程之前和之中，笔者进行了一系列的“走出去”工作。北大方正电子有限公司在数字出版领域有较多的探索和实践，笔者于 2011 年申请并参加了上海市教委的产学研践习计划，在北大方正电子有限公司进行了为期一年的践习，在践习期间，笔者参与了方正相关数字出版相关产品的市场调研、应用研究，并协助参与了该公司在上海师范大学数字新闻出版实验室的规划、建设工作，这段践习经历使我对数字内容加工平台、数字出版标引系统、数字报刊系统等数字出版的各个环节进行了了解和学习。2012 年、2013 年，笔者又走出国门前往意大利米兰自由与传播大学、美国密苏里大学新闻学院进行短期考察，对他们的数字出版教学理念、教学方式等进行学习，参观他们的实验室，亲自参与实验。2014 年 8 月，笔者又前往北京参加了由国家新闻出版广电总局、高等学校出版专业教指委主办，北京印刷学院承办的“2014 全国高校出版专业中青年骨干教师高级研修班”和“2014 数字出版与数字印刷新业态发展国际学术研讨会”，此次培训邀请了多位业界学者和专家，对出版业的转型及数字出版相关研究、出版产业人才培养和人才需求、出版学科科研思路和方法等三方面进行分析和探讨。“2014 数字出版与数字印刷新业态发展国际学术研讨会”则邀请了中外在数字出版和数字印刷领域著名的学者与专家开展研讨，现场安排了数字出版热点面面观、数字出版企业的探索与实践、数字印刷发展历程及展望等三个专题，并通过对话、交流的形式，分析数字出版与数字印刷的最新学术动态和科技发展趋势，从探讨前沿高端科技问题，延伸到发展进程中更深层次的学术研究、管理体系、人才培育等问题。2014 年，笔者还带领了编辑出版学专业十几位同学参加了第二届“方正杯”全国大学生 PAD 版面设计大赛和首届“韬奋杯”大学生出版创意大赛。竞赛中，在老师的引导下，同学们完成了各种选题、各种形式的电子书，在多达上千份的同类作品中参与角逐，最终在两种比赛中均有作品脱颖而出，这种直观的教学方式无论给学生还是教师都留下了深刻印象。

通过这样一系列的“走出去”工作，笔者对数字出版进行了从国内到国外，从业界到学界，从知识到技能的全方位了解，为数字出版课程的开展储备较充分的知识、资料和技能；再辅以自身系统的再学习、再思考，为开展数字出版教学打下了较扎实的基础。在2013年初步实践“数字出版理论与实践”课程教学的基础上，对课程设计进行了又一次优化。2015年，笔者再次开设此课程前，改变了原来以数字出版技术教学（主要为交互式电子书制作）为主的教学设计，将课程分为三个层次进行教学：第一层次为理论教学，增加了“数字出版概念与发展、数字出版模式、数字出版国内外现状、数字出版热点问题、主流数字出版物”等理论介绍；第二层次为互动案例教学，通过课堂引导、课后准备、课堂分享的方式，让学生参与课程教学；第三层次为电子书设计与制作技术教学，使学生掌握SWF、基于PAD的电子书、EPUB格式电子书的主流制作方法。这三个层次的教学设计，旨在使学生不仅对数字出版的整体情况有了一定了解，而且也掌握了部分主流电子书的制作技术，从而对数字出版的理论和实践有较立体的认识和掌握。

二、分层次、有序地优化课程设置为数字出版教学提供保障

纵观数字出版的各种表现形式，我们不难看出，真正意义上的数字出版并非局限于某个出版环节的数字化，而是建立在计算机技术、通讯技术、网络技术、流媒体技术、存储技术、显示技术等高新技术基础上，融合并超越了传统出版内容而发展起来的出版新业态，数字出版在加工工艺、产品形态与销售模式三方面实现全流程的数字化，并初步形成了自身发展的产业链。

然而，在传统的编辑出版学的课程设置中，数字出版往往是作为出版的

一个分支来进行教学，主要体现在出版技术的数字化方面。一般开设的课程有计算机编排技术、电脑版面设计、多媒体技术、网页设计等课程，然而这些课程往往仅仅涵盖了出版的几个独立环节的数字化，并未能形成全方位、立体化传播的新型出版方式。而真正的数字出版人才，应该不仅具备人文社科和自然科学基础知识、编辑出版专业知识、计算机技术知识，还应掌握各种新媒体理论和技术知识。因此，目前的传统的数字出版教学无法满足业界对数字出版人才知识的需要。要设置符合业界需要的数字出版课程，我们首先简单对比分析传统出版和数字出版的出版流程。

传统单一介质的出版流程是：编、印、发的缓慢过程，即首先是编辑，这里有多次修正过程，然后印刷，最终发行。

非传统的跨媒体出版流程是：前端为印刷版、网络版；中间为内容管理；后端为数字版（网络版、手机版、电子版、游戏版、影视版）。①

非传统的跨媒体出版流程改变了传统单一线性出版的流程，转化为跨媒体的以内容管理为核心的辐射状的出版流程，终端介质丰富，既可生成纸质媒体，也可以生成光介质媒体、网络媒体等，数字出版与数字印刷相互结合，还能满足特定的小批量需求。数字出版的核心是内容管理，内容管理彻底改变了传统出版的非结构化管理弊端，方便了编辑人员的选题申报、采编计划的提出，来稿登记、编辑加工、校对、审批，再到稿件的发排、发布、生成过程。

因此，相对应数字出版的流程，在教学课程设置上，应增加如下几方面的课程。前端：数字媒体选题策划，数字内容编辑与加工；中间：数字内容管理；后端：数字媒体技能操作。如何增加，笔者认为可从以下两个层次逐步优化。

---

① 王正友：《论中国高校数字出版专业教育体系建议》，《中国出版》2010年1月下。

1. 第一层次：化整为零，各个突破

编辑出版学专业是一个涉及面非常宽的专业，学生既要懂文史哲政经法，数理化天地生，又要懂出版法学、出版经济学，更要懂出版物的编印发全过程，因此很多出版人自称为"杂家"。在数字时代的今天，想要在数字出版领域有一席之地，出版人还应该是"非专业的IT人士"，必须掌握数字媒体技能。如此一来，就要求编辑出版学专业的学生在原有课程的基础上必须增加十多门的数字出版方面课程。如果只是在课程上简单地做加法运算，或者先减（传统课程）后加（数字媒体课程），显然是不合理的。究竟该如何优化课程设置，是摆在我们面前的一道难题。

虽然完全意义上的数字出版已经超出了传统出版的范畴，在出版的技术手段、出版物的生产和传播方式、出版物的阅读方式都产生了革命性的变化，但究其本质，数字出版作为出版的新业态，并未改变传统出版的性质和目的（内容生产和提供）。另外，传统出版（包括传统资源本身的转型）目前在全世界范围内还是占主导地位，至少在相当长的时间内需要传统型与现代型兼容或过渡性人才。[①] 因此，在出版相关专业中，数字出版教学不可能完全脱离传统出版而独立存在，课程改革也不是一朝一夕的事情，而是一个根据业态变化而进行螺旋式递进的过程。

笔者认为，在数字出版教学推进的初期，可通过"化整为零，各个突破"的方式，实现数字出版教学的逐步融入。具体的方法为，在对原有课程体系进行微调，每个课程方向的老师都在自己的课程中加入与课程相关的数字出版的相关内容的基础上，再增加一定数字出版课程予以补充。传统的出

---

① 陈丽菲：《中国大学数字出版教育范围与课程之研究》，《上海师范大学学报（哲学社会科学版）》2011年11月。

版教学在专业基础课之外，专业课中通常包含内容的创意与表达、出版技术与应用、出版经营与管理等几个分支。在这些分支中，从事教学的教师除了教授传统出版的内容和知识之外，再融入数字出版的相关内容，笔者以上海师范大学编辑出版学专业的课程为例，对相关课程的老师进行调研并加入自己的设想，根据数字出版的产业链，归纳如下：

表 1　上海师范大学编辑出版学专业数字出版教学的逐步推进

传统课程体系	融入相应数字出版分支	具体课程	增加数字出版内容
内容的创意与表达	数字出版物选题策划、数字环境下的内容采编与加工	编辑理论与实务	新媒体环境下的编辑工作，数字平台上编辑与作者、读者的互动等
		新闻采访与写作	数字环境下新闻采编，数字化采编工具的应用等
		报纸编辑学	数字环境下内容把关，新闻网站与客户端的编辑工作
		期刊编辑学	数字化编辑工具的应用，基于各种平台的电子杂志编辑
		出版审校实务	数字化审校工具的应用，针对不同出版形态的审校工作
出版技术与应用	数字出版技术与应用	出版印务基础	新媒体环境下的印前工作、数字印刷、按需印刷
		出版物编排设计	数字出版物的编排设计、制作与发布
		电脑版面设计	基于不同发布平台的版面创意、设计与制作
		网页设计	不同网络阅读终端（显示器、平板电脑、手机）的网页设计
		多媒体技术基础与应用	超媒体、流媒体技术；多媒体数据库策划、设计与应用
出版经营与管理	数字内容经营与管理	市场调查与预测	运用数字技术调研出版市场状况和舆情等
		出版经济学	数字化产品的成本和盈利模式等
		出版学原理	数字出版的流程、类型与平台构建

续表

<table>
<tr><th>传统课程体系</th><th>融入相应数字出版分支</th><th>具体课程</th><th>增加数字出版内容</th></tr>
<tr><td rowspan="2">出版经营与管理</td><td rowspan="2">数字内容经营与管理</td><td>出版营销学</td><td>读者/客户大数据运用,以及数字化营销工具运用</td></tr>
<tr><td>版权贸易理论与实务</td><td>数字版权贸易</td></tr>
<tr><td colspan="2" rowspan="4">新增数字出版课程</td><td colspan="2">数字出版理论与实务
理论部分:有别于以上数字出版分支内容(不可避免地会有少许重合),关注数字出版的整体情况和动态情况,包括数字出版概念、发展;数字出版模式;数字出版国内外现状;数字出版热点问题;主流数字出版产品等
实践部分:数字出版案例分享实践;数字出版物的策划、设计制作与发布实践</td></tr>
<tr><td colspan="2">媒介融合基础</td></tr>
<tr><td colspan="2">移动出版工具开发与应用</td></tr>
<tr><td colspan="2">出版网站设计与管理</td></tr>
</table>

2. 第二层次:因材施教,分流教学

“化整为零,各个突破”的方法可以实现较全面的数字出版知识的教授。然而,在数字环境下,出版业务流程的分界逐渐模糊,产业分工进一步细化,新兴媒体不断出现,如果我们的教学一味跟着新技术走,整个课程体系和课程内容就会像滚雪球一样越滚越大,从而难以取舍。所以,笔者认为,进一步的课程优化的目标应该是“分流教学”,可以通过“突出核心课程,压缩专业课,扩大选修课”的方法,来优化调整课程设置。在要求学生必修“专业史、文字规范、校对实务、编辑实务与技能、出版学原理、传播概论、媒介融合基础、数字出版概论、出版物生产管理、印前处理”等培养职业素养和专业基础的课程之外,开设数字内容创意与表达、数字内容经营与管理、数字出版技术与应用、出版法学等方向的选修课。学生在大学一、二年级通过出版职业素养和专业基础课程的学习,对出版职业已有了较为全面的了解,便可在

此基础上，在三、四年级根据自己的需要，选择适合自己的方向和课程，学生同时还可根据个人需要选修其他理工科院系的课程。通过这种“分流教学”的模式，避免了学生为学分被强迫学习一些自己完全不感兴趣的课程和内容，而把时间花在自己感兴趣、对今后职业有帮助的课程上。比如，很多文科生其实非常惧怕数字出版技术中的数据库或编程方面的课程，因为他们缺乏作为编程基础的高等数学的教育，如果非要去给这部分学生开设编程方面的课程，只会造成“学生学得痛苦，老师教得痛苦”的局面。那么针对这部分学生，我们便可减少编程技术方面的课程，而加大数字媒体选题策划、数字内容加工等数字出版前端课程，做到“因材施教”。

三、品牌特色是数字出版教学的发展之道

目前，全国有 80 所院校开设了新闻传播类的编辑出版学本科专业，更有 100 多所院校开设了数字出版方向课程。如果如此多的高校全部一拥而上，纷纷转向数字出版教学，全流程开设数字出版课程，学生就业势必会出现困难，在市场上也缺乏竞争力。因此，要做好数字出版教学，不光是开设数字出版课程便可，而是要根据专业的实际情况，形成有特色的教学，强调多样化和特色化，避免单一模式。

1. 在学科特色基础上，强化数字出版教学

对于一些原本就有较好品牌和方向的院校的编辑出版学专业，我认为可以在原有基础上强化数字出版教学，而不是“跟风式”的加入数字出版课程。如武汉大学编辑出版学是以出版营销见长，则在数字出版教学方面，就可以强化数字媒体经营与管理方面的教学；而北京印刷学院、上海理工大学

的编辑出版学专业毕业生在出版技术领域有较好的口碑，在数字出版教学方面，可以强化数字出版技术。通过在原有学科特色的基础上，强化数字出版教学，既能巩固原有的学科品牌，又能与时俱进，保持学科的先进性。

2. 抓住数字时代的机遇，寻求专业突破口

多数院校的编辑出版学办学时间并不长，对于这些办学时间不长，专业特色不够明显的编辑出版学专业，数字出版的到来，无非是一个很好的机遇。如果能抓住该机遇，找到自己专业的突破口，形成专业的品牌，保证学生的就业率并提高学生的竞争力。

以上海师范大学人文与传播学院的编辑出版学专业为例，自 2003 年招生以来，该专业一直稳步发展，并且不断突破，每届毕业生都有很高的就业率，毕业生广布于上海的出版业界。专业的教师有多位是来自出版业界的资深人士，对业界的人才需求有较好的了解。专业创办之初，就非常强调"实践教学体系"。在出版专业理论教学的同时，为学生制定了全面的实践教学方案。让学生从大一做"书"，到大二做"专业刊物"，大三做"专业网站"，大四做"电子书"。结合各种专业课程实训、业界考察和专业实践、实习，让学生一步一步从理论到实践把握编辑出版学的全部知识和技能。面对数字出版时代的到来，专业也及时调整教学，逐步加入网络出版、多媒体技术基础及应用、数字出版理论与实务、媒介融合基础等数字出版课程，及时筹建数字出版实验室，强调产学研的相互结合的办学模式等。对于该专业的未来发展，我认为可以依托其人文学院强大的人文底蕴，保持其在人文学科课程上的优势，不以数字出版载体为导向，抓住出版业"内容为王"的规则，在数字媒体选题策划、数字内容的审校改、数字内容编辑加工、数字内容的经营与管理等方面加大数字出版投入和教学。在数字出版技术教学上，避开硬性的编程等 IT 方面知识，减少产品开发内容，加强产品的设计、制作与应用的内容。如开设网站方面课程，可强化网站的策划、设计以及管理方面的知识，而弱化 Html、Java、ASP 等语言的编写；如数据库的课程，可弱化数据库开发与制作的内容，而强调数据库的设计、应用等内容。这样就能做好扬长避短，办出自己的特色，满足出版界对人才的多种需求。

从出版的数字化到真正意义上的数字出版，数字出版经历了电子出版、网络出版、数字出版三个阶段。从 20 世纪 90 年代至今，正是业界和学界同仁们的不断探索和实践，才推动着数字出版的不断发展。作为为业界输送未来人才的大学教师们也应秉持不断思考、探索和实践的精神，推动数字出版教学不断完善，为业界培养更加适用的储备人才，从而进一步推动行业的完善和发展。数字出版教学是一项任重而道远的任务。

广告学专业艺术设计类课程教学思路刍议

周　韧*

从1983年厦门大学最早开始创立[1]，至目前我国已有近500所高校（含高职）开设了广告学本科专业，广告学专业可以说是伴随和见证我国30多年经济高速发展的典型应用文科。作为一个兼具新闻传播、艺术、文学、营销等交叉学科背景的专业，在市场导向下得以迅速发展，但也面临一些新兴交叉学科的普遍共性问题：课程无法完全脱离原基础学科体系，教学方法、思路比较模糊。从广告专业的艺术设计教学角度来说，广告学专业学生的生源均为非艺术类招生，而设计类课程对学生的艺术素养和技能基础有较高的要求。以上海师范大学人文与传播学院广告学系为例，它开设的专业课程（含专业必修课和限定、任意选修课）中属于艺术设计的有[2]：美术基础、美术构成、形色传播、品牌设计、平面设计完稿、网页设计、影视广告编导及制作、CI策划与设计、展示设计、广告摄影、计算机立体图形设计、广告字体设

* 周韧，上海师范大学人文与传播学院广告学系副教授，博士，主要从事广告视觉文化与传播研究。

① 孙肇伦：《当代广告教育的误区及对策》，《新闻知识》第4期，2012年4月，第38页。

② 参见《上海师范大学本科教学大纲》，2012年。

计、包装设计、广告插画与动漫、字体设计、书籍装帧设计等等，艺术设计类课程总学分达30多分。对于绝大多数没有任何美术基础的学生来说，学习这些实践应用性很强的课程难度较大，因而老师教学也必须做到因材施教，既要考虑到艺术设计类课程在广告学专业中的重要作用及未来学生就业侧重而有的放矢，也绝不能生搬硬套美术学院或设计学院的那套教学模式。从笔者十四年的教学经验及与兄弟院校同行的多次教学研讨交流来看，广告学专业学生的普遍问题主要是学生对艺术设计类课程兴趣不高、审美能力不足、创意能力不实和执行能力不强四方面，因而课程教学思路必须针对学生的上述问题来有针对性地进行适应和调整。

一、提高学生对艺术和设计的兴趣

兴趣往往与内在动机紧密相联，能引发人们参与某一活动的欲望，并对不同的主题、任务或活动产生一种相对稳定且持久的倾向或偏好。① 兴趣与认识和情感相关联，对某件事物或某项活动没有认识，自然也就不会有情感，更难以产生兴趣。广告学专业生源基本来自非艺术类学生，由于高中阶段高强度应试教育压力导致大部分中学对艺术教育并不重视，压缩甚至取消一些艺术类课程，所以学生对艺术的兴趣普遍比较缺乏。此外，由此而导致的艺术基础薄弱也使学生更加难以有学习的兴趣和动力，因此，激发学生的兴趣，运用各种方法成为搞好艺术设计教学课程的首要目的。

① "Introduction. Interest in Learning, Learning to be Interested," *Learning and Instruction*, 2002,12.

1. 两面示例法

案例教学是广告专业各类课程重要的教学手段，作为艺术设计类课程，在课堂教学上更是需要相当多的案例讲解。作为教师，通常会热衷于将一些业界经典或得奖案例作为课堂示范，使学生增加对广告实务的了解。经典案例虽然能引起学生的好奇和初始兴趣，但由于案例过于“高大上”而让初入门的学生产生自信心不足的心理。自信心不足则阻碍兴趣的进一步发展，因此，教学案例的选择需要教师在课前进行用心的甄选和归类，从正反两方面入手，从正面案例和反面案例两方面对学生进行心理层面上的疏导。

正面案例在教学中的作用显而易见，且可以继续细分为“扩大视野型”、“美中不足型”、“过程解析型”，通过不同类型来达到不同教学目的。“扩大视野型”指那些业界最经典的或获得国际大奖的实务案例，这些案例代表了当今广告实务界的坐标，能很好地扩充学生眼界，但此类案例比例不宜过高，在大学基础学习阶段，既要紧跟国际潮流，也要避免过于高屋建瓴，以免学生因自信心不足而阻碍艺术兴趣的进一步发展。“美中不足型”则是有意识的选取一些并非十全十美的成功案例，既可以由老师讲解其不足之处，也可以适当引导学生自己来分析，通过这种对案例的全面认识，使学生在参与过程中培养自己的独立分析能力，也培养一定的自信心。“过程解析型”则强调教师能更多地从一些成功案例的源头入手，充分讲解其过程，让学生了解成功案例原来不是一蹴而就的，而是通过去伪存真、反复推敲后再精雕细琢后形成的。当然，如果是教师自己本人设计实战经验丰富，将其亲身实践在课堂上进行从无到有的“过程解析”，尤其受到学生欢迎。

反面案例可以精心选取一些市场效果不佳，或者创意平庸、执行较差的实务案例，通过分析讲解来适度激励学生的创作欲望，使学生增加自信心。

同时老师加以引导，让学生站在同一角度进行思考：如果你是执行者会怎么做？教学是一个循序渐进的过程，对学生的引导也要循循善诱，一步步调动他们的积极性，建立自信心。

2. 控优宽良法

艺术设计类课程考核方式通常以综合训练作业为期末成绩评定依据，相比于试卷考核课程，这种考核方式使教师主导权和期末分数的评定弹性更大一些。教师要用好自己手中的评分“权力”，使其达到促进艺术设计类课程的教学目的。评分要避免过紧或过松，广告学专业为非艺术类学生，因早期缺乏美术基础，大学四年又有传播、营销策划、文学等其他课程类型，因此其某一门专业课相比艺术类专业同类课程设置要少（艺术类专业同名课程一般都会在大学四年设置两到三次），加之基本脱胎于文学院、新闻传播学院的广告专业大都遵循学院其他专业的每周授课制而非艺术专业的集中时段授课制，学生的设计作业水准相比艺术类学生较稚嫩，因此如果专业教师严格从纯艺术专业角度评分使班级评分普遍不高。尤其是初入大学，过低的分数让学生普遍对艺术设计类课程畏惧，感觉难以企及，兴趣低落。而过松的评分则会让学生不能正确认识自己的水平。比较好的思路是教师正确的拿捏评分尺度，既要以高作品水准严格控制优秀，又要结合学生在学习过程中的学习态度、作业优点来给予更多的良好鼓励，在作业指导过程中也多不吝褒奖言辞，使学生在严宽之间的平衡把握中既能获得信心，又能积极进取，在未来学习中更上一层。

3. 迎合兴趣法

提升学生的学习兴趣首先要能站在学生角度了解学生的兴趣，比如年轻人时下所流行的一些风尚，所关注的电影或者所乐道的话题。尽可能结合他们这个年纪一些特有的爱好和心态去促使他们关注感兴趣的艺术形式和门类。有些喜欢服饰的学生就建议他们去关注服装设计的网站和相关的时尚资料，针对有些喜欢音乐的学生建议他们关注相关严肃音乐会或推荐一些经典音乐。在课堂中，更要将心比心，“老师们如果不思进取，翻来覆去讲那些陈旧的内容，不惜把剩饭炒馊，学生们还有什么兴趣听呢?”[①]比如讲述电影海报设计，过于陈旧的教学案例会使学生感觉味同嚼蜡，提不起兴趣。而寻找一些当下热门电影的海报，再结合一些电影中的话题详细讲述其版面、色彩、构图和执行手法，使学生在兴趣盎然中不知不觉地接受技法。

二、增强学生对艺术和设计的审美体验

广告学所涉及的艺术类课程是以紧随时尚前沿的设计理念和审美品位为基础，这要求学生有较强的审美体验。培养学生文化艺术的素养，增强审美眼光，提高文化鉴赏艺术水平，是从俗到雅的渐变过程。审美的艺术范围极其广泛并且也是相互关联的，包括建筑、雕塑、舞蹈、服饰、陶艺、装饰、绘画等等，通过不同艺术形式熏陶是提高学生审美能力的必要手段。从广告学专业学生毕业工作方向看，虽然现行的广告学专业学生在广告公司的90%以上从事策划、文案或客户服务，只有极少数直接从事设计工作，但在现代广告作业极其讲究流程化、团队化的今天，对作业团队的整体审美素养的要求也越来越高。

---

① 丁俊杰:《再谈我国广告教育存在的问题》，http://www.cctv.com/tvguide/4993.shtml，2004年11月19日。

1. 加强课堂临摹训练

审美体验是一种形象的直觉。所谓直觉是指直接的感受,不是间接的、抽象的和概念的思维。这种直觉不是一种纯粹的功利性感官体验,而是一种扎根于审美主体的自身文化、学识的内心感受,艺术设计创作本身就是一个建构审美体验的过程。大部分艺术类学生在学习基本功的过程中,经历了一个很长的培训过程,从长期的临摹习作,到简单的石膏静物、石膏头像、人物写生再到风景写生和创作,这个由浅入深、由易到难的过程就是培养学生审美的直接体验过程。设计也同样如此,一个看起来很简洁的标志,从构图原理,图形的构成形式、色彩的搭配以及细节的雕琢,其实也无不蕴含了丰富的审美法则。很多广告学专业学生,因为没有什么艺术基础,尤其是做过的设计作品很少,有的课程一上来就开始做综合性设计,如 Logo、VI、版面或者广告设计,虽然老师也会通过一些案例解析来让学生加深理解,但学生一时也难以领悟要点,且容易钻牛角尖。所以,教师在设计课程教学备课时不妨从各个角度挑选一些具有代表性的案例,让学生进行一段时间的课外临摹,从摹习佳作中去深刻感受设计细节的审美体验,当教师感觉学生从中获得了进步以后,再进行下一步的课程。正所谓"熟读唐诗三百首,不会作诗也会吟",很多人就是从背唐诗中无意识地掌握了一些唐诗的韵律音则。有过这样的强化训练以后,学生在自己设计的时候审美感觉会提高很多。

在和同行的教学讨论中体会到有不少教师也意识到了这一点,但大多数教师感觉由于受到教学大纲的束缚,担心无法完成既定的教学任务而不敢在课堂上施行。我们应该看到,广告专业作为一个新兴学科,相比于其他建立了相对成熟的教学体系的艺术设计类学科,任何有利于学生成长进步的教学思路都是可以大胆尝试的,这本身也是对广告专业教学模式的完善和建设。

2. 培养学生的独立分析能力

广告学专业的学生就业特点决定了他们思考分析能力更甚于简单的手头功夫，让学生多做的目的实际上也是为了让他们更好地理解和思考，学生在一味蒙头设计过程中容易迷失自我，这时不妨在课堂上安排一些时间让他们来对案例进行分析讲解，启发他们的独立分析能力。这些分析案例主要可以分为两类，一类是让学生自己在市场上去找、拍、整理，比如展示设计课就让他们去展览会参观，收集几套案例回家整理，在课堂上让他们讲述这些案例的优点和缺点，老师再予以总结点评，这样的实践过程能让学生产生较深刻的印象。另一类就是学生自己的作业让同学交换点评，所谓旁观者清，学生往往看别人的作品更客观，在课堂讨论中实际上也是从别人身上的问题得以触类旁通，吸取同学优点摈弃糟粕，同时也能达到同学间互相促进激励的作用。

三、夯实学生艺术创意的思维训练

创意是现代广告的灵魂，但广告创意并非天马行空、不切实际的想象，而是建立在一定法则基础上以材质、媒体、图形等要素为依托的一种可以被直接体验的形式。广告专业学生因为对媒体、材质、技术条件及图形的陌生和艺术设计体验的局限，创意的时候经常是虽有想法但无法实际“落地”。所以，课堂上要着重培养学生创意的“落地”训练。

1. 以赛代练法

从 20 世纪 90 年代台湾“中国时报金犊奖”引入大陆开始，大陆广告学院界已经形成了以“中国时报金犊奖”、“中国广告协会学院奖”和教育部指导的“全国大学生广告艺术大赛”为代表的三大学院派广告大赛。这类大赛的特点是实践性强，虽然为学院派赛事，但基本上以市场运作方式引入了不同类型的商业广告主，使得比赛不再是局限于虚拟客户的、公益主题为主的空对空练习，而其参赛类型也比较丰富，从平面、影视、广播到网络、包装和品牌形象设计，门类基本完整，所以在相对应的课程中将比赛课题融合在作业之中是一个很好的创意训练方式。

学科竞赛是面向大学生开展的课外科技活动，是培养学生创新精神和实践能力的有效载体，是激发潜能和创造力的最好手段，对培养和提高学生的创新思维、创新能力、团队合作精神、解决实际问题和实践动手能力具有非常重要的作用。① 在实际的参与过程中，学生会发现，创意并不等同于漫无边界的想象，而是要与品牌、产品密切联系，基于一定法则的头脑风暴，当超出这个边界，创意也就没有意义了。创意的方式也是多元的，并不只局限于图形创意，巧妙地利用材质、媒体也能很好地表现广告诉求。以大赛命题来训练创意思维，夯实了学生的基础，也让他们有了一个对未来工作的创意“预热”。如果高校毕业生在校所学的知识与社会的需求存在较大差异的话，多数广告公司是不愿意接纳无经验可谈的应届毕业生的。②

2. 条件限定创意法

除了比赛，通过设计一些特定课堂训练的方式也能培养学生对创意落地的感觉。比如在展示设计课中讲述多媒体在当今展示设计中的作用，可以给予学生一个具体的限定条件，像最新的计算机“人脸识别技术”或“激光

---

① 刘长宏等：《“四层次、三维度”学科竞赛体制的改革研究与实践》，《实验室研究与探索》第1期，2011年1月，第109页。

② 冉健：《对中国设计教育现状的思考》，《四川戏剧》第5期，2011年5月，第127页。

全息技术”，讲述这种新媒体技术的特点和功能，再结合相应的作业内容让学生自己思考，如何用创意手段结合展示主题内容来充分运用这种技术表现。或者广告设计课限定某一特定如户外媒体，让学生将内容和媒体结合进行想象，最后综合在一起讨论，排除一些空泛的创意概念和撞车创意，将可实行的创意让所有同学执行下去。这样，每位同学都可以得到过程上的训练。最后，教师可以再讲述一些该技术或媒体的优秀创意，让学生产生比较，发现自身的不足，通过这样的步骤训练使自身的创意水平得到稳步提高。龚有诚先生也认为，广告创意思维是可以并且应该通过科学的教学过程来培养的。①

四、锻炼学生的设计执行能力

广告专业学生设计执行能力普遍偏弱，一是源于本身设计基础的薄弱，一些学生认为即使再努力也不可能达到艺术类专业学生的水平而怯于设计；二是自身也不够重视，许多学生认为自己即使到广告公司也不是从事直接设计工作，所以并不需要很强的动手能力。事实上，现代工业虽然分工越来越精细，但广告作为一个严密的作业流程，设计执行尽管是最终环节，但策划者没有很好的执行体验，前期的营销、策划、文案、创意都很难与其有效结合。因此，必须对学生的执行能力进行一定程度的训练。

1. 让学生认识到执行本身就是创意的一种形式

广告专业学生通常容易将创意和执行环节分开理解，认为创意归创意，

① 杨柳怡、庄凤桃：《广告产业也要走集团化之路——2005全球华人广告教育论坛透出新情》，《传媒》第7期，2005年4月，第34页。

执行归执行。现代广告设计其创意和执行实际上是无法分割的。要培养学生认识到执行本身就是创意的一种形式，从而反向促进他们的创意思维。徐宝璜说："广告现已成专门技术，非泛泛者所能胜任。必请精于斯道者经理，方能谋其发达。"①即便一个很简单的图形符号，拿捏其曲线的弧度、空间的疏密，要做到尽善尽美也是需要精雕细琢的。课堂上可以多给学生分析一些精美的标志、字体设计或者广告插画，这些作品可能并不是学生通常意义上理解一目了然的"好创意"作品，但它们强在执行到位，精致的细节使设计作品散发出艺术优雅的独特魅力。在版面设计、字体设计等课堂上，教师可以布置一些作业，让学生采用尽可能多的形式对同一个版面、字体进行反复设计，再比较其细节差异所形成的视觉特点进行深入塑造。同时，在练习过程中对学生细节上的不足要严格把关并及时指出，使学生养成良好的执行意识。

2. 让学生以团队合作形式互相促进

现代广告是一种团队合作形式作业，大部分优秀作品也是在协助合作中完成的。而这也是培养学生合作执行能力的一种方式，在一些比如展示设计、影视制作或者品牌设计等比较综合性的课程作业中，应该鼓励学生以团队形式来完成。团队成员以 2 至 3 人为宜，在课程前期明确好分工并提交教师批准，对这样的作业，要求可以适当提高，力求不同学生在自己所擅长的领域最大限度发挥专长，把策划、文案、创意、设计执行或者配音、建模等根据个人所长进行明确分工，完成后再进行团队提案，老师予以点评指导并根据总体表现及分工情况评分。让学生既能发挥所长，又能参与全局；既发挥个人主观能动性，又能培养团队协作精神。当然，这也要求广告专业教师

① 肖东发、邓绍根编：《徐宝璜新闻学论集》，北京大学出版社，2008 年，第 102 页。

不仅要在自己熟悉的领域内施展自如，还要对传播、营销、社会、艺术等领域融会贯通，进一步提升自身的综合素质，这样才不至于忽略广告专业综合性的特点。①

五、结　语

广告学专业作为一门交叉学科类型的新兴应用文科专业，其涵盖的知识面十分广泛，因此广告学专业教师自身学科背景来源也相当广泛，受到传播学、文学、设计学等不同专业背景影响，这也使现有的广告学专业教学方法和思路难免会受到教师背景学科中的传统教学思路影响。我们要看到的是，作为一门全新的应用学科，广告学专业既要汲取成熟学科的教学思路和方法，更应该以本学科所在行业特点、生源特色和学生就业方向为出发点，有针对性地建立广告学专业自身独立、完备的教学体系和方法。

① 王晓燕：《现代设计艺术教育发展的反思》，《陕西科技大学学报》第5期，2011年10月版，第180页。

广告造型基础课程的内容定位及教学探索

方　明*

广告专业的生源一直有其特殊性，当学生刚踏进专业大门之时，相当一部分学生的基本审美能力尚有严重滞后和缺失，但广告专业学生应具备基本的造型能力却是毋庸置疑的。关键是具备哪些造型能力，训练至何程度，现有课程体系从未设定系统的量化指标。因而，如何因材施教，如何评价课程效果，一直是基础课程教学中的困扰。

对于一般人来说，绘画的才能似乎具有一些神秘感，大多数人能很快掌握各种各样的软件与程序，却始终只有少数人能自如地绘画。在多数人看来，绘画能力依赖于天赋，而绘画技巧的掌握则依赖于偶然性。现有的造型基础训练课程（包括教材）两极分化：一类是儿童启蒙类，将初学者作为白纸一张，循序渐进，强调长周期、习惯性的技巧训练；另一类是高起点，如设计素描与创意素描，跳过大多数的基础能力训练，直接强调综合运用。这使得大量基础薄弱的学生们或面对不能预期结果的漫长训练而陷入崩溃，或因无所适从而渐渐敬而远之。能不能另辟蹊径，找寻更有效的方式方法，使教

* 方明，上海师范大学人文与传播学院广告学系教师。

学事半功倍,便是本文所要探寻的思路。

原有基础教程设定初学者在审美上受外界信息植入少,可塑性强,因而安排大量的基础技巧训练课程,不能“顿悟”亦可“渐悟”,以量变促质变。但事实是,学生社会成长经历已输入大量片段式信息,中小学应试体制也或多或少完成了一些非系统的能力训练,结果是大多数学生其实具备了一定的造型能力,但审美观念却不成熟甚至畸形。其实绝大多数无法驾驭绘画的人,是因为未学会有效的观察物象的方式,以至于无法有效完成表象。在近现代造型艺术中表征形象的标准已发生了剧烈变化,对自然的忠实复制不再是绘画的标准,绘画造型创作早已抛弃了具象画是复制物象的观点。因而造型课程重点应是训练学生的感知能力,而非绘画(技巧)能力。其实绘画(造型)原本就是一个求知视觉美的过程,它与视觉和感知紧密关联,最终的绘画表征能力主要取决于创作者看待事物的视觉转化能力。如何突破常规课程框架,干脆抛开一些效率低下的基础训练方式,从人的审美进化和对于美的感知能力的培养着手,或可解决造型基础课程的授课困扰。

对于初学者的涂鸦式绘画通常有两种评价:一种认为画中幼稚的造型和怪异的空间布局是人对投射到视网膜上现实形象的直觉歪曲,是人的知觉、概念、技能缺陷造成的直接结果;另一种认为可将涂鸦看成是人以某种媒介创造视觉替代物象的过程,是一种不受视觉表象和写实观念约束的主观表达。第一种观点基于传统理想化的标准——准确性和细致程度标准评价绘画造型,造成初学者都不自觉地追求写实,并为没能成功临摹现实导致复制“错误”而懊恼不已。但事实上,临摹主义早已是过去式,我们更应把绘画造型看成一个表达过程。在这过程之中,形状代表与被造型物材料不相同的物体,(表征)绘画的核心应是以特定媒介创造替代物象的过程,刻画出的形在结构和表征上与被造型物象相对应,而不必是对物象的精确描绘。这样才更好地理解与体现了绘画造型的创造性本质:因为绘画又是一种情绪表达活动,造型过程之中无不充满了创造动机。绘画不能在文化和情绪真空中进行创造，即使初学者也会整合他们所能理解得最好的表象特征，因为他们与自己产生的图画图式最接近。任何绘画中主观表达的痕迹无处不在，绘画常常反映出创作者的兴趣和关注点。没有绘画经验的人的涂鸦是他们认知能力缺失的表现，但并不意味着创造能力的丧失。世界是复杂的、多侧面的，与人的视觉与直觉不是简单的一一对应，绘画自然也不应是大脑简单输出的“复印”资料。

既然创作性绘画无须在物体现实属性与其图画表征之间完成一一对应的关系，那么造型课程完全可将重点放在训练学生的感知能力和完善审美素养上。以此想法为依据，将各类绘画造型与审美要素作一系统整理，就得到这样的链条：

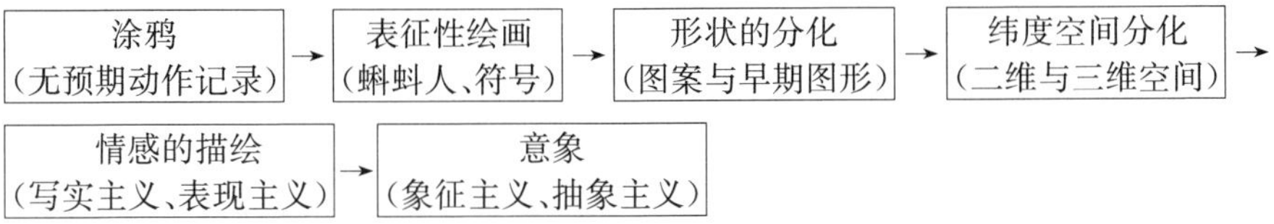

图1 表征绘画的造型进化(分化)过程

在课程实践中发现，许多技巧是可跳跃过去的，比如涂鸦技巧经验对于绘画表征的发展就不是必要条件。从根本上看，绘画感知的发展过程是以分段的方式行进的，就类似于拼图，可以从简单的片段开始，最终整合出复杂的形式。而传统造型技能的学习过程则不同，它是线性而有序的，遵循着固定的搭积木式进程，每阶段绘画能力的提升在一定程度上具有不变性，随着技巧不断地修正，直到能力最终被完善。

通过对大量没有绘画经验的学生的观察表明，技巧经验的缺乏并不会必然反映在画面造型的完整性上。绘画表征活动与技巧实践是可以分离的。教师可通过使用一系列口述教授的方法快速提高初学者的表征能力，通过教授和练习，使手眼能够协调地整合图形、改变图形以及重新表达图形。通过训练，初学者会重新发掘隐藏在自由涂鸦中的形状，从而能指引自己在图形创造中的记忆。象征以及对图形和物体之间相似性的寻找通过教师不断的提示，最终也将刻入初学者的审美意识之中。初学者对于图形具有象征能力的早期觉知不断驱动并指引着绘画能力的发展——创造出图形，并在图形的整合及分化中体验到快乐，进而产生再创作动力。下面就结合课程教学的实例，探讨这种思路的可行性。

课例 1：造型感知培养

对初学者来说，描绘人物及动作是一个难点。在此以一组人物画的表达效果观察造型分化的内容：形状的分化先于大小、比例、方向和方位的分化，当人物形象达到图形分化的理想水平时，便能够表征人物的年龄、性别、身份直至动作和活动。

纵观人物画造型的发展过程，大致遵循如下分化进程：从没有分化的、通用的圆形和直线开始，随后在形象的内部表现出垂直关系，之后是方位描画，进而通过形象内部细分和增加独立的图形，整体形象开始分化，连续的轮廓将形象所有要素融合到综合线条之中。在图形分化后期，作画者开始关注形象的相对大小和比例关系，并在完成这些分化之时，通过尝试重组方式进行表征、动作、活动等的分化……

由此可绘出如下主线，得以针对性地完善学生对于造型形状的感知和表达能力：

形状分化 → 大小分化 → 方位方向分化 → 人物表征（性别、身份） → 动作、活动 → 意象

图 2　绘画造型（形状）的分化

以下是一组造型分化课程教学实践前后中学生作品的对比，通过对这些作品的分析，可观察到初学者感知能力完善后，其表征能力的改变。

图3

左上图：在对人物的刻画中，头部和其他部分都用单一的大轮廓来表示，用线条把轮廓描画下来。这表明，作画者着重关注了人物形象的整体性，所以使用环绕线条来描画人物形象。同时，作画者总是小心地将线条画在纸的边界内，表现出对线条以及周围空间的早期视觉—空间定向。而且，他连续画出轮廓线条，将几个部分融合到一个结构紧密而完整的整体之中也需要一定的计划和视动协调能力。但在这幅画中，大小、方位、方向、空间都还没有分化，绘画者仅凭直觉与动作冲动将这些图形与看似无关的、来自真实生活事件或故事想象中的片断糅合起来。画出的形象轮廓单一、结构失衡、比例欠美感。

画中反复出现描画的封闭图形，用最简单的线条表示物体的边缘，最朴素地表达了图形的空间意义。画中不加区分地使用封闭图形表明，初学者的仅是将物体的一般性质描画成一个有边界的表面，与形状、大小和远近这些属性都没有关系，只因画折线需要对动作进行更多的控制，而画封闭形比画折线或开放的线条更容易。

中上图： 画中大小和方向已完成了分化，但人物的表征和动作未分化，用来表征人脸及其组成部分的都是圆形。初学者使用直线与圆形轮廓，代表各种物体属性——五官或动作。圆圈和线条创造出了另一种半分化的形状——旭日形，由一个中心或圆圈及其周围放射出的线条或环形组成，可表征很多东西。形状意义往往在部分与整体的关系中浮现。

这张画中还出现了蝌蚪人形象，这也是典型的未完成分化的表征形象之一。如果按照数量、比例、关系和主要身体特征来评价，蝌蚪人偏离了人物形象的标准和规范。他反映了人最原始的模糊的表象记忆，是对物象不恰当的知觉分析。蝌蚪人反映初学者对于造型感知的局限。造型上的极简也表明创作者的视觉广度较窄，表征动机较含糊。蝌蚪人是一种典型的未成熟分化的造型形式，它并不是对形象的有意歪曲，仅反映了创作者由于造型上的缺乏分化经验，因此转而追求简洁造型并发挥到极致。抛开写实标准，蝌蚪人只是在特有的视角上表达了人的完整形象。

右上图： 造型从直线开始变成曲线；从不加区分地使用一维线条表示空间延伸逐渐让位于更为复杂的二维、三维的表征。在分化早期阶段，造型大多是通过形状内部的分化来实现的。然后整体造型被分为几个小单元，并一个个联系起来组成新形象。接着通过复杂轮廓合并整合成一个新图形。分化中包含着整合，使所有的痕迹被组织到一个新的整体中。完成更有意义的表征创造。由于图形仍没有最后完成分化，所以形象仅仅描绘一个有生命的物体，形象所表现出的信息仍然有限。形象模糊或者不能确定形象会引起一些基本的问题：这个形象画的是年轻的还是年老的？是男的还是女的？简单轮廓限制了形象传递的意义。

通过一系列的造型分化提示和形状感知训练后，列在下面的三幅作品显然已开始从简单造型向更加复杂的造型分化。首先是线条、形状、大小、方位和方向的分化。已从未标记图形（如圆形）向更有特异性的图形发展。这时，多方位的描画也代替了单一面描画的早期标准方位，这里画出人的正面和侧面甚至顶面与后面，大小和比例也变得更具体。垂直关系不再是画面的唯一空间轴，画中出现了倾向方向，运动和姿势的表征就会更具有动态性。画出衣服也是一种有效的表征手段，而人物形象出现头发和腰带则表明绘画者已完成了男女形象的分化。虽然技巧仍然稚嫩，但这几幅图都通过丰富的造型分化表现出强烈的造型表征愿望。

从严格意义上讲，平面的纸张以及画出线条的工具与现实世界中的任何物体都是不对应的。绘画是一种视觉转译行为，需要将对延伸在空间之中的固体知觉转化为用线条和点在二维平面上的想象表征。要创造有意义的图画内容需依赖于对各种符号表征的理解，并在符号与其参照物之间做出区分。

课例2：绘画空间维度的分化

如何在绘画中的二维平面上表征三维物体，这问题非常棘手。与物理空间不同，绘画仅由两个维度构成绘画根据光线投射到平面、二维物体表面的几何学特点来描绘体积和深度效果。绘画史创作了多种投影系统观察法，对应了特定空间审美的需求。依照上面的思路，我们同样细化了视觉维度（空间透视）的控制与分化细节：

空间填充 → 正交投影 → 垂直倾斜投影 → 朴素透视 → 成角倾斜透视 → 超现实空间

图4　绘画空间维度的分化

同样，结合下面一组空间维度分化的课程教学实例的对比，能观察到初学者空间感知能力的不断完善。

图5

左上图：典型的正面描绘，但并不意味着创作者原本打算从此视点来描绘物体；只是捕捉到物象的最一般特征，以简单的轮廓维度来表征三维属性和体积。这种将体积和两维正面特征组合在一起的绘画带有高度的模糊性。当人渴望突破正面描绘时，往往会画出正面身体和侧面头混合起来的形象。而画中透过房子可以看到房子里面的东西，这种图的“透明”感又造成了进一步的空间模糊。形象的轮廓代表了形象的体积，也代表了物体在三维和二维空间中的外部边界。形象的内部区域不仅代表了物体内部，亦代表物体的外部表面。初学者不能区分二维和三维视角，绘画混淆了物体的内部与外部，反映出他们将三维物体转化到平面的、二维纸张上所表现出的有限的观察能力，并非真正的透明。

创作者还采用线条集合的方式来描画一系列形象。先把所有人物的头画出来，然后再画身体，最后画剩余的部分。按照垂直顺序，一部分接着一部分来结构人物形象。再把前后画出的部分连接到一个连续的、更大的单元中去，这样画出人物形象。这一过程可以使他们建构出更为复杂的人物形象，但空间的混淆却仍是这幅图最显见的硬伤。

中上图：图画中出现了水平方向优先的排列原则。画者在任何地方都是水平排放图形——从画纸的顶部边缘开始，漂浮在不明确的空间内。由于没有考虑画纸上的特定位置，图形是并排放置的，也未注意单个图形的大小——画者与画纸相对的方向在放置图形的位置中起着作用。如果作画方向与画纸边界不垂直，图形就会从画纸的一个角落沿对角线方向排列。最终，由于图画内容会影响在水平轴上放置图形的位置，所以，穿过画纸中央或沿画纸下部水平排列图形成为主导的放置方式。初学者一个挨着一个地排列图形而不考虑它们周围的空间。将地上的东西分开摆放，却没有表现物象与地面的特定关系，树和石凳好像飘移在地面之外。这类绘画将物体随机组合，物体与物体之间没有关系。这些以正面平行的平面来表征物体，是典型的正交投影。它表现了物品摆放的真实的水平和垂直方向。这种绘画系统描绘物体的一个侧面，使其成为放置其他物品的基础；每个物体的线条都不会重叠。这种绘画表现为垂直倾斜投影方式。这种画法对空间关系的表达仍是模糊的，不能区分高度和深度。

右上图：作品中先画出一个菱形来代表立方体的一个面，并以此作为典型面，使用展开式的画法（立方体的各个面按照垂直和水平方向分别排开)来表征立方体的多个侧面。立方体表征的发展产生出由多个面组成的相互垂直摆放的图形。画中将缘延伸出第三个维度,使用平行和倾斜的线条描画出长方形物体的三个面——前面、侧面和顶面。在这张画中,尽管维度已被表达出来,但长方形受到倾斜线条的影响变形了,物体的平行边还是用平行线来表示的,空间分化仍未完全完成。

绘画创造了图画的空间,每一个画出的图形都应是与其背景相区别的一个形状。这些图形往往从画面中突出来,背景则表现为图形后面的延伸部分。因此,每画一个轮廓也就创造了一个图画空间。事实上,图形—背景关系仅仅是在基本的和未分化的意义上所产生的图画空间。画出一个从背景中突出出来的图形并不能说明能够在平面、二维的表面上表征三维的立体物体。当人们开始使用斜线来描画深度,由此描绘立方体的侧面。掌握斜线画法之后,就可以在正交平面上使用不同的表征技巧,这时才真正完成了绘画的空间分化。下面一列作品显然已经尝试和完善了多种的空间分化,甚至在基本维度分化的基础上,创造性地表达了超越现实的空间。在视觉艺术创作的不断进步中,人类逐渐学会了以绘画视角看事物,绘画是一种独特的创造性活动,三维世界并没有直接给毫无经验的人提供可模仿的图画语言。正是因为没有真实的“范例”去模仿,亦决定了绘画的创造性特征。

绘画造型是一个高度复杂的过程,是以自发地认识到图画形式与真实物体之间的对应物为标志。初学者使用最简洁方便的涂鸦形式,但要表征的强烈愿望使人在真实的世界中不断寻找参照物,引着分化过程进入到一个又一个更重要的表征阶段。课程以此为基点,可不断衍生出诸如构图感知的分化、意象造型感知与分化……教学思路由此可豁然开朗。

以下是课程中学生的一些构思小稿,通过这些作品再次体会新思路的实际教学意义。

图6

左上图：典型的多种分化能力缺失，大量要素尚未分化。人物造型还停留在蝌蚪人阶段。画面造型上缺乏分化，比例、方向也一样。维度与空间的控制能力亦有限。

左下图：已感知到比例和方向，但空间、构图感知能力缺失，空间控制能力弱。绘画过程需要同时协调时间和空间的顺序。创作者必须决定哪些部分先画，哪些部分后画，还需构思好构图平衡布局。这张画的空间逻辑仍不完整。

右上图：已感知到形状的分化，人物的一些表征已清晰表现出来。但构图感知能力仍缺失，只知一味使用居中策略（对称），维度与空间的创作能力停留在简单的正交投影阶段。

右下图：已表现出较全面的感知与表达能力，但尚不够平衡。某些感知能力弱。如图形—背景关系分化不够，维度的交合关系仍显别扭。但画面内容已基本完成表征。

几轮绘画后，初学者的进步显而易见，教师只要在适当阶段作出有效的提示，学生是可以不受技巧制约的，在很短的一段时间内，能将造型从相对未分化的封闭图形发展到画出清晰可辨的人物形象。随着时间的推移，图画中表现出渐进的变化，描画物体的表征能力稳步提高。这种教学结果亦支持了绘画的概念与技能是同时及独立发展的观点。当画出的形象细节增多、比例的异质性减少时，就可以反映出学生的概念和感知能力的提高。

结　语

绘画不是发生在真空中的一个现象。周围的环境充满着各种可视形象，人的品位和观念在一个文化背景之中发展的。绘画表征中的缺陷在于不理解或缺乏所要描画的物象的概念；在于缺乏记忆提取策略。物象的绘画表征顺序以及内容都是相对独立的因素，表征的顺序和内容可以是非常灵活的，而且图画形象的意义在很大程度上独立于绘画过程和技巧。观念不同于技法，是可选择的，未必是连续发展的产物。表征形式的发展不是靠绘画练习经验的积累。决定绘画是否完整并不完全由刻画顺序所决定。画的顺序更不能约束表征的意义。绘画是由创作者的搜寻意义和相似性来决定的，并一定程度上受到视觉经验、兴趣、动机、注意广度、自控能力以及修改作品的愿望等因素的制约。

每个人的学习经历中，都会或多或少受到社会环境、文化差异、口述信息、媒介使用经验等因素的影响，审美信息摄入因人而异，千差万别，通过这样的一种课程内容的设置，将课程所涉知识点直观、系统地展现出来，如同展开的 DNA 链条，上面缺失的染色体片段一目了然，这样既可将学生的综合能力形成量化的指标、明晰能力差异，又可充分发挥学生的主观能动性，从中针对性地寻找自身缺失的审美信息，不必茫然被动地等待教师的指点，真正实现因人施教、因材施教。

浅析韩国零售业SP策略方式和手段

——“海外广告研究”课程案例研究

余　瓅*

促销即销售促进(sales promotion，SP)，是营销沟通的重要组成部分。就广义而言，凡是企业从事的所有以创造消费者需要或欲望为目的的活动，都属于促销范畴。从狭义而言，促销是指援助销售的各种活动。以往促销被单独看作是与广告并行的营销沟通工具，但是随着整合营销传播观念的发展，以及促销受到越来越广泛的运用，这种认识正在深化，所以我们对促销的讨论也在更广阔的背景上展开，但本文中指的方法和手段是按照市场营销学中关于SP的定义和形式，不包括人力的推销、公关宣传和媒体广告等。但需指出的是，SP本身是一个诱因，用来传达给消费者这个诱因的手段可以是很多样的，比如广告、活动、宣传等，在目前商业传播信息量飞速发展的今天，这些手段之间的间隙越来越不明显，同时可以互相渗透，互相穿插和配合使用。

韩国零售业市场非常发达，近年来由于韩国文化在世界范围内尤其是

* 余瓅，上海师范大学人文与传播学院广告学系教师，主要从事品牌与海外广告研究。

东亚地区持续升温，特别是在影视剧、电子产品、旅游、整形美容等方面比较热，导致整个零售业竞争非常激烈。而另一方面，有大量中国游客选择去韩国旅游和购物，加上当地消费信心增加、消费信贷状况稳健及销售增长数据利好，均使韩国的零售业持续获得支持。因此各个企业针对本企业不同的地理、消费群体、经济状况以及产品类型等情况，开展了许多有特色的 SP 策略。还有很关键的一点是，韩国的消费者们对于这些商家的销售促进手段很给面子，也就是说韩国人特别喜欢也精明于这些促销内容，在商场、电影院、服装店、酒店等各个地方总能看到正在精心计算如何能以最便宜的价格拿到更多的物品或实惠的人们，他们，尤其是女性消费者们，不会对此有丝毫的不好意思，这一点对中国的消费者来说还是有点差别。正是因为有消费者的喜爱和需求，所以韩国的零售业者们都花尽心思来运用各种手段吸引消费者。

我们以现有的 SP 方式，结合韩国零售业的做法，来看看下面这些形式的具体体现。

一、折价券

折价券是韩国促销工作中最古老也最能显示其生命力的一种方式，至今仍是常用的促销手段，并且盛行不衰。折价券的基本思路就是以其代替一部分款项，在购买约定产品时，可以获得一定折价抵扣。折价券在习惯上用于引诱消费者试用新产品或改良产品。它也可用作强力的推销策略，以此来对抗竞争者的推广活动。

这些折价券在特定的场合派发，能有成本小，收效大的作用。如在梨花女子大学、淑明女子大学等著名女子大学旁边的小店里，许多女性关注的美发、化妆品、服装等类型产品的折价券特别多。这种折价券不仅满足了顾客

图 1　某商店的折价券

要求优惠的心理，而且也是一种鼓励顾客使用并重复购买的报酬方式。折价券在制作和分发上花样繁多，其内容和让利形式也多有不同。有些甚至直接印成像韩币一样的样式，让消费者有切身的优惠感和满足感。当然，这种形式在中国是不允许的，显然违反了人民币形象不能出现在广告和促销品中的规定。

二、样品赠送

样品赠送的最大诱惑在于可以免费获得产品。大多数新产品在推出之初，其重要的市场目的之一就是争取消费者试用。由于韩国消费者和市场的特点，一般潜在顾客会使用老品牌，消费上已具有某种惯性，本能地对新品牌有心理距离。样品赠送经过销售实践证明，是一种极有成效的做法。它有利于对产品进行系统、确切的进一步说明，并且在强化和提升已有产品效能上表现极为成功。样品赠送的目的是为消费者提供某产品足够的用量，借以确切地判断该产品的优点所在。

韩国产品的样品无论在种类还是样式方面都是非常丰富的。比如“兰芝”等化妆品品牌，如果你去购买一定量的产品之后，老板会赠送给你很多样品，单从数量来说，有时样品的数量甚至会超过你购买的商品。所以很多人委托别人来韩国购买此类产品时，一定会叮嘱一句：不要忘了赠品。

化妆品店在消费之后赠送小样已经是女性消费者熟知的事情，甚至有时候很多女性消费者会因为小样而购买产品。

图2　化妆品店广告，意为有礼相送，以吸引顾客

三、包装变化

利用产品包装来酬谢消费者，或者通过包装规格的变化来激发购买。韩国包装促销的常见方式有如下几种：

1. 酬谢包装。采用比原标准更大的包装，或在原标准包装之外附送其他产品，而包装售价维持不变。这种方式现在常可以看到，如有的饮料在广告和包装上宣称，“加 100 毫升不加价”。采用比原包装要大的包装，增加饮料容量，价格却保持不变，如包装上醒目地印出“赠送 100 克”之类的字样，以明确其为酬谢包装。

2. 赠品包装。在包装中随送赠品，这种赠品可以是每件产品都有，也可以是在一个大包装箱存在。随附在每个产品上的赠品，是针对每一个消费者的；随附在大包装中的赠品，往往针对柜台销售人员，以激发其柜台的积极性。如夏季来临时，有厂商为鼓励柜台营业员向顾客推荐自己的产品，在每一个大包装中放进太阳镜、太阳帽之类的产品，营业员为获得这种赠品，就要打开包装箱，一旦开箱就须全力推出。还有比如乳制品的赠品包装，韩国特别有特色。赠品直接捆绑在主商品上，越临近食品保质期限的商品，赠品越多。你有时能在超市里看到绑满了附送产品的牛奶，因为它快过期了。

3. 容器包装。这是一种特别制作的产品包装，即制成某种容器形式，如饭盒、茶杯之类，把产品放在容器之中，在产品用完之后，外包装可移作他用。这种方法巧妙实用，既有利于用包装进行促销，也是一种比较持久的广告方式。众所周知，韩国的“乐扣乐扣”食品盒非常有名，因此，常看到有类似的食品盒里面装着罐头等食品，一旦里面的食品吃完，外面的包装盒可以用来装其他食品，非常实用。

图3 剃须刀、电池等产品的包装，增加赠送的可替换刀头和电池的数量

四、减价销售

对消费者进行促销，不论采取什么方式，说穿了都是一种让利行为。作为让利，最直接的莫过于减价销售。减价销售的方式多种多样，前面提到的折价券、酬谢包装等实质也都属于减价销售。只不过作为一种特别的促销形式，其特别的含义是，在约定时间里，为鼓励消费者购买而对商品采取的一种价格优惠措施，如节日减价、季节性减价、最后销售减价、每日特定产品减价等等。就其对市场的刺激而言，减价促销确有某种强力推进作用。比如在韩国，一般人都使用韩国本土品牌的汽车，如“起亚”、“现代”等，几乎每一次减价都使该品牌的汽车销售额和市场占有率大幅度提升，最后迫使竞争对手也不得不举起减价大旗竞相效仿。

减价促销策略是一种极具杀伤力、极为短促的突击手段。企业采取这种方式，通常是处在某种特定背景之下：或者市场竞争过于激烈，竞争各方相持不下，这时减价成了一个杀手锏；或者产品库存较多，资金周转不畅，由

图4 直接通过广告展现降价以吸引购买

此造成了某种经营负担，这时减价就是调节库存的手段；也有时运用减价策略，是为了加强消费者对整个产品系列的忠诚。韩国的冬天来得特别快，10月底天气已经很冷了。因此在10月初，很多商店的冷饮会直接降价50%销售，冰箱里的冷饮买完了，销售额上去了，冰箱也空了，才可以装其他食品继续销售。

五、抽奖与活动

抽奖是一项颇具刺激性的、能引起消费者参与和兴趣的促销方法，它以奖品或奖金为促销诱因，以直接消费者为对象，迎合消费者对个人运气的尝试心理，设置各种等级的奖额和奖品，以达到某种既定促销目标。

运用抽奖形式，可以促使消费者牢记商品的品牌，激发其试用意念，并且有利于顾客消费稳定化和高回转化。所以，抽奖活动与其说是针对提升销售额的设想，不如说它是针对提升销售动机的设想。正因为这样，抽奖活动在设计时必须认真考虑获奖的密度以及奖额的大小，刺激要有力度，设置就必须合理。奖项设置太少，中奖几率很低，难以激发人的兴趣；有时奖项

图 5　飞镖活动，鼓励消费者参加和体验

虽多，倡导奖额很小，也很难诱发参加者的热情。韩国像乐天这样的大型超市里消费者购物后一般在拿到收银条之后都能拿到类似奖券一样的单子，可以参加各种类型的抽奖和摇奖活动。

六、集卡兑换，交易印花

这种促销方式的特点是设计某种可集齐的兑换卡，或者随产品销售附送点数券，购买产品的累积金额越多，点数券就越多。促销规则是，所设计的兑换卡往往是一个系列，如韩国也有十二生肖，只要集齐一个系列，就可获得相应奖项。

当然，也包括一些服务性企业的交易印花。比如遍布韩国首尔大街小巷的“노래방”(卡拉“OK”)，有些地方你每消费一定数额就可以有一个印章，达到多少印章以后，你可以得到相应的奖励或礼品，这种方式对一些韩国人来说非常有效，可以鼓励他们增加消费的次数和时间。

与其他促销形式相比，这种兑换形式具有自己的特点：经济性，即制作成

图 6　某宾馆 coupon

本较低，发放成本和劳务费用也很少；便利性，无论是消费者获取还是厂家发放都很简便，只要达到标准即可无条件兑换；合理性，它以顾客购买商品的贡献率来赠送兑换券，按兑换券发送用包装进行促销，也是一种比较持久的广告方式；机会均等。这种方式较少投机性，它建立在共同的概率基础上，每个消费者都有相同的获奖几率。如果是交易印花形式，则比较适合服务性产品。另外，SP 的方式是可以互相引用和渗透的，比如某宾馆的交易印花，融会员卡、评价、印花等为一体。你是常客，或消费后给好评，或在联盟企业消费，都可以获得相应的好处，因此在留住老顾客和吸引、鼓励消费者方面特别有效。

七、会员俱乐部

以某产品或品牌的爱好者为对象，设立消费者俱乐部或联谊会。俱乐部或联谊会为会员制，对参加人员发放会员卡等证明，并建立相应的消费档案。会员制的目的在于掌握一批稳定的消费对象，并通过各种措施不断增进和提高会员对本公司及品牌的支持与信赖。采取会员制之后，公司及品牌方面对会员要有相应的优惠和奖励措施，并通过多种形式沟通，不断地与会员进行双向交流。通常的做法是发放会员卡，凭卡可以获得日常优惠，并

图 7　银行与某商店联名发行购物卡或信用卡，
既是会员身份也可积分、打折

享有某些特殊待遇，如参加会员特别活动、公司新产品免费试用等。为了保持与会员的对话，公司还要建立咨询和建议体制，一方面向会员发送有关公司及品牌的最新消息，另一方面接受会员的信息反馈，并根据会员需要，采取相应的工作措施。

在韩国，这种类型的促销非常广泛，几乎每个零售企业都有自己的会员，比如“爱丽小屋”化妆品、coex 百货商店、乐天免税店等。会员大部分是忠实的消费者，因此会员身份会让这些消费者有优越感并保持忠诚。

八、参观、展示和讲习推广

为了更好地让消费者认识产品，通常运用参观、展示等方法，以此拉近与消费者之间的距离。参观往往是公开企业生产状况和工作状况，让消费者直接了解企业及产品，以此取得信赖，正所谓“百闻不如一见”。这种形式往往能达到与消费者良好的沟通，借以创造出未来的机会，同时还能够借助参观者的口头宣传，起到良好的传播效果。展示往往是集中陈列样品，通过

图 8 如有明星助阵活动，效果更加理想，只是成本较高

与消费者面对面的接触，获得进一步的沟通。展示有两种类型：一种是作为样品宣传的展示，仅陈列样品，提供给消费者有关的咨询和服务，并接受消费者的建议；另一种则是在展示现场进行销售活动，把产品宣传、示范和直接销售结合起来。现在流行的各种展销会即是如此。

如在首尔东大门市场或百货商店等零售业发达地区，展示各种家用设备的使用方法，以取得消费者认可，这种情况非常多见。讲习推广是通过有组织、有计划地集中讲解，以期使消费者进一步地增加商品知识，并向其他消费者进行推荐。如韩国很多美容护肤讲习班，向学员灌输有关美容和护肤的知识，在讲解中宣传产品独到的美容护肤效果，顺利实现产品的销售。

通过上述 SP 策略和手段，我们认识到，总体来说，韩国零售企业使用这些促销手段对于消费者的主要目的不外乎以下几个方面：

1. 鼓励消费者尝试新产品

促销形式的特点是可以通过利益优惠给予消费者以短程刺激，使之产生突发的选择行为，从而与产品相联系。韩国市场由于消费存在着多元选择和较大购买惯性，往往在新产品推向市场时，很少会受到消费者的关注和选择。在这种状态下，运用促销技术，鼓励消费者试用新产品，是一个非常现实的问题。

2. 说服初步试用者建立购买形态

显然，运用促销手段鼓励消费者试用只是一次短暂的接触。促销实际上包含了一种利益的承诺，一旦产品交付了也就是实现了利益承诺的认可，鼓励消费者再次购买，从而建立购买形态。为了完成这一任务，促销通常被设计成一个持续的促销计划，借以不断延伸购买。韩国也是保健品盛行的国家，红参、高丽参等补品成为人们非常喜欢的产品。有些产品为了消费者连续购买的积极性，推出过一项促销措施，凡持有产品包装盒，即可享受某种条件的优惠。其目的就是要对消费者再次购买形成激励，最终形成购买习惯。

3. 进一步增加产品的消费

扩大产品消费有两种途径：其一是增加现有消费群体的消费量；其二是扩大消费群体。所以促销对产品而言，面临着两种选择，或者通过促销活动，展示产品的新用途；或者向更大范围推广产品。当然上述二者可兼而有之。韩国酒的消费量在亚洲领先，由于酒的广告受到一些限制，因此利用 SP 来增加使用量的确是个好的选择。

4. 保持竞争中的主动性

促销常被用来抵抗竞争者的各种活动，使自己在竞争中占据主动地位。在市场活动中，处于劣势地位的竞争者，为了能够挤进市场，往往喜欢发动促销攻势。而处在领导位置的领先品牌，为了保持其市场占有率，也会制定出促销战略,以应对层出不穷的挑战。

5. 连带系列产品的销售

这是促销活动的一个附加成果。通常促销只是针对具体产品或品牌进行,它之所以会有某种一致性联系,是由于当一个产品因促销而受到消费者追捧时,消费者对其姊妹产品往往也会有好感。

韩国销售促进的策略和方式,是由韩国零售业的发展和特点决定的。这里我们要指出的是,韩国相对于中国来说,无论是人口还是经济都是个小国,韩国的大型商场和中国相比,在数量分布和营业面积上都不能等同。但韩国消费者还是比较青睐小型商店,外国的游客也是比较喜欢有特色的小型店铺,毕竟去韩国旅行大家都不是冲着逛大超市去的,人们都想体验一些有特色的商店吧。近些年来,韩国大型商店的兴起和百货商店的稳定增长,夺走了传统市场和小商店的不少市场份额。1998 年小型商店和传统市场在韩国零售业中所占比例下降到不足 75%,2000 年降到 70%以下,2005 年继续下降到 60%,2010 年已经几乎是和小型商店在营业额上平分秋色了。

尽管如此,从消费者可以看到的营业场所的分布和面积来看,韩国小型商店和传统市场仍是零售业的主力军,如首尔非常现代和繁华的명동(明洞)以及传统与时尚相结合的동대문시장(东大门市场)仍然是首尔最有吸引力的购物场所,成为保持了韩国民俗特色和吸引外国旅游购物者的好地方。因此,这些 SP 方式和手段还会有更多的发展和差异化。

试论数字时代的广告创意教学与课程建设思路

张　磊*

一

目前，各地高校广告学专业在创意类课程设置上有两种不同的做法。一种是单独开设“广告创意”课程，同时还有“广告策划”、“广告设计”、“电视广告”和“网络广告”等系列主干课程，注重阶段性的训练和相互衔接。另一种是不单独设立“广告创意”课程，而是采用“广告策划与创意”、“广告创意与设计”等作为课程名称，将创意思维训练贯穿到各种应用技能的学习之中，注重整体性。虽然这两种做法课程组合的培养目标都是为了养成创意技能，提高创意水平，但从教学重点和知识结构上看，主要都偏重于表现型创意，也就是依据媒体类型来实施广告作品的创意。这就带来了一个明显的不足——重视“输出”，轻视“输入”。广告创意的输出端几乎连接着所有

* 张磊，上海师范大学人文与传播学院广告学系副教授，博士，主要从事广告创意与广告史研究。

的表现载体，但构成创意基础的输入端往往仅连接着美术与文案（art＋copy）。不管是将创意训练作为先导课程，还是融入技能学习之中，都不能改变这一事实，这也就容易产生创意发生神秘化和创意手段表面化的弊端。学生虽然在课堂上看了许多充满“神来之笔”的精彩案例，但轮到自己思考时仍然感到无从着手。归根到底，还是由于“输入”不足。

进入 21 世纪以来，全球范围内数字技术和新媒体的发展对传统的广告业态形成了极大的冲击，媒介融合、社交网络、大数据、智能交互、机器人、可持续、社会创新等前沿概念接踵而至。广告公司的业务类型和组织结构正在发生整体性的转变，创意的内涵、职能与价值面临重构。值得注意的是，从 2011 年开始，著名的法国戛纳“国际广告节”正式更名为“国际创意节”。① 更名事件所释放的一个强烈信号就是，在全球广告活动总量有所下降的局面下，以媒介思维为主导的传统广告正在演变为以创意思维为主导的沟通机制，创意话语的重要性和创意边际的流动性获得了前所未有的增强。

如上所述，多年来广告创意技能的前期基础主要来自文案和美术，然而这种源自平面媒体的传统模式已越来越难以应对数字时代的广告沟通。面对转型的挑战，广告创意的课程教学如何通过自身调整回应时代的变革是一个亟须探讨的问题。

二

在数字技术主导的传播网络中，消费者接触媒体和处理信息的方式与

① Terry Savage：《从广告到创意——戛纳创意节主席解析 2011 戛纳》，《中国广告》第 9 期，2011 年 9 月版，第 21 页。

过去迥然不同。通过微博、微信以及各类图片、视频等社交网络平台，个人的媒体化正在变为现实。随着大众媒体（包括门户网站等）逐渐去中心化，数字媒体的信息传播呈现出两大特征：一方面，过剩信息弱化了消费者的敏感度和辨别力，广告信息如不能激发起受众的兴趣，仅依靠媒体的“到达”依然无法转换成为消费者的主动“认知”；另一方面，碎片化的海量信息借助耳语式的轻交互而产生共振化的聚合效应，从而形成新的信息“过滤”机制。在这种背景下，广告活动的存在基础就从媒体转向了内容和技术；也就是说，广告会越来越不像“广告”。[①]

以媒介为基础的传统广告多依据媒体类型分而治之，主要针对的是策划、文案、平面、户外、电视、网络等具体的创意表现；而以内容和技术为基础的广告正在拓展为广义的综合沟通。所以创意的职能范畴不再仅指某个具体作品的创意，而是延伸和覆盖到包括前期的商品开发和后期的终端销售在内的整个领域。只要是广告主需要解决的沟通课题，无论是不是属于“广告”范畴，都应该被视为是创意职能所在。随着广告的内涵由advertisement拓展为communication，创意的重点也由看得见的表现型创意转向了潜意识的内容型和技术型创意。由此可见，只有打破不同专业领域和组织壁垒间的界限，用内容和技术的技能组合代替传统意义上的文案和美术才能应对媒体环境的融合和传播方式的改变。

广告创意教学的转变与重构也同样立足于此，可从教学方法和内容模块两方面入手。在教学方法上，要做到扩大“输入”和调整“输出”。扩大“输入”意味着强调学生的内容生成能力和技术转化能力。在目前还无法做到文理兼招的情况下，技术教学的重点应该放在感悟和体验上。调整“输出”则是要在创意表现方面，将以往占据主要教学内容的传统媒体与发展势头

① 张磊：《“镜众”视角下的广告创意趋势》，《上海师范大学学报（哲学社会科学版）》第4期，第39卷，2010年7月版，第49页。

强劲的新媒体融合起来。例如由于资料获取和制作便利的缘故，平面广告历年来都是课堂范例和作业课题的重头戏，在各类学生广告赛事中也是竞争最为激烈的奖项，师生们为此投放了大量精力。但是如果冷静观察近几年来的国际广告动向，就不难发现传统的平面类广告（甚至包括电视广告）早已不是业界聚焦的重点。那么，教师在创意教学中就不能因循守旧，一味地将平面广告视为是创意技能的主要体现，这将导致解决方案的单一和局限。扩大“输入”和调整“输出”的效果主要取决于课程内容模块的更新。由于各地院校的发展战略、办学特色和资源配置均存在一定程度的差异，故而在内容模块和组合体系上应有一个逐渐成熟与完善的过程。在这里笔者不揣冒昧，结合自己十年来的教学经验谈谈不成熟的看法，权当抛砖引玉。

三

广告学是一个复合型的应用学科，涉及新闻传播、文学、艺术、营销等相关学科知识。结合广告业的前沿发展趋势，笔者将所担当的“广告创意”课程分为四大模块，分别是“洞察与联结”、“文案与视觉”、“媒介与技术”和“商务与内容”。这四大模块的组合从虚到实，由浅入深，力求体现出鲜明的多学科交叉特征，满足学生未来就业和长远发展的需要。

第一，洞察与联结。这部分主要是广告创意的思维训练。养成和激发创意力的方法林林总总，但究其本质均为洞察力与联结力的结合。前者是从消费者的角度寻找商品本质性的存在价值的能力，后者则是在洞察的基础上联结不同元素和内容的想象力。洞察是联结的基础，而联结是洞察的结果。如果说洞察决定了发现问题的视角，那么联结就决定了解决问题的方式。值得一提的是，数字技术和互联网的发展使创意的起点日益从商品或媒体转向消费者，洞察力的训练比以往任何时候都要显得重要。所以不能仅将事物之间的关联想象视为天马行空的灵感，而应该将其纳入理性的思考框架。

第二，文案与视觉。这部分的教学应把握好创意概念与创意表现的整体关系。一般来讲，抽象的、理性的、深层次的创意概念常诉诸直接明确的文案；而那些感性的、表层的、形象化的概念则更依赖视觉元素的演绎。教学难点在于因广告学隶属文学门类，招收的多是文科背景的学生，通常美术基础单薄。学生一方面容易将文案简单化地理解成写作技术，另一方面又对视觉表现存在畏难情绪，故而可将视觉符号的解构与重组用"视觉修辞"[①]（含比喻、借代、夸张、比拟、双关、反语、对比、反复等）的教学方法加以总结和提炼，便于文科学生理解与掌握。

第三，媒介与技术。如果说"洞察和联结"是将企业和商品的价值转化为消费者的价值，那么"媒介与技术"就是要将新媒体和新技术的价值转化为消费者的价值。与视觉素养相比，文科背景的广告专业学生在技术方面的修为更加欠缺。教学内容应涵盖微博、微信、社交网络、电商等互联网媒体以及搜索、数字地图、二维码、APP、大数据、增强现实（Augmented Reality Technique）等信息技术，同时需要解读电子支付、智能家电、机器人等一些创新动向，促进学生了解这些变革的可能与意义，即数字技术可以在多大程度上介入和转化为广告创意，并改变社会生活方式。

第四，商务与内容。正如阿尔温·托夫勒在《第三次浪潮》所预言的，主宰 21 世纪商业命脉的将是创意。[②] 广告业正越来越深地介入到商务和内容开发的产业链前端，这既来自广告主的需求，也是数字技术改变商业和传播形态的必然结果。教学内容分为两部分，一部分指新型的商务形态与营销模式，如 O2O（Online to Offline）、CSR（Corporate Social Responsibility）、众

---

① 金定海、郑欢编著：《广告创意学》，高等教育出版社，2008 年版，第 153 页。

② 阿尔温·托夫勒著：《第三次浪潮》，黄明坚译，中信出版社，2006 年版，第 11 页。

筹、创客等;另一部分则包括容易与广告主品牌发生关联的体验性内容,例如影视、体育、动漫、游戏等。商务与内容不可割裂,内容是与消费者发生关联的内核,而新颖合理的商务模式则为前者的有效性和持续性提供了保证。

四大模块的架构前后衔接,循序渐进,相互支撑。“洞察与联结”是根本性的意识激发和先导性的思维训练;“文案与视觉”是以往教学主要历史经验的积淀与提升,解决的是从概念到表现的方法论问题,在课时安排上会趋于精炼;而“媒介与技术”、“商务与内容”则是从表现型创意转向技术型创意和内容型创意的关键环节,通过输入新的内涵,拓宽创意职能,使“创意”进一步走向“创新”。不言而喻,内容模块的大规模拓展令课程知识体系较以往要庞杂许多,如何在有限的教学时间内保证可操作性并达到有的放矢的效果呢?这就取决于模块体系的有机结合和课题作业的精心设计,由点及面,追求融会贯通。

试举“媒介与技术”中的“大数据”为例。教师在课堂上除了介绍大数据的属性与内涵外,更要立足于从广告创意的立场阐述大数据的影响和意义。从数据到大数据是一个从量变到质变、从直觉到理性的过程。大数据能让消费形态清晰化,通过植入生活方式隐性的引导、规训和固化消费。这对广告主更有利,个体消费者无力对抗这种整体性的消费形态构建。在教学中,要促使学生思考广告沟通会因此产生怎样的转变?核心的一点就是算法究竟能不能代替洞察?广告公司会变成技术公司吗?创意人会变成数据分析师吗?然而算法不是万能的,一个典型的例子就是在消费者购买儿童床送人之后,数据系统却会自动向其发送“尿不湿”商品的信息。此时通过及时回顾“洞察与联结”模块的内容,引导学生产生将算法和洞察结合起来的意识,发挥“大数据”真正的效力。

课题作业是广告创意课程必不可少的训练手段,是学生理解创意观念和掌握创意技能的实践途径。所以课题设计必须反映课程内容模块的更新,并且通过几个阶段的作业过程将以上四个模块的教学内容加以串联与融合。过去的广告创意课程经常将某一种媒体广告直接转换为最终的作业形态，训练手段的局限可能会抑制学生的创造力，而且仅具备某一种媒体创意技能也无法适应市场对新型广告人才的需求。换言之，广告沟通的综合性趋势同样要体现在课题作业之中。以“大故事”(big story)的课题为例。“大故事”并不是泛泛阐述商品的具体特征以及与其他产品的差异，而是要诉诸更大的信念和存在的意义。通过“大故事”的诉求，广告主可以在超越商品的价值层面激发、引导和集聚消费者的兴趣，从而形成一个大的社区。由此可见，“大故事”是一种生活观、价值观层面的沟通。而要做到这一点，就必须首先聆听消费者的声音，并站在消费者的视角去讲故事，甚而让消费者表达出自己的体验与感受。同时，为体现、塑造和传递商品之上的社会价值，“大故事”在技术和内容方面的解决方案就必然不会局限于传统广告的选项之中，但其具体表现仍依赖故事性的文案或视觉叙述技巧。从“故事”到“大故事”的技能演进并不是断裂的，而是一个从体验到概念、从形态到意义的整体上升过程。“大故事”的课题设计可将“洞察与联结”、“文案与视觉”、“媒介与技术”、“商务与内容”四个模块串联在一个概念点上，既注重全面思考，又为创意个性提供了施展空间，无论是作为循序渐进的阶段性课题，还是最后的统括性课题都是非常适合的。

四

数字时代的广告沟通正在发生巨大变化，创意并不再仅被视作是广告活动的阶段性内容或是一小部分人的特权，而被看作是贯穿广告沟通过程的思维机制，因此“内容”和“技术”的技能组合正在逐步取代“文案”和“美术”。“广告创意”的课程教学应该积极转变创意教学观念，充实创意教学内容，开展创意教学实验。然而，内容生成能力和技术转化能力的提升并不是在某一门单独课程中可以整体实现的教学活动，所以高校广告学专业还可以在“广告创意”课程知识模块的基础上，进一步建立起更具系统性和开放性的课程群结构，构筑更为长远有效的创意人才培养模式。

“视频广告创作”课程的教学思考与实践

王　昭*

从发展的眼光来看，“视频广告创作”课程是一个在特定历史条件下诞生的教学产物，最初开设此课旨在突破上海师范大学广告专业本科学生影视制作的零实践力，但早期开课时遇到人手、设备等诸多条件不足的情况，同时因视频制作是广告学专业的新兴教学领域，还存有诸多不确定的发展因素，所以课时配给也不充裕。然而，经过八年的教学探索与实践，该课不仅囊括了若干全国性大学生广告专业比赛的特等奖、一等奖以及各类奖项，还获得了一些广告协会、企业颁发的专业性奖项①，于是逐渐发展成为上海师范大学广告学系的一门主干课。为了行文简洁，接下来将以“视频广告”代称该课。

* 王昭，上海师范大学人文与传播学院广告学系讲师，硕士，主要从事视频广告创作及其消费者研究。

① 本课程作业获奖名单详见文后列表。

一、新型专业基础课的教学尝试

教学定位是"视频广告"在筹备阶段面临的第一难题。该课最早的名称是"影视广告编导及制作",后来随着一批高质量学生广告作品的诞生,同时结合整个影视广告行业在硬件互联网化的发展演变,遂将课程名称调整为今日的"视频广告创作"。改名之后的"视频广告"更加符合其尝试教学破冰的历史使命。作为一门实验性很强的新课程,"视频广告"应该谋求一种突破式的教学方式,也就是说经过一学期的教育培训,学生可以实现成片的综合愿景而不仅仅是学会某种摄像或剪辑的技能,因为只有当影片完成后才能激发师生对这一新教学领域进一步的探索热情。但是参照教育界电影学院的经验,摄像和剪辑是两个既相互联系又分别独立的课程体系,除此之外成片还应有导演理论、灯光效果、美术制景等不同部门的支持;在行业中,一支广告片往往又是由广告策划、创意、影视制作等多个部门联合制作完成的。于是,"视频广告"就需要拟定出适合自己的教学目标并设计与之配套的教学内容。从现实的条件来看,电影学院传统的基础课方案对"视频广告"来说显得过于低效,但我们又不能贪大求全地制定不符合教学规律的教学目标,因而只能尝试开辟一条新型的专业基础课道路。

江南大学设计学院是国内较早进行基础课改革的先行单位,早在 2000 年前后,林家阳老师和诸位设计学院的教师就通过"图形创意"这门新基础课引导学生把平面符号广泛应用在三维空间里,为设计类专业基础课找到了商业应用的突破口。2013 年上海视觉艺术学院特聘艾斯林格(Hartmut Esslinger)教授来进行的战略设计创新课程则将中国基础课教学改革推到了一个新的高度。艾斯林格曾是奥地利维也纳应用艺术大学的教授,同时还是著名"青蛙设计"公司的创始人,作为横跨教育、商业和艺术设计三界的资深老兵，他的优势不仅在其对专业基础知识的独特见解，更在其将世界知名企业资源引入教学情境的世界性整合能力。据上海视觉艺术学院设计学院院长叶苹介绍，艾斯林格非常强调在第一堂课（即传统意义上的基础课）就将学生带入实际工作情景，在他的课堂上，基础技能的教授是在实际问题的引导下形成的一种新系统性基础知识，“实现项目带动教学，使学生能在基础教学方面得到提升（包括技能的练习），同时结合实际设计项目（例如与公司及各大机构合作举办的工作坊活动），让学生获得更多的宝贵经验”①。从江大设计学院的基础探路再到上海视觉学院国际化的教学联奏，共同勾勒了产学研一体化的教育模式在中国大学界从早期积极探索到今日广泛形成共识的发展历程。不过必须指出的是，以上案例列举的是具有丰富资源的优势大学经验，对普通院校、一般课程来说可以借鉴其模式，但真正落地还要通过一番尝试。作为产学研一体化教学模式的积极响应者②，“视频广告”希望通过自身的教学实践为基础课教学改革提供一种更趋平民化的样本。

在进行实践型教学之前必须先要摸清时代的特征，从而使课程不仅能在教学硬件上紧跟时代步伐，更要从思想上听懂时代奏响的号角。在这一点上，“视频广告”一直保持着“与时代同呼吸”的节奏。“视频广告”的开课之初正处于以数字磁带为代表的视频标清时代末期，随着数码存储卡摄像机的应用，“视频广告”很快又迈入了视频的高清时代。与此同时，技术的高速发展又促使视频行业发生了连锁反应：首先，摄像器材使用难度的降低激活了一个规模可观的大众视频消费市场；其次，逐年激增的视频制作专业、非专业人员反过来又激发了视频制作器材的更新换代潮，其中2008年底佳能5DmarkⅡ的上市为大众送来了视频拍摄的狂欢时代，更成为“视频广告”提升课程作业质量的有力工具。在随后互联网向移动互联

---

① 上海德稻实验班产品设计课程设置与课程介绍，http://www.detaoma.com/expClass/showExpClassDetail/?id=2161843。

② 2012年9月，笔者所教授的“视频广告”课入选第二批上海市教委的产学研见习计划。

网转型的过程中，视频压缩技术为视频网络分享扫清了障碍，普通民众更是通过网络自媒体获得了重要的视频制作、发布权。应该说这些技术的革新为视频广告教学节省了时间并大大提高了课堂生产力，同时，技术对于市场发展的推动还深刻影响到本科教学理念的变革。2014 年上市的优酷视频创收平台和京东众筹平台，看似距离传统广告教育很遥远，但却发起了比在线教育更为猛烈的冲击。2012 年兴起的在线教育在中国首先冲击的是优质教学资源相对缺乏的职业教育阵地，其次才是对高等学校中混日子式的教学匠的挑战。在线教育解决的是教学条件中时空限制引发的教育资源紧张问题，但并不改变知识传授、学习接受的教育程序，相比之下，优酷视频创收平台和京东众筹平台的到来却在无形中对传统教育目标以及教育理念形成了挑战。优酷和京东打造的是一个由广大群众说了算的平台，这些平台通过信息传播使社会供需关系更趋透明，从而以一种更合理的方式为生产者（无论是文化内容生产者还是物质文明生产者）提高获取社会资源的能力。从这个角度来审视我们的传统教育，不难发现，无论是以灌输为主的理论教育还是以背诵为主的理论考核方法，都代表了一种假定青年学生在学习知识后要经过很长一段时间才能将所学形成有效生产力的教育观点。这种机制培养了学生的学习惰性，并纵容他们将理论和现实割裂开来，因为即使在学习过程中就从社会现实中发现问题并加以解决的行动是无法通过标准化考试来衡量的。而随着越来越多优秀人才以辍学的方式展开自己的职业生涯，广告教育者应该意识到，曾经为行业培养配件式的创意人才这种单一的教育理念需要向培养具有创意、创业综合能力的广告人才的教育理念转变，并辅以相应的教育评价机制；同时，实现这种教学理念不能只等到大三、大四的高阶专业课阶段才开始执行，在基础课阶段就应该为学生提供一种创意创业的体验和感觉。

笔者所执教的“视频广告”从 2006 年的开课之初就在尝试产学研联动的基础课程教学模式。最初是将大学生广告大赛的题目作为期末作业引入课堂的,这样教学不再是老师和同学之间的过家家游戏,作为第三方的大赛制片要求给课堂教学制造紧迫感。在没有比赛的学期里,笔者还会邀请企业家带着实际课题进课堂,这样同学们不仅获得了接触社会的机会,教师也能从市场中不断找到新的教学切入点。在逐步优化课程与市场接轨的过程中,笔者将一部分所谓的高阶基础知识删节后替换成带有复习性质的、但却是以商业实战面目出现的综合作业,不料每次都会有一些画面不尽完美但客户却认为有价值的学生作品出现。上海诺瓦创业中心董事长何斌曾经这样评价我们的作品:“虽然没有电视台播放的影片场面大、镜头炫,但是你们的片子却很动人、很走心。”

经过若干次的修改,“视频广告”的教学目标最终形成以下文字:通过理论结合实践的教学方法帮助学生全面了解视频广告的制作方法,快速掌握相关术语以及高清摄像机、非线性编辑软件的基本操作方法,以清晰的创作思路、在项目团队合作的方式中尽最大可能完成一系列符合市场策略要求并富有创意的视频广告片。① 为了实现这一教学目标并适应上海师范大学广告课程总计划,“视频广告”在将传统的视频制作教学内容进行不断调整与改编的基础上,设计了新的“视频剪辑”、“摄像”以及“视频广告综合创作”三个高浓缩式的教学板块。之所以采用浓缩的方案首先是想为“四年一回”的课程增添些厚度,以及应对我校节奏缓慢的周课时的排课方案。浓缩式课程还通过为授课内容进行瘦身、减少不必要的程序,用最简单的语言拆解、讲授晦涩的理论来加以实现。应该说,这是一份经过市场的选择后形成的教学目标和教学内容,尽管学生们普遍认为“视频广告”课程任务量多、挑战性很大,但每逢期末时分,当同学们完成一支支影片,无论是教师还是学生内心深处都充满了收获的喜悦。

---

① 教学目标中的相关界定将在后面“教学评价”部分进行详细分析。

二、"视频广告创作"的教学评价方案

实践证明，教学目标的实现既依靠合理的教学内容、恰当的教学方法，还和教学评价系统密切相关。"视频广告"自开课以来一直在探索促进学生成绩提高、传递课程价值的教学评价系统方案。经过若干年的积累，"视频广告"形成了既提倡团队合作又鼓励个人发展的课程风格，在尽可能激发优秀个人实现抱负的同时亦体验利他的双赢合作发展模式，不赞成学习懒惰者利用团队合作之便的作弊行为，尽可能鼓励那些领悟力较弱的同学利用各种服务他人的机会增加实践参与从而达到提高的目的。

按照生源分布的正态规律，来上"视频广告"课的大学生通常可被分为以下四个等级九个小类(见表 1)。每年每班第 1 类学生的数量总是屈指可数，甚至没有；第 2、3 类学生稍微多一些，大部分同学集中于第 4—5 类、6—7

表 1

等　级	种　　类		
优等生	1. 技术能力(优) 创意天分(优) (>95 分)	2. 技术能力(良-优) 创意天分(良-优) (90—95 分)	3. 技术能力(中-良) 创意天分(良-优) (89—90 分)
良好生	4. 技术能力(良) 创意天分(良) (85—89 分)	5. 技术能力(中-良) 创意天分(中-良) (79—85 分)	
中等生	6. 技术能力(中) 创意天分(中) (75—79 分)	7. 技术能力(差-中) 创意天分(差-中) (65—75 分)	
差等生	8. 技术能力(差) 创意天分(差) (59—65 分)	9. 严重缺勤者 (<59 分)	

类，只有极少数同学位于第8、9类。但是从执教八年的经验来看，如果后天努力得当，第6类学生(成绩)向第2类依次迈进、跳进都是有空间的，一方面可以通过合理的教学方法以及合理的教学评价机制来“1.营造良好的集体学习氛围”，从而“2.激发后天式努力”。但是从第2类迈向第1类，受到“3.先天的才情”的制约很大；从第8、9类向第7类提升，不仅因“才情所致”，还和学生本人及其社会联系有密切的关系，比如学生对于课程学习的认知总是受其家庭、朋友的影响等等，尽管不是不可能但提升难度相对较大，必须在多方共同努力之下才能实现。

目前中国高校普遍使用评定学生某一学科成绩的方法是将学生平时测验平均成绩、期中考试成绩、期末考试成绩按照一定的比重相加得到一个学期总评分，其中有30%平时成绩、30%期中成绩加40%期末成绩的组合方式，或者将一学期各项测验或考试的分数全部相加平均得到总评分，再或者由更为简单的40%的平时加上60%的期末考试成绩得到总评分，这种评价方法被称为目标评价法。[①] 目标评价法最大的问题是对存在进步空间的学生来说缺少激励作用。在本人执教的“视频广告”这门课中，曾尝试过多种激励的教学评价方法，其中“以目标评价法为基础的溢出式评分法”和“发展性评分法”这两种评价方法对提升教学最有价值。

三、评分方案

“以目标评价法为基础的溢出式评分法”实施的步骤如下：首先确定各阶段考核在总评分中所占的权重；其次设定每一项考核的具体得分点；最后在统计总分时以多元的分数予以展示。前文介绍的教学目标中曾提到的

---

① 吴钢、李勤：《学生学业成绩评价的一种理论和方法》，《上海教育科研》1994年第6期。

"了解"、"掌握"、"完成"这三个明确的关键动词以及一个名曰"尽可能"的模糊限定词，意思是说只有同学在充分"了解"并"掌握"了一些本课的基础知识后，才能完成一个"合格"的影片。对于"了解"方面的考核主要通过随堂提问的方式进行，并不实际产生分数。对于"掌握"层面的评价主要通过视频编辑软件的上机考核以及模拟拍摄这两个环节分别进行检测，前者考核同学们对剪辑工具的掌握情况，后者不仅是考察同学们对拍摄器材掌握的程度，还是在最后大作业开始之前的一次综合性演练。这两部分的考核分别占期末总评成绩的 20%，共计总评分的 40%。"完成"是指完成一支"合格"的影片，即期末影片的摄制，这部分分值占总评成绩的 60%(见表 2)。

表 2

项目 分数	软件考核	模仿拍摄	综合设计	知识分享
分值	20%	20%	60%	5%
总分			100%	

期末影片创作考察的是一个学生知识的综合掌握能力，但由于影片评价是一个相对主观的过程，同时因不同学期的选题来自例如商界或学界等不同领域，因而会遇到因评价主体不同而导致评价侧重点有所不同的问题。为了保持课堂成绩评价的稳定性以及相对独立性，更为了保证学生的基本利益，笔者曾尝试过若干种办法，现在来谈一下分层评分法和专业专项评分法的操作方法。

第一种分层评分法，即将作品按照"两大层次、六个小级"进行评价(见表 3)。其中，两大层次分别是"表述层次"和"创新层次"，"表述层次"主要考察影片的创作思路是否符合既定的广告诉求，一共有优(36 分)、良(28 分)、中(21 分)、差(＜21 分)四个等级。在获得这部分分数后需要继续考察该片的创新层次，"创新层次"也分为优(24 分)、良(19 分)、中(16 分)、差(＜16

分）四个等级。创新的方法既可以是表达方面的创新，还可以是内容上的创新，能够实现以上任何目标的作业都可冲击该部分成绩的满分。分层评分法最突出的特点是鼓励同学们做基础扎实的学习者。在一个学生基础成绩优秀的情况下，比如已获得35—40分的基础分时，如果他的作品表达也非常清晰，这样最后的大作业至少可以得到46分（36＋10）左右，因而期末总评成绩便可轻松达到85分左右。在分层评分法中，第一个层次的分数可以通过教师的辅导逐步获得提高，但是第二个层次中的“故事创新”对师生有很高的要求，因而只能以“尽可能去追求以及实现”的文字进行表述。

表3

层　次	项　　目					
表述层次	优（36）	良（28分）	中（21分）	差（<21分）		
创新层次	技术表现评价				创意综合评价	
	拍摄（10分）	剪辑（10分）	声音（10）	画面综合（10分）	策略（10分）	故事创新（10分）

本课程针对期末影片尝试过的第二种评分方法是专业专项评分法，具体办法是将一个作品的评价拆分为“技术表现评价”和“综合创意评价”两个部分，其中“技术表现评价（40分）”包括“1. 拍摄（10分）、2. 剪辑（10分）、3. 声音（10分）、4. 画面综合（10分）①”四个得分项目，“综合创意评价（20分）”包括“策略（10分）和故事创新（10分）”两个得分项目，策略部分主要考察该广告是否符合品牌既定的策略定位，其得分是由“广告片观摩”＋“主创/导演阐述”两个环节的分数相加而得。故事创新主要看该视频广告的故事脚本是否有新意，同时也包括评价其制作手法是否有新意、文案的创新程

① 画面综合中还包括“画面分辨率、灯光、表演、道具”等内容的考察。

度等等。专业专项评分法在实施的过程中,根据实际生活的经验,观众往往会因广告的某一制作项的优秀表现而对该广告产生好感,比如最突出的配乐等。因此在打分时,评分人可以适当提高技术单项方面的评分比重,但最高不能超过本部分所占总成绩的权重。比如,剪辑突出最高不能超过 40 分。专业专项评分法的优点是可以为学生提供形成性成绩报告单(见图 1),这样不同作品之间进行比较时可以清楚地看到各自的优缺点,但也存在因评委的主观因素而导致的分数权重不合理升降的缺点;此外不同得分项之间缺少可比较的准绳,因而使分数带有强烈的主观性。

由于以上两种评价的目标作品都是基于团队合作完成,所以本课程还会从管理的角度对期末影片进行评价。每个同学都必须在作业里注明自己在团队中所扮演的角色、发挥的作用,比如创意、导演、剪辑、摄像以及表演[①]等角色,在这五个角色之外的工作(场务等)会乘以一个打折系数 0.5 至 0.8。按照以往的经验,专业水平高的同学往往会身兼多职,因而这个机制会尽量鼓励同学在组队时减少不必要的参与人数;如果一个团队的人数过

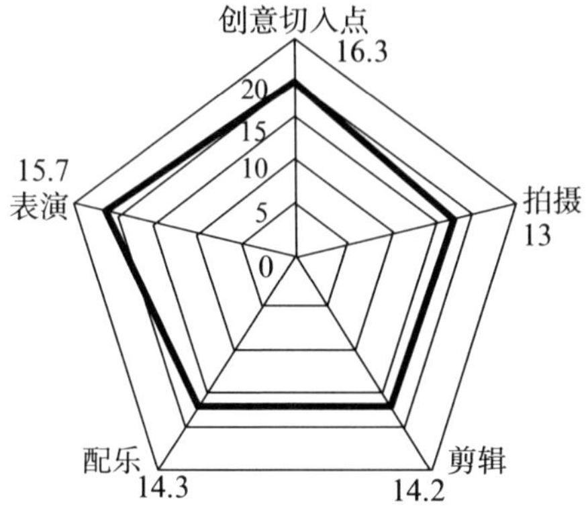

图 1

① 基于历史经验来看,广告系的学生在表演方面仅有一两个人获得过高分,因而这一项并不作为学生成绩评价的重要指标。

多，比如超过 4 人，则规定团队每超过一个人必须要再多创作一件作品，打分会按其最好作品水平进行评价。

四、评分主体

“视频广告”的评分办法总是会在每学期开学的第一课就全部告知同学，以便其尽早熟悉课程规则。平时成绩的评审因为每一项得分点都有明确的得分指标，所以由教师完成，但期末作品的审核往往带有强烈的主观性，为了增加分数的客观性则采用学生小组现场提案、“大众评委”和“专家评委”共同评分的方式进行。大众评委往往由本班同学担任，也尝试过请其他专业的同学担任评委。参与的同学需要有责任心、专业精神、公平精神，主要由任课教师推荐，也可以自己报名参与评审，同时还要保持性别的平衡。专家评委一般由本课程教师、其他相关专业老师、业界专家或商业客户组成。用这样一种“执教教师退出机制”的评分方法一方面是希望尽可能保持分数的客观性，同时有利于笔者（教师）倾听外界对于作品的评价。

从另一个角度来看，理想的评价者既不应是教师和学生群体，也不是客户老总，而是广告片针对的目标消费者。然而在实际执教的过程中，因为每次作品的品牌种类不尽一致，因而通过分门别类的目标消费者进行评价，不仅有较高的人力成本而且会非常耗时，因而难以操作。如果将来新闻传播类的高校可以联合设立一个“目标消费者评价数据库”，每逢期末有视频广告作业评价时（这套系统甚至可以推广到各类型的广告大赛），这个系统便按照目标消费者的人口等信息要求从系统中随机生成一份名单，由来自五湖四海的匿名评价者对作业进行评价，其客观性以及公正性才能真正体现出来。然而，尽管“视频广告”课所选用过的评价者看起来似乎离理想的人群还有一定距离，但男女老少尽管审美口味相异，他们对于事物的评价观点也并不是完全没有交集的。“视频广告”课程总结了一些针对学生作品评价的规律。首先，评价者的评审角度与其职业身份地位密切相关。比如，商业客户在评价广告影片时非常关心广告片的实用性，业界专家往往喜欢拿世界级标准来审视学生作品并对教育界进行批评，教育界的评价者关注学生作品的创意出发点及其拓展性，并不十分在意视频画面的精致程度，而广告专业的同学在进行影片互评时则关注广告片的制作细节和整体风格。其次，视频广告评价还颇受评价者生活经历的影响。比如，年长的评价者倾向于关注视频传递的信息是否具有较高的社会价值，而年龄偏低者则比较关注视频的趣味性。最后，具有广告专业背景的评价者审美标准一致性普遍比非广告专业背景的评价者要高，这与其平时接受过相对统一的专业审美教育有关；但无论专业人士还是非专业人士在观看广告作品时，首先关注的往往是广告片的整体感觉以及表现形式，其次才是广告片的制作细节。作为最终的“分数录入者”，笔者则采取“充分与大众评委和专业评委进行沟通，并在最后录入分数时重点参考前两者所形成的分数意见”的方式，而由这种方法评出的优秀作品大多也都获得了社会奖励。

“视频广告”课程中“以目标评价法为基础的溢出式评分法”中最后一个环节是“知识分享”，这个项目对限定词汇“溢出式”作了解释。理论上，如果一个学生在软件使用、模拟拍摄和期末影片这三个项目均做到完美，期末总评就可以得到满分 100 分，然而实际自开课以来还从未有人得过满分，因而这个分数体系中还存有一个加分空间。考虑到“视频广告”现有的作业压力已经很大，如果用新增作业来实现加分，笔者担心会因为任务过于繁重而影响其他作业完成的质量，因此“知识分享”采用了低于总人数 10％的差额参与方式。此外，从“视频广告”课程的特点来看，由于课时和机器的限制，期末作业需要以团队的方式完成。团队作业有可以促进同学们相互间的学习、有利于培养同学的合作意识、提高优质作品出现的可能性等优点，但同时也有滋养懒人、埋没优秀人才的缺点。针对以上问题，“视频广告”希望借知识共享项目促进有特长的同学把与本课程相关的技能分享给其余同学，在提高成绩的同时更为良好的学习氛围贡献力量。知识分享由“固定内容分享”和“非固定内容分享”两部分组成，其中固定内容分享包括音乐和视频等内容，非固定内容分享要求以公开演讲的形式，以更广泛的内容向同学推荐优秀的拍摄、软件制作方法，输出视频广告创作的先进理念；不过，以上内容必须是同学亲身实践过的，凡符合条件者，均可在期末总评分的基础上适度加分，最高可加 5 分。知识分享项目最早加过 10 分，后因推高成绩的效应过于突出，调研中同学们普遍认为这种以服务大众换取分数的方式可取，但需要压缩分值，后经过两个学期的测试，将这一项目的分值控制在了 5 分以内，还形成了根据“服务者”、“演讲人”的现场发挥情况上下浮动的机制。必须说明的是，参与“知识分享”的学生一学期实际完成了 4 个项目的作业，如果每个项目都做到完美，那么这个学生理论上可以获得 100＋5＝105 的荣誉分，为了符合教务处的规定，实际登入系统的分数最多有 100 分。

“视频广告”知识分享项目的设立还能为教师观察班级学习情况提供新视角。比如，集体学习氛围好的班级总是“在开学前半段就踊跃报名并很快将名额耗尽”；而班集体氛围差、学习散漫的班级则对“参与多余项目”兴趣不大，10％的名额根本用不完；还有的班级人际关系呈现出某种攀比性，总是在第一个同学报名之后、通常也是学期即将结束时，才会有跟风者报名；每当跟风者错过报名机会，他们又往往表现出懊恼的态度。因而，教师从同学们对这个项目的反应便可有思想准备，尤其需要尽早思考调动风气散漫班级积极性的方法。

五、“视频广告”成绩分布的情况

在以目标评价法为基础的溢出式评分法系统中，无论是分层评分法还是专业专项评分法，都是基于原始分的目标评价法，除了期末影片中涉及创意的内容存在着辅导的不确定性，其余部分都可以通过教师的认真辅导以及学生的努力将分数提高；此外，又有一部分同学受到知识分享5分的奖励，因而近四年来"视频广告"的期末总评成绩总是呈现一种正偏态的分布方式（如图2），尽管和上海师范大学教务处所规定的成绩正态分布指导意见有所出入，但参考"视频广告"每年参与全国性高规格广告大赛众多获奖情况和参与产学研的产出成果，以及期末成绩评定总是早于比赛结果的客观情况，足以证明这样的成绩分布是合理的！

"视频广告"还尝试使用教育评价专家吴刚教授编制的发展性评估方法[①]。这套教学评估方法和本人所提出的以目标评价法为基础的溢出式评分法相似之处都是通过采用激励的方式形成总评分，不同之处是，发展性评估方法发展性评价突出了每个学生起始水平的差异，不是把学生所取得的成绩和预定目标相比，而是与各自的起始水平相比，看进步情况如何。具体的方法如下：

1. 把每个学生的原始测验分数转换成标准分数。

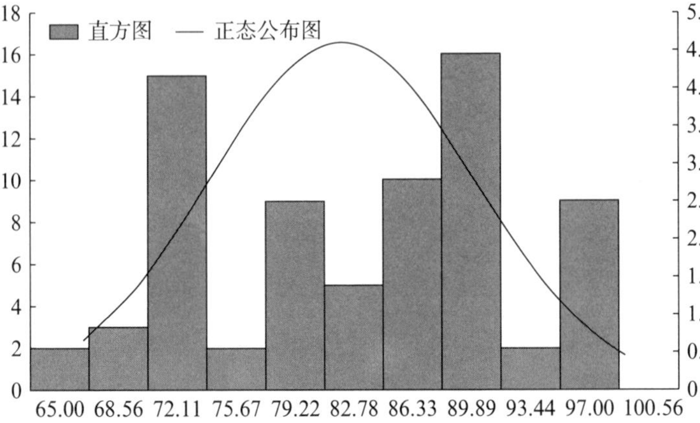

图2 2010级广告期末总成绩

① 吴钢、李勤：《学生学业成绩评价的一种理论和方法》，《上海教育科研》1994年第6期。

可用公式 $Z_{ij}=(x_{ij}-\overline{x}_i)/\sigma_j$ 算出标准分数，其中 i 为学号，j 为测验考试序量值，x_0 为学生 i 在第 j 次测验考试中的成绩，$\overline{x}_i$ 为全体学生第 i 次测验考试 j 成绩的平均分。σ_i 为全体学生第 j 次测验成绩的标准差。

2. 求每个学生在若干次测验考试中的学习成绩进步率的估计值。

可用公式：$\hat{\beta}_i=\dfrac{\sum_{j=1}^{K}jZ_{ij}-\frac{1}{K}\left(\sum_{j=1}^{K}j\right)\left(\sum_{j=1}^{K}Z_{ij}\right)}{\sum_{j=1}^{K}J^2-\frac{1}{K}\left(\sum_{j=1}^{K}j\right)^2}$。

公式中，K 为一学期内进行的测验考试次数；Z_{ij} 为学生 i 在第 j 次测验考试中成绩的标准分。

3. 求出每个学生的发展分数。

可用公式 $\begin{cases}\beta_i^*=a\cdot\hat{\beta}_i(\hat{\beta}_i\geqslant 0)\\ \beta_i^*=b\cdot\hat{\beta}_i(\hat{\beta}_i<0)\end{cases}$，算出所有学生的发展分数。

4. 求出每个学生的总平分。

用 $N=N^*+\beta^*$，算出每个学生的总评分。

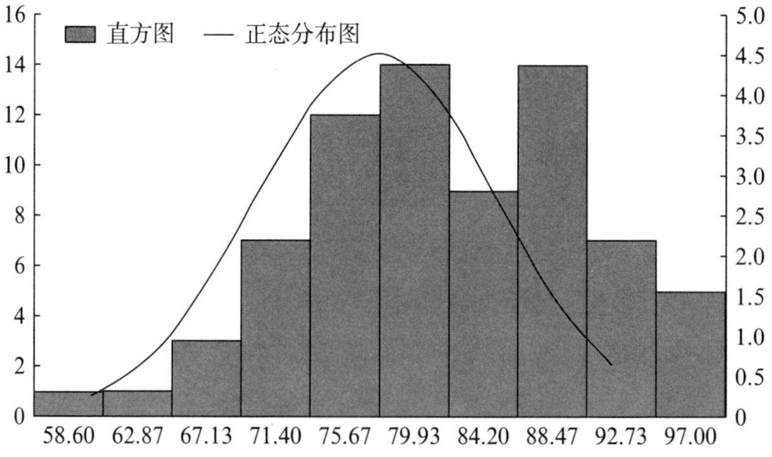

图 3

小结：以2010级广告班为例，使用这套计算方法得出的分值获得了比较好的正态分布情况（如图3），但又带来了新问题。比如这套系统提出进步同学加分（系统推荐加10分）而退步同学减分（系统推荐减5分），于是有同学提出"进步的同学被加分的同时就相当于其余同学被减分，如果再减分是否合理"的质疑。此外，这样的分数固然有激励价值，但其对像"视频广告"这样高度强调合作的课程来说，其激励方法似乎缺少专业针对性。

六、总　结

客观地看，作为一门能在短时间内累积如此多成绩的课程，除了自身的努力之外，"视频广告"的发展更多凭借了诸多幸运。幸运之一是得益于上海师范大学人文与传播学院以及广告学系较宽容的教学氛围，连同领导、同事之间充满支持的教学态度，使得"视频广告"这门课程能够不断应对来自时代的挑战。另外，对很多资金并不充裕的文科院校来说，视频类实践课程的开设往往对机器设备有相当的依赖性，于是资金是否到位就成为制约课程开展的关键因素之一。然而在上海师范大学人文与传播学院广告系师生的共同努力下，广告系曾连续三年获得上海市教委教育高地的资金支持，同时广告系领导慷慨地将相当一部分资金投入到视频制作的设备中来，使得该课在起步阶段就获得了宝贵的资金支持。幸运之二是得益于我系有众多极具才情的学生，在无数次修改作业的高强挑战面前，是他们用刻苦、坚韧甚至是充满乐观的专业态度点燃了教师授课的热情，也为理性课堂增添了感性色彩。

总的来看，通过近十年的探索，"视频广告"已经积累了一些新型基础课教学的方法和心得，也收获了一些佳作，但课程依然存有不少缺憾，尤其是在撰写本文的这三个月中，笔者通过回顾、梳理教学材料时还发现了不少问题。非常感谢《媒介融合背景下的新闻传播教育》提供的教学研讨机会，真诚期待今后有更多机会和同行就课程改革进行对话和思考，同时祝愿上海师范大学广告系在教育事业的道路上发展得越快越好，并开创出更多特色的教育园地。

附 录

教学获奖列表

教学获奖：

2014 年：上海师范大学优秀教学大纲

2014 年：“全国大学生广告大赛”，优秀指导教师

2014 年：“中国大学生广告艺术节—学院奖”，优秀指导教师

2014 年：“上海市大学生公益广告大赛”，优秀指导教师

2013 年：“第五届全国大学生广告大赛”上海赛区全场大奖，指导教师

2009 年：“第三届全国大学生广告艺术大赛”，优秀指导教师

指导学生获奖情况：

2014 年：指导学生作品获得“全国大学生广告大赛”全国二等奖两个、优秀奖六个

2014 年：指导学生作品获得“中国大学生广告艺术节—学院奖”全国二等奖一个

2014 年：所带学生入选“艺汇上海——高校新锐艺术设计人才库”

2013 年：指导学生作品《孝敬父母》获“微公益 · 梦启航”上海市大学生公益广告大赛视频类特等奖

2013 年：指导学生作品《创意公益》获“第五届全国大学生广告大赛”上海赛区全场大奖

2011年：指导学生作品《水墨环保》在上海市"第十七届优秀广告作品展评赛"中获得公益类广告创作奖、影视广告作品二等奖

2010年：指导学生作品《水资源》获上海SMG艺术人文频道《一分钟影像创意大赛》公益类一等奖

2009年："第三届全国大学生广告艺术大赛"，《大运会毛巾人篇》获全国一等奖，指导教师

2009年："第三届全国大学生广告艺术大赛"，《高等教育出版社—建筑篇》获全国一等奖，指导教师

2009："第三届全国大学生广告艺术大赛"，《电梯篇》获上海分赛区二等奖，指导教师

2009："第三届全国大学生广告艺术大赛"，《雀巢咖啡传情篇》获上海分赛区二等奖，指导教师

2009："第三届全国大学生广告艺术大赛"，《加加酱油（杯酒人生篇）》获上海分赛区二等奖，指导教师

2007年："第二届全国大学生广告艺术大赛"，《看病篇》获广播类优秀奖，指导教师

2007年："第二届全国大学生广告艺术大赛"，《武松篇》获广播类优秀奖，指导教师

探析广告设计教学中品牌拟人化的视觉途径

徐　阳*

当今社会，产品的同质化导致品牌竞争日趋激烈，每个商家都希望能塑造自己鲜明的品牌形象，但当形象缺乏人性化元素的导入，往往会沦为乏味与平庸，失去市场竞争力。与此同时，在设计教学中，学生由于生活阅历受限、视觉语言贫乏，往往导致其设计作品缺乏感染力。然而众所周知，广告的核心功能在于说服，促成购买，而无感染力的作品就像呆板无聊的推销员，绝对引不起消费者的兴趣。

因此，在广告设计教学中，怎样提高学生视觉化的表现技巧，使学生在追逐新媒体技术的同时，在准确的创意基础上赋予作品人性化元素，调动受众的情绪，以获得认同感，成为一个值得思考和探讨的问题。

一、品牌拟人化是塑造品牌形象的关键

品牌形象是消费者对品牌持有的知觉和信仰，反映在消费者的记忆与

* 徐阳，上海师范大学人文与传播学院广告学系讲师，硕士，主要从事广告创意与传播研究。

品牌的联系上。(科特勒和凯勒,2006)它是消费者头脑中所持有的关于某种品牌的所有要素的认知与联想的总和,且在很大程度上是一个存在于消费者心目中的主观概念,是消费者对接收到所有关于品牌的信息进行个人选择与加工后而产生的。

品牌形象的构成要素,主要可分为品牌个性理论和品牌感知与联想理论。关于品牌个性,J. Aaker(1997)提出美国品牌个性模型,从个性心理学维度出发,发展了一个系统的品牌个性维度量表(Brand Dimensions Scales, BDS),在该量表中,品牌个性被分为"真挚、刺激、胜任、教养和强壮"等五个维度。由此不难看到,品牌塑造中人性化成分的注入成为品牌成功与否的一个重要因素。而品牌拟人化就是将人性因素注入品牌的过程。品牌形象给产品附加了虚幻的形象、个性,品牌拟人化后,便有血有肉、有情感、可交流,使得人们面对商品时产生出情感交流,这正是品牌形象发生作用的心理基础。

同时随着诸如微博、微信等新媒体的出现和在线消费的趋势,受众不再是被动地接收信息,互联网中的人们更需要人性化地沟通,品牌传播亦更强调互动性。上海交通大学传媒经济与管理研究中心主任谢耘耕(2012)认为,要展开营销,达到与潜在顾客真正意义上快速、直接、有效的沟通,需要解决品牌的社交性,赋予品牌以人的属性和个性。

二、视觉途径是品牌拟人化的最直接方式

从心理学的角度看,形象就是人们通过视觉、听觉、触觉等各种感觉器官在大脑中形成的关于某种事物的整体印象。仅从字面上理解,所谓"形",即形态、形体、样貌,多基于视觉角度,所谓"像",可理解为受众基于"形"在心理形成的认知和联想,由此不难看出视觉在塑造品牌形象中的重要性。

科学实验亦表明，视觉获取的信息量占人类获取信息总量的70％，视觉在整个感觉器官中显然居于主导和基础地位。伴随新媒介趋势而来的“读图时代”让品牌拟人化的视觉途径导入，能使受众快速、直观地认识品牌。“眼见为实”始终是大众的心态，而“以貌取人”对于大众在初识品牌时，也是在所难免。品牌拟人化后的视觉形象成为最为直观可感的品牌形象代言。

因此在设计教学中，如何让学生利用准确的形态语言来诉求情感，通过视觉化途径实现品牌拟人化，提升作品感染力，成为教学的难点与重点。

三、品牌拟人化视觉途径在教学中的实施方案

以下三个阶段的课程是根据新闻传播学方向广告专业学生特点进行的课程配置建议，其课程区别于美术设计专业，更强调对消费者心理的捕捉与如何通过视觉语言来诠释与沟通。

第一阶段：构成设计课程

构成设计作为美术设计方向一门重要的基础课程，在新闻传播学教学中并未被广泛采纳。传统的构成设计课程是在基础美术（绘画）之后进行，多利用抽象的几何造型来探讨形态语言。结合新闻传播学方向的特点，建议将其逐步代替基础美术课程，减少传统素描等手绘训练，结合电脑、摄影等新技术手段进行形态、色彩的视觉的基础训练，探讨不同视觉形式所产生的情绪共鸣。

在教学中，传统的平面构成作业要求学生以手绘形式，采用抽象的点线面形态进行形式美感的创作，作业需要学生良好的手绘能力，这使得缺乏美术基础的文科背景同学难以表现，而如果教师可以让学生以摄影、电脑图形等表现方式来诠释特定的形式美感，这不仅打开了表现手法的限制，而且相对具象的初期视觉体验能更好地让学生有兴趣和更自由地创作，同时也让

他们对技术、对操作工具的功能、学习方向有了初步的思路。譬如以“平静”“悦动”等情绪化主题对指定建筑进行拍摄，学生可以通过不同角度、方向、光影对建筑取景，以影像来诠释建筑的美感和与之相应的情绪；亦可以相同的命题，要求学生使用 Coreldraw 或 Illustrator 等矢量绘图软件，进行点线面等抽象几何图形的构成美感实验。在色彩构成的训练中，传统作业需要学生大量的绘制时间，而对颜料、绘画的生疏，也大大限制了同学们的表现力，如果借助电脑，通过 Photoshop 色彩处理，这样不仅大大扩展了色彩表现的空间，也将图像处理的技能训练纳入到一定的表现目的中，让同学们可以对于早期图像处理软件立即学以致用，而不是进行无目的的技能训练，以此调动学生的初期对视觉语言的兴趣与敏感度，并减少对操作技术的盲目训练。譬如给学生“欢乐”“忧郁”等情绪主题，学生在使用 Photoshop 进行色彩构成时，即会不断尝试比较，这样也促使抛弃按照菜单、工具死板地进行软件的学习模式，而是在为了达到视觉目的，去探求功能这一良性循环的过程。

在此阶段，技术操作方面的学习，如电脑平面设计软件的操作学习需要同步进行，考虑到电子设备的普及，可尽量减少操作训练课时，更推荐学生在课程期间进行相关软件或者摄影的自学，同时也可配备教师解答学生在技术操作方面的问题。

第二阶段：形色传播课程

形色传播课程是将传统图形设计课程与传播学结合创新的课程。在设计教学中主要起承上启下的作用，是将学生构成设计的基础与传播学、心理学等所学其他课程融合，用独特的创意和表现方法设计图形，以利于准确表达设计主题，简而言之，用视觉艺术的手法将概念语言翻译成图形语言的设计实践过程。

该课程侧重学生捕捉受众的心理，以及掌握更准确、成熟的视觉语言控制技巧，在此期间，在图形表现上可采取更多拟人化的表现方式，在同构、异构、错构、替构等图形设计中利用人物形态与特定事物进行关联与创意设计，给品牌拟人化的目标打下基础。譬如以女性和瓶体为图形元素，采取局部图形联想方法，可将女性的腰身等身体形态与瓶体的局部形态进行关联；采用虚形图形手法，可将两个瓶体元素间的造型与女性身体形态进行关联；采用图形集合手法，可将多个瓶体元素组合以象形女性等等。

色彩在传播中的作用被日益挖掘并受重视，同时其也是营造情绪获取感染力的重要视觉途径。以往在传播学中重视度不够，只有在初期阶段中的构成设计会有所涉及，但到专业课后，就再无更多的训练，因此成为许多学生在视觉表现时的弱点。形色传播课程中的色彩传播意在色彩营销，重在了解分析消费者心理，设立目标与定位，实现“人心—色彩—商品”的统一，将品牌的个性、思想通过色彩传达给消费者。此阶段的色彩训练有承上启下的作用，承接了前期色彩构成的知识，增加了商业定位、目标受众更明确。譬如提供学生一副未做过色彩处理的影像，要求其利用图像处理软件进行画面润色，达到区分商品高、中、低价格定位的效果。亦可以以性别、地域、情感等主题，对影像进行色调处理训练。

在此阶段，视觉对人性化因素的表现更精准与深化，与之相应，对技术表现手段会有更高的要求，这样使得学生可以在技术与艺术的互动中不断挖掘潜力。

第三阶段：品牌形象设计课程

品牌形象设计课程是将原有的企业形象设计课程进行改良，将原来注重企业为主体的机构形象设计转换成以消费品牌为主体的视觉识别系统，并加入相应的广告创意设计内容。在品牌拟人化的方向上，利用贝尔品牌形象模型，可以更好地指导学生通过课程学习，提升广告作品的感染力与品牌的个性化塑造力。

贝尔(Alexander I. Biel)认为品牌形象通过公司形象、使用者形象和产品服务形象三个子形象得以体现。其中公司品牌形象拟人化，多采用人物造型的标志、吉祥物等作为视觉核心，迅速定位消费者并拉近消费者的距离，这种方式相对传统，多用于快消品企业，快速消费品主要是日常用品，如食品饮料、餐饮等，原因是这类产品一般价格较低，消费周期短，消费者在购买时可短时间抉择[①]，属于低卷入产品。根据心理学家佩蒂等人的 ELM 模型理论，在低卷入状态下，消费者的认知反应会走边缘路径，如注意产品广告代言人、个性化、情绪氛围等，进行感性消费。但其也有一定弊端，例如随着企业产品服务、消费人群的多元化以及审美趣味等的改变，容易与公司形象经过 VIS 固化后的拟人形象产生矛盾。譬如海尔的吉祥物"海尔兄弟"，由于没有持续的时代元素注入，则显得陈旧过时。而 KFC 为了防止品牌老化，分别在 1952 年、1978 年、1991 年、1997 年、2006 年改良标志，使山德士上校的形象保持年轻化。由此可以看出，拟人化的公司形象需要适应时代的视觉风格，在关键的时间节点上，需要对形态进行更新调整以适合消费者的心理。

随着新媒体的到来以及受众定位更细分与精准，产品服务更新速度的加快，以产品服务为主体的品牌拟人化更成为潮流。产品服务形象可以更为鲜明与个性化，拉近与特定消费群体的距离，同时产品形象的差异化可以保证企业多元的经营，并有效降低由于特定产品服务形象受损对公司整体的影响风险。在品牌拟人化视觉的途径上，可利用角色营销，如卡通造型等，进行衍生品、礼品的设计，准确、精彩的角色造型能够诠释品牌的地域、文化背景、行业属性、消费者年龄层次等诸多要素，获得强大的促销功能。当然亦可以使用代言人方式，但其需要更高的视觉设计技巧。譬如近阶段的全新第 11 代卡罗拉亮相，香港当红明星古天乐以"卡罗拉先生"的身份为其代言，将产品形象强化，而弱化了日企背景的公司形象，另外在视觉手法上利用"图形关联"，即聚焦佩戴眼镜的古天乐衍化到科技时尚的车灯，通过

---

① 李军霞：《品牌形象模型及构成要素研究》，《品牌大观》第 6 期，总第 280 期，2014 年 12 月版，第 7 页。

这次代言把卡罗拉的魅力与倡导的健康家庭生活方式巧妙地传递给消费者。而其中的古天乐并不是像通常的汽车品牌代言人那样作为使用者出现，而是化身为汽车这一产品形象来演绎品牌，使产品个性形象迅速建立在消费者心中。

最后是以使用者（消费者）为主体的品牌拟人化，以往以品牌形象代言人居多，但其弊端主要在于过高的成本与代言人社会形象受损所引起的风险，另外作为学生设计作业训练的可行性也不大。因此在教学中，更强调的是产品利益点所带给人们情感方面的愉悦感，同时如何将消费者情绪准确地利用视觉来进行传达。具体而言，可以让学生对某个产品服务进行利益点分析与归类，然后将利益点所产生的情绪进行细分，之后进行视觉创意。譬如著名的法航系列广告，虽然没有代言人，但时尚的模特通过“偶合图形”手法与服务相关联，创造出诗意与浪漫的情调。

以上三个阶段的课程可以循序渐进地使学生从认识基本的视觉语言到进行完整的品牌拟人化创作，以富有感染力的作品实现品牌的个性化。

虽然当今是科技和互联网的时代，技术在传播中由于对传播途径改造的终极力度导致其日益强势，但面对电脑、手机以及置身其网络中的始终是一个个鲜活的人，所以打动人心，与受众建立真正意义上的沟通与交流，即使在这大数据背景的时代，亦是重中之重，教学亦然。

英国曼彻斯特大学课程设计管理模式研究

——以“设计与企业传播”课程为例

阎　峰　周　韧*

一、问题和背景

在教育理论体系中，“课程设计”处于中间位置，因为其上承教育哲学和教育制度，下与教学过程直接相关。[①] 因此，从“课程设计”入手分析，往往能看出某一国家教育的观念基础和制度特点、教育管理模式等诸多状况。

从教育管理的角度看，“课程设计”与计划、配置等前端的、核心的管理职能有着密切联系。因此，“课程设计”的管理，可以看成是教育管理中的核心活动之一。本文尝试通过对英国曼彻斯特大学商学院“设计与企业传播”

* 阎峰，上海交通大学媒体与设计学院副教授，博士，主要研究范围包括新媒体传播、广告学、文化创意产业；周韧，上海师范大学人文与传播学院副教授，博士，主要研究范围包括设计学、美学。

① 毛亚庆、卢佳：《从两个“隐喻”看当今课程设计的基础》，《西南师范大学学报（人文社会科学版）》2002 年第 1 期，第 52 页；于海波、孟凡丽：《课程设计研究 20 年：历程、问题与走向》，《沈阳师范大学学报（社会科学版）》2003 年第 5 期，第 17 页。

研究生课程的设计和管理的案例分析，探索英国在“课程设计”的管理方面的特点。

二、相关文献与研究路线

本文通过预研，发现所研究案例即曼彻斯特大学(其后简称“曼大”)课程设计管理的模式，体现出很强的结构功能主义(structural functionalism)倾向。其原因，简单而言是结构功能主义本身是一种社会学理论，其对象包含了多个层次的社会结构。英国大学教育本身较为成熟并在世界上通常具有趋势性领导地位；同时英国大学教育的社会化程度较高，以结构功能主义的思想方法来研究，是可行的。

结构功能主义把社会看成一个具有一定结构和组织化手段的系统，各社会组织有序的关联，并对社会整体发挥有效功能。19 世纪，孔德、斯宾塞等人提出了功能主义理论，此后有诸多学者不断完善，至 20 世纪，美国学者塔尔科特・帕森斯提出了现代的结构功能主义。帕森斯将社会系统的功能条件分为四种：适应、目标达成、整合、潜在模式维系，他认为这几种功能可以保持社会系统的稳定。罗伯特・金・默顿(Robert King Merton)则提出了外显功能、潜在功能的理论。帕森斯强调，社会系统的运行依赖于四个功能性条件，即“AGIL 图式”。其中，A(Adaptation)即所谓“适应”功能，主要指社会系统与外部协作并由其外部环境获得足够的资源或能力，以及这些资源或能力在该系统中的配置；G(Goal attainment)即所谓“目标达成”功能，主要指社会系统所具有的有助于确立其目标并为实现这些目标而激发和调动系统功能；I(Integration)即所谓“整合”功能，主要指社会系统的连贯性或一体化的维持问题；L(Latency)即所谓“潜在维护”功能，主要维持和维护社会共识的文化氛围建设，并促动和形成文化的规约和制度化。在帕森斯看来，在社会系统中，执行这四种功能的子系统，分别是经济系统、政治系统、社会共同体系统和文化模式托管系统。这四个子系统之间既相互区别又相互联系，它们共同构成了作为整体的、均衡的、自我调解和相互支持的社会系研究方法和模型。①

基于上述结构功能主义理论，本次研究的思想路线可以如下表达：

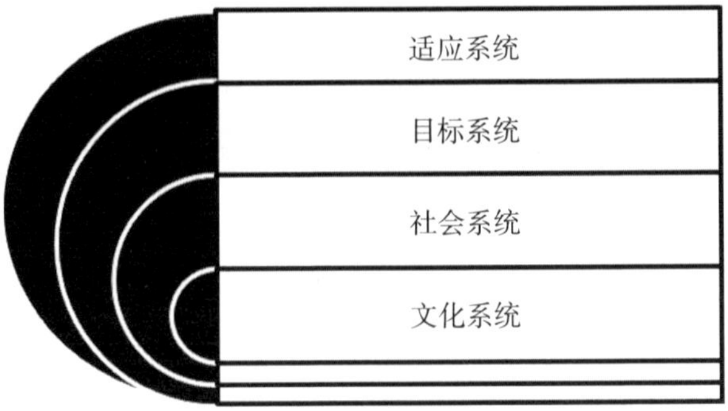

三、目标系统的建构和达成：人(学生)本位和社会本位的结合

在《简明国际教育百科全书》中，“课程设计”具有这样的性质：“它决定于两种不同层次的课程编制的决策。广义的层次包括基本的价值选择，具体的层次包括技术上的安排和课程要素的实施。”②美国学者 J. Galen Saylor 在《Review of Educational Research》中也同样指出，他之前的诸多文献都坚持认为，课程设计和安排的概念里必须包含哲学(价值)的考量；加拿大学者 Robin Barrow 则在《The Concept of Curriculum Design》分析了诸多关于课程设计的观点得失，首先提到的就是，一些学者认为，课程设计是“设置者关于要做什么的

---

① 刘润忠：《试析结构功能主义及其社会理论》，《天津社会科学》2005 年第 5 期，第 52 页。

② 江山野主编译：《简明国际教育百科全书：课程》，教育科学出版社，1995 年版，第 1 页。

一个总观点”①。因此可以看出，价值取向的选择是课程设计的前提和组成部分，人们无法回避制订实施课程方案时所表现出的倾向性。②

刘志军总结了美国学者米勒的观点，米勒把课程价值取向分为七种，分别为行为取向、学科取向、社会取向、发展取向、认知过程的取向、人本主义取向、超个人取向；普瑞特则分别提出了五种课程价值取向，分别是学术理性主义取向、认知过程取向、人本主义取向、社会重建主义取向、技术学取向。他个人则再次把上述对课程价值取向的研究归结为三种基本的课程价值取向，分别是知识本位的价值取向、社会本位的价值取向、人本位的价值取向。（刘志军，2004）知识本位课程强调系统知识的学习，社会本位的课程注重课程与外部因素的互动，学生本位的课程认为应从学生兴趣、需要出发，并把课程作为发展人的个性的基本手段。

曼大商学院的课程设计，其价值取向在其课程设计的标准程式和要求之中：首先，课程被定义“一个被规划的各类学习体验的结果”（A curriculum is a planned sequence of learning experiences）、一个“学术之‘旅’”（intellectual “journey”）；因此，曼大强调，课程设计的目的是完全来自或者推理自学生的立场，他们为什么要学这门课？（The aims of the curriculum are the reasons for undertaking the learning “journey”-its overall purpose or rationale from the student’s point of view.）至于教师怎么吸引学生，并不是课程目的，课程目的是为了帮助学生获得怎样的职业训练和某些技能。③从此意义上说，曼大的教学设计是以学生为本位的取向。

但是，曼大同样也强调一个概念：教育的效果（learning outcomes），是学生懂得去做什么（students will be able to do）而非仅仅是懂得其缘由

① J. Galen Saylor: Chapter Ⅱ: Design of the Curriculum, *Review of Educational Research*, 1954 年版；第 24－204 页。

② Robin Barrow: *The Concept of Philosophy of Education*, 1986 年版，第 20 卷，第 1 页。

③ 如上信息，主要来自曼彻斯特大学官网。

(students will understand why),其学习成果应包含了两个基本部分：认知目标(cognitive objectives),包括各种事实、理论、公式、原理等;操作成果(performance outcomes),包括实施各类计划、计算和进程控制,最经典的技能是搜集信息和发布传达成就果。因此可以看出,曼大非常注重研究学生的应用能力培养和对社会的适应。

四、环境适应与管理架构：多部门的协调和多方参与

曼彻斯特大学设立专门的“教与学支持办公室”(Teaching and Learning Support Office),对这个部门的目标描述是管理和帮助在制度性策略方面的实施,使曼大的教、学和学生体验获得卓越成就;部门保障四种基本职能：教、学、测试的质量控制(quality of teaching、learning and assessment),学生参与计划(students as partners,指学生参与教师项目,以及对教学和测试的革新,以及学生学习的改进),战略性项目安排(strategic projects,主要指按照关键的制度目标和新的重要活动来安排战略性项目计划);第四是对教学方面的成就和其价值进行认定。

同时,这个部门还通过进行外部专家审核、组织学术论坛和会议,提供基础学术设施来支持教和学。但在教学方面的直接介入,则是通过学术程序手册(Manual of Academic Procedures)和课程设计纲要(Curriculum Design)来进行指导。这个课程设计纲要提供了课程设计的标准版本。

曼大的课程设计主要包括如下要素：目标、预期学习成果、课程大纲、教与学的方法、学习资料和资源(学习地点、时间、财务支出、设施、教师和学生的专业技能)、考试。这和经典的目标、内容、活动及评价等课程设计四要素法是类似的。

通过以上介绍,我们可以看出,课程设计在曼大是被制度化管理的。有战

略性目标、有专门的运行机构,职能描述清晰,通过标准化文件来直接指导。

五、文化作为制度的补充:尊崇"课程设计"的校园文化

除了制度化要求,曼大注重课程设计已然风行成独特的校园文化,因为这种制度安排,实际已经成了各学科、各类教师的一种自觉和自动行为。笔者于2006年以访问学者身份在曼大学习,曾进修了John Berry教授的"Planning a Course"专题课,但John Berry却是其化学学院的院长,并非专业的教育学者。他认为,一个化学专业教授能讲授课程设计理论和方法,是因为曼大有标准化的课程设计程式;同时,曼大鼓励、支持并在学术成果认定上承认各教师在本学科领域所做的教学设计和改革上的探索。①

六、Manchester Method与社会对接:案例法从静态到动态

Manchester method被称为"曼彻斯特项目教学法",即通过组织学生以分组讨论的形式研究大量商业咨询实例,模拟操作,使学生了解到实践中的具体情况和如何将理论应用于实践。这个方法与哈佛大学商学院的"案例教学法"同享盛名。

我们知道,案例教学法是1870年由哈佛大学法学院院长克利斯托夫·朗戴尔(Lang dell)创立,在20世纪初,哈佛大学商学院开始采纳案例教学法,最初是利用案例作为一种教学工具,为学生塑造类似管理人员那样思考

---

① 这些内容来自2006年10月26日,笔者与John Berry博士在曼大"Teaching Science and Engineering in English"系列课程之一"Planning a Course"上的谈话。

问题，做出决策的情景。郑金洲认为："从广义上讲，案例教学法可界定为通过对一个具体教育情境的描述，引导学生对这些特殊情境进行讨论的一种教学方法。在一定意义上它是与讲授法相对的。"①

"曼彻斯特项目教学法"内涵更为丰富并前进一步，包括：在整个学习中，30%的时间必须花费在项目作业上，以便理论联系实际、学习结合现实。在多元文化构成的学生小组中，获得实际的工作经验和团队作业技巧，而这些正是现代企业所需要的。在项目作业中，学生们要直面更复杂的商业问题，但可以获得教师和学术团队的帮助、指导和监督。

曼彻斯特项目教学法包括四个步骤，最重要的是前两者：发展出自己关于广泛领域内的管理知识和技巧的工具包；从资助的公司那里获得课题，并和多国学生小组一起实战作业。

曼大承诺，这些项目、资助的公司由学校来负责寻找，并且提供学术支持。这种项目实战的教学方法，当然有赖于学校的声誉和实力，能招徕企业愿意花钱走进课堂。

如果传统的讲授法是以教师和知识为中心，哈佛案例法则是以学生和情境为中心。而曼大的项目工作法，则进一步到真实情景。通过迫使学生直接面对企业、和跨文化环境的小组一起工作，解决企业交付的问题，按照一个毕业校友的说法，"哈佛的情景教学大概只是学到一些菜单，但曼大的方法则是自己能发现富有创意的解决办法"，由此可见，曼大教学模式的设计，体现了完整和充分的社会导向。

本人应曼大商学院教授 Margaret Bruce 邀请，参加了其"Design and Corporate Communication"课程的学习，并应邀指导了一组学生进行项目教学作业。课程结构如下：

---

① 郑金洲：《案例教学法指南》，华东师范大学出版社，2002 年 1 月。

模块协调人	相当于课程主讲教授：Margaret Bruce；办公室，电话，预约联系人
模块目标	1. 探讨模块的范围和设计管理所扮演的角色；2. 获得和理解“设计管理与传播”过程所用的模型和方法；3. 测试客户——设计关系的性质；4. 提出对如何管理某些企业传播活动的实践要素的理解
学习目标	学习结束，学生应能：1. 懂得设计管理和传播的性质；2. 描绘出设计管理的流程；3. 洞察设计管理流程内部各部分关系的相互影响；4. 对企业传播和声誉管理中，设计管理所扮演的角色有所感悟
第一次课程	1. 创意和数字工业；2. 市场再定位和企业传播的角色课程进行办法：课程介绍；阅读文献；教师协助指导
第二次课程	1. 全球市场导入和品牌发展；2. 网络和新媒体课程进行办法：企业讲师进行项目简报(Project Brief)并提出应研究的课题；客座讲师讲学；操作训练和材料阅读
第三次课程	1. 设计管理方法；2. 广告代理商的管理 课程进行办法：客座讲师讲学；训练：如何做简报
第四次课程	课程内容：一个新的全球品牌的发展和实施 课程进行办法：客座讲师讲学，材料阅读
第五次课程	项目提案(学生分组团队就所设计方案进行演示)
考试方法	团队作业和提案(100%参加)；项目报告 小组人数不超过5人，不少于3人；报告最多5 000字；提案时间为15分钟
学生对课程的评估	最后一课分发问卷调查；和班长讨论
团队项目	企业传播策略的制定和新品全球上市计划；整个团队必须是国际化组合
教材和阅读文献	指定教材；指定印刷文献；网络文献

根据如上介绍，我们可以看出，其课程结构有这样的特点：

1. 课时总数并不大，但结合课后阅读，和团队作业，总的学习和作业时数其实相当大。这种学习依赖学生的个体学习自觉和团体学习与合作。

2. 整个课程的内容组织是基于一个真实而完整的企业项目来进行的。

从课程开始到课程结束，企业讲师、客座讲师一直介入，并提出企业的实际问题，学生在课堂讨论和课后研究、调查、讨论并提出实际可操作的方案。这就是所谓的曼彻斯特项目教学法。哈佛案例教学仅仅是通过案例塑造一个思考和决策的情景，而曼彻斯特项目教学法更接近实际操作，更具社会导向。

3. 追求国际化视野，团队组成必须是国际化的，因此对跨国企业和品牌更适合。

4. 考试方法结合了操作和学术性的分析和研究。

5. 学生对课程的评价，是课程设计的一部分。

6. 高度的计划性，表现在其企业教师、客座教师的项目简报和演讲，和项目的实际进程高度一致。因此，我们可以说，曼大为实现这种项目教学法，花费了巨大的代价寻找合适的企业合作项目；高度的规范性，表现在其课程设计与大学的指导性纲领性文件高度一致，并使学生自课程开始，即可依据其课程设计的计划循序学习。

七、总　结

以价值取向的明确为前提，以制度化管理与柔性的文化制约为保障，以独特的实践和理论结合的项目研究和教学法为核心，同时具有高度的计划和规范性的“课程设计”，使得英国大学的教育在短短的一年学制里，成功解决了理论和实践背离的传统矛盾，体现了极高的教育绩效。对我们来说，足可参考，不无教益。

七国十八所世界名校新闻传播

学科课程设置备览

美国　密苏里大学

（University of Missouri）

密苏里大学新闻与传播相关课程分别集中在密苏里传播学院与密苏里新闻学院。两个学院均设有本科和硕士相关课程，下文将具体罗列。

（密苏里传播学院）传播学学士——本科课程

密苏里传播学院（本科）具体课程

8110 传播学研究导论

COMMUN（传播学） 1200 公共演讲

COMMUN（传播学） 2100 社会媒介传播

COMMUN（传播学） 2315 基本音频制作和演示

COMMUN（传播学） 3050 传播研究调查

COMMUN（传播学） 3100 传播中的争议

COMMUN（传播学） 3310 媒介的消息设计和写作

COMMUN（传播学） 3315 高级音频制作

COMMUN（传播学） 3390 数字生产Ⅰ

COMMUN（传播学） 3395 数字生产Ⅱ

COMMUN（传播学） 3422 传播研究方法

COMMUN（传播学） 3441 非语言沟通

COMMUN（传播学） 3460 组织宣传

COMMUN（传播学） 3470 传播的文化

COMMUN（传播学） 3490 大众媒体轮

COMMUN（传播学） 3525 冲突和传播

COMMUN(传播学) 3561 关系传播

COMMUN(传播学) 3570 文学表现力

COMMUN(传播学) 3571 群体决策过程

COMMUN(传播学) 3572 争论和宣传

COMMUN(传播学) 3575 商业和专业传播

COMMUN(传播学) 3580 危机传播

COMMUN(传播学) 3636 当代大众传播问题

COMMUN(传播学) 3701 传播话题—一般

COMMUN(传播学) 3703 传播话题—行为科学

COMMUN(传播学) 3705 传播话题—人文

COMMUN(传播学) 4395 电视节目制作专业研讨会

COMMUN(传播学) 4412 性别、语言和沟通

COMMUN(传播学) 4415 语言和话语

COMMUN(传播学) 4440 传播中的伦理问题

COMMUN(传播学) 4473 政治传播

COMMUN(传播学) 4474 说服理论研究

COMMUN(传播学) 4476 组织传播

COMMUN(传播学) 4481 修辞原则

COMMUN(传播学) 4520 家庭沟通

COMMUN(传播学) 4530 健康传播

COMMUN(传播学) 4618 电视节目的分析与批判

COMMUN(传播学) 4638 新技术和通信

COMMUN(传播学) 4940 实习

(密苏里传播学院)传播学硕士——硕士课程

相关专业方向:人际传播;大众传播;组织传播;政治传播

密苏里传播学院（研究生）具体课程

必修课

8110 传播学研究导论

9280 传播理论研讨

方法论课程

8120 传播中的定量方法研讨

8130 传播中的定性方法研讨

8140 内容分析

8150 电影和电影评论研讨

8160 修辞评论

人际传播

7412 性别、语言和沟通

7415 语言和话语

7440 通信中的伦理问题

7520 家庭沟通

8310 人际传播研讨会

9320 传播关系的发展和融合

9330 在人际交往中的特殊问题

9170 实习研究

大众媒体

7614 广播电视规划与管理

7618 电视节目的分析与批判

7638 新技术和传播

9530 大众传播话题

9520 大众传媒的影响研讨会

8510 大众传播理论研讨会

9170 实习研究

组织传播

7440 传播中的伦理问题

7476 组织传播

8410 组织传播的研讨会

8420 小组传播研讨会

9430 组织传播的话题

话题1：组织中的社会化

话题2：组织中的权力

话题3：组织认同

9170 实习研究

政治传播

7473 政治传播

7474 说服理论研究

7481 修辞原则

9620 政治竞选辩论

9630 政治广告

8160 修辞评论

8610 政治传播研究综述

9520 大众传媒的影响研讨会

9170 实习研究

（密苏里新闻学院）新闻学学士——学科介绍和本科课程

新闻学院本科学科介绍：

密苏里新闻学院本科阶段设有六大方向：融合新闻学、期刊新闻学、摄影新闻学、平面和数字新闻学、广播电视新闻学、策略性传播（其中包括广告学、公关学、媒体策划、媒体销售等）。根据课程设置，本科阶段的学习注重人文科学通识教育。新闻学士学位要求毕业生的新闻专业课学分仅占到总学分的33%，其余近70%的学分必须从文、史、哲、商、法等其他学科内选择。本科前两年主要是夯实学生的人文学科基础。从本科三年级开始（有个别专业从二年级下半学期开始），学生可根据所选择的专业方向集中学习新闻理论课和实践课。在理论方面，所有专业方向的学生都必须研修传播法、美国新闻史、跨文化新闻学、新闻学基本规范等科目。在实践领域，学生必须掌握所选方向的基本采访、写作、编辑技能。根据个人喜好，学生可在此基础上选修更高级别的专业课。以平面与数字媒体专业为例，该方向的学生有多达20种以上的新闻类选修课。这些课程或者是对某一项技能的深化（如调查性新闻报道，计算机辅助新闻报道，图表设计，中、高级写作等等），或者是增强学生对某一新闻条线的理解（如商业新闻报道写作，社区新闻报道写作，环境、健康新闻报道写作等）。

（武志勇、李由：《密苏里大学新闻学院的教育理念与教学模式》，《新闻大学》2009年第4期）

具体研究领域和专业

——期刊新闻

专业：艺术和文化新闻；设计；杂志设计；杂志编辑；期刊出版管理；杂志写作；舆论监督

——平面和数字新闻

专业：商业和经济新闻；设计；多平台设计；新闻设计；新闻编辑；新闻报道；科学和健康新闻；舆论监督

——融合新闻

专业：融合新闻摄影；融合电台报道和生产；融合电视报道；设计；新兴媒体；创业新闻；多媒体制作；舆论监督

——摄影新闻

专业：新闻摄影；视觉编辑和管理

——广播电视新闻

专业：广播电视制作；广播电视报道和编排；广播电视体育新闻；广播电视的舆论监督；体育新闻

——战略性传播

专业：战略传播：客户管理；战略传播：艺术指导；战略传播：文案；战略传播：互动；战略传播：媒体策划；战略传播：公共关系；战略传播：调查

——国际项目管理办公室

专业：国际新闻；国际战略传播

具体课程统计

各专业方向必修类通识课程——美国新闻史；新闻摄影史；新闻法

各专业方向高频次出现重点课程——写作；批判性评论；新闻报道；融合报道；新闻编辑入门；杂志编辑；杂志人；新闻和民主政治；杂志出版；广播新闻；融合编辑和生产；新闻摄影基础；战略传播原理；战略写作和设计导论；战略传播研究

密苏里新闻学院（本科）具体课程

艺术和文化新闻

必修（6）

所有学生在高年级必须接受以下课程：

JOURN（新闻学） 3000 美国新闻史（3）*

或

* 括号中数字表示学分数。后同。

JOURN(新闻学) 4568 新闻摄影史(3)

JOURN(新闻学) 3000 或 JOURN(新闻学)4568 是大四必选课程。

以及

JOURN(新闻学) 4000 新闻法(3)

JOURN(新闻学) 4000 也是大四必选课程。

必修类新闻课程（15）

JOURN(新闻学) 4410 中级写作(3)

JOURN(新闻学) 4418 批判性评论(3)

选择其中之一：

JOURN(新闻学) 4450 新闻报道(3)

JOURN(新闻学) 4804 融合报道(3)

选择其中之一：

JOURN(新闻学) 4400 新闻编辑入门(2)

JOURN(新闻学) 4408 杂志编辑(3)

选择其中之一：

JOURN(新闻学) 4984 杂志人(3)

JOURN(新闻学) 4986 高级写作(3)

JOURN(新闻学) 4990 新闻和民主政治(3)

JOURN(新闻学) 4994 杂志出版(3)

建议新闻学专业选择（10—11）

JOURN(新闻学) 4150 使用信息图(1)

JOURN(新闻学) 4400 新闻编辑入门(2)

JOURN(新闻学) 4408 杂志编辑(3)

JOURN(新闻学) 4428 健康报道技巧(2—3)

JOURN(新闻学) 4430 计算机辅助报道(3)

JOURN(新闻学) 4436 调查性报道(3)

JOURN(新闻学) 4438 商业和经济报道(3)

JOURN(新闻学) 4450 新闻报道(3)

JOURN(新闻学) 4460 高级新闻报道(3)

JOURN(新闻学) 4508 信息图形(3)

JOURN(新闻学) 4510 视觉传达(3)

JOURN(新闻学) 4510 视觉传达(3)

JOURN(新闻学) 4550 基础摄影和图像编辑(3)

JOURN(新闻学) 4662 跨平台全球新闻(3)

JOURN(新闻学) 4700 参与式新闻(3)

JOURN(新闻学) 4804 融合报道(3)

JOURN(新闻学) 4812 在线读者开发(3)

JOURN(新闻学) 4940 新闻业实践(3—6)

JOURN(新闻学) 4950 理解读者(3)

JOURN(新闻学) 4986 高级写作(3)

建议非新闻专业选择

艺术深化课程:

ART-GNRL(艺术基础) 2030,2030H 主题:文本与文化(3)

MUSIC_NM(音乐) 2306,2306H 音乐传统与风格感知(3)

THEATR(戏剧) 3770,3770H 戏剧:从书面到舞台和荧幕(3)

附注建议

可辅修艺术、音乐、戏剧或电影研究。

商业和经济新闻(跨学科)

必修(6)

所有学生在高年级必须接受以下课程:

JOURN(新闻学) 3000 美国新闻史(3)

或

JOURN(新闻学) 4568 新闻摄影史(3)

JOURN(新闻学) 3000 或 JOURN(新闻学) 4568 应该在大三完成。

和

JOURN(新闻学) 4000 新闻法(3)

JOURN(新闻学) 4000 应该在大三完成。

必修类新闻课程（15）

选择其中之一：

JOURN(新闻学) 4450 新闻报道(3)

JOURN(新闻学) 4804 融合报道(3)

JOURN(新闻学) 4300 广播新闻Ⅰ(3)

选择其中之一：

JOURN(新闻学) 4460 高级新闻报道(3)

JOURN(新闻学) 4806 融合编辑和生产(3)

JOURN(新闻学) 4306 广播新闻Ⅱ(3)

选择其中之一：

JOURN(新闻学) 4410 中级写作(3)

JOURN(新闻学) 4308 广播新闻Ⅲ(3)

要求：

JOURN(新闻学) 4438 商业和经济报道(3)

(**注：**希望在 KOMU－TV 做商业报道的学生将此课程作为必选或者选修 JOURN(新闻学) 4308 广播新闻Ⅲ。)

选择其中一项：

JOURN(新闻学) 4992 融合媒介的报道、编辑和运营(3)

JOURN(新闻学) 4990 新闻业和民主政治(3)

JOURN(新闻学) 4974 广播/电视新闻中的高级互联网应用(3)

JOURN(新闻学) 4976 广播/电视新闻研讨会(3)

JOURN(新闻学) 4978 媒介管理和领导(3)

建议新闻学专业选择（10）

JOURN(新闻学) 4148 面试精要(1)

JOURN(新闻学) 4150 使用信息图(1)

JOURN(新闻学) 4300 广播新闻Ⅰ(3)

JOURN(新闻学) 4734 新闻工作和歧意：如何理解 21 世纪的商业模式(3)

JOURN(新闻学) 4414 食品系统和环境的现场报道(3)

JOURN(新闻学) 4416 科学、健康和环境类写作(3)

JOURN(新闻学) 4410 中级写作(3)

JOURN(新闻学) 4436 调查性报道(3)

JOURN(新闻学) 4434 商业报道的艺术表现和结构(3)

JOURN(新闻学) 4508 信息图形(3)

JOURN(新闻学) 4510 视觉传达(3)

JOURN(新闻学) 4550 基础摄影和图像编辑(3)

JOURN(新闻学) 4700 参与式新闻(3)

JOURN(新闻学) 4718 法律和法庭(3)

JOURN(新闻学) 4728 对抗信息控制(3)

JOURN(新闻学) 4736 改变媒介商业模式(3)

JOURN(新闻学) 4940 新闻业实践(3—6)

JOURN(新闻学) 4950 理解读者(3)

JOURN(新闻学) 4986 高级写作(3)

JOURN(新闻学) 4058 纽约程式：新闻理论和实践(2—3)

独立学习个人理财。

建议非新闻专业选择

ACCTCY(会计) 2010 会计概论(3)

ACCTCY(会计) 2026 会计1(3)

ECON(经济学)OM(经济) 3229 货币、银行和金融市场1 2(3)

ECON(经济学)OM(经济) 4315 公共经济学1 2(3)

ECON(经济学)OM(经济) 4316 国家和地方财政1(3)

FINANC(财务) 2000 企业财务调查1(3)

FINANC(财务) 3000 公司财务1(3)

MANGMT(管理) 3000 管理学原理1(3)

MRKTNG(市场) 3000 市场营销原理1(3)

GEOG(地理) 4840 地理信息系统Ⅰ(3)

NAT_R(自然资源) 4325 地理信息系统导论(3)

POL_SC(政治社会) 2100 州政府(3)

POL_SC(政治社会) 2200 司法程序(3)

POL_SC(政治社会) 4000 政治学统计概论(3)

POL_SC(政治社会) 4100 政党和选举活动(3)

POL_SC(政治社会) 4320 公共政策(3)

部分课程可在商学院辅修。

融合新闻摄影（跨学科）

必修（6）

所有学生在高年级必须接受以下课程：

JOURN(新闻学) 3000 美国新闻史(3)

或

JOURN(新闻学) 4568 新闻摄影史(3)

JOURN(新闻学) 3000 或 JOURN(新闻学) 4568 必须在大三完成。

以及

JOURN(新闻学) 4000 新闻法(3)

JOURN(新闻学) 4000 必须在大三完成。

必修类新闻课程(18)

JOURN(新闻学) 4556 新闻摄影基础(3)

JOURN(新闻学) 4558 新闻摄影高级技巧(3)

JOURN(新闻学) 4560 新闻摄影人(3)

JOURN(新闻学) 4804 融合性报道(3)

JOURN(新闻学) 4806 融合性编辑和生产(3)

重点:

JOURN(新闻学) 4992 融合媒介的报道、编辑和运营(3)

建议新闻学专业选择(10)

JOURN(新闻学) 4330 从默罗到摩尔:优秀的记者读什么(3)

JOURN(新闻学) 4430 计算机辅助报道(3)

JOURN(新闻学) 4436 调查性报道(3)

JOURN(新闻学) 4438 商业和经济报道(3)

JOURN(新闻学) 4502 多媒体策划与设计(3)

JOURN(新闻学) 4508 信息图形(3)

JOURN(新闻学) 4510 视觉传达(3)

JOURN(新闻学) 4554 多媒体视觉编辑(3)

JOURN(新闻学) 4566 电子新闻摄影(3)

JOURN(新闻学) 4568 新闻摄影史(3)

JOURN(新闻学) 4662 跨平台全球新闻(3)

JOURN(新闻学) 4700 参与式新闻(3)

JOURN(新闻学) 4720 互联网法(3)

JOURN(新闻学) 4810 高级全球融合性新闻(3)

JOURN(新闻学) 4812 在线受众开发(3)

JOURN(新闻学) 4940 新闻业实践(3—6)

JOURN(新闻学) 4950 理解受众(3)

JOURN(新闻学) 4972 图像和视觉编辑(3)

JOURN(新闻学) 4974 广播/电视新闻中的高级互联网应用(3)

JOURN(新闻学) 4978 媒介管理和领导(3)

建议非新闻专业选择

ART_PHOT(艺术摄影) 3600 中级摄影(3)

ART_PHOT(艺术摄影) 4600 高级摄影(3)

FILM_S(电影) 3005 电影研究中的主题(3)

INFOTC(信息技术) 4500 移动应用的团队开发

IS_LT(信息服务与逻辑) 4360 网络开发概论(3)

IS_LT(信息服务与逻辑) 4363 Flash 制作(3)

融合广播报道/生产（跨学科）

必修（6）

所有学生在高年级必须接受以下课程：

JOURN(新闻学) 3000 美国新闻史(3)

或

JOURN(新闻学) 4568 新闻摄影史(3)

JOURN(新闻学) 3000 或 JOURN(新闻学) 4568 必须在大三完成。

以及

JOURN(新闻学) 4000 新闻法(3)

JOURN(新闻学) 4000 必须在大三完成。

必修类新闻课程（15）

JOURN(新闻学) 4050 传播实训(3)

JOURN(新闻学) 4310 新闻开发(3)

JOURN(新闻学) 4804 融合性报道(3)

JOURN(新闻学) 4806 融合性编辑和生产(3)

重点：

JOURN(新闻学) 4992 融合媒介的报道、编辑和运营(3)

建议新闻学专业选择（10）

JOURN(新闻学) 4330 从默罗到摩尔：优秀的记者读什么(3)

JOURN(新闻学) 4428 健康类报道技巧(2—3)

JOURN(新闻学) 4430 计算机辅助报道(3)

JOURN(新闻学) 4436 调查性报道(3)

JOURN(新闻学) 4438 商业和经济报道(3)

JOURN(新闻学) 4502 多媒体策划和设计(3)

JOURN(新闻学) 4508 信息图形(3)

JOURN(新闻学) 4554 多媒体视觉编辑(3)

JOURN(新闻学) 4650 国际事件报道(3)

JOURN(新闻学) 4662 跨平台全球新闻(3)

JOURN(新闻学) 4700 参与式新闻(3)

JOURN(新闻学) 4720 互联网法(3)

JOURN(新闻学) 4810 高级全球融合性新闻(3)

JOURN(新闻学) 4812 在线受众开发(3)

JOURN(新闻学) 4940 新闻业实践(3—6)

JOURN(新闻学) 4950 理解受众(3)

JOURN(新闻学) 4974 广播/电视新闻中的高级互联网应用(3)

JOURN(新闻学) 4978 媒介管理和领导(3)

融合性电视报道（跨学科）

必修（6）

所有学生在高年级必须接受以下课程：

JOURN(新闻学) 3000 美国新闻史(3)

或

JOURN(新闻学) 4568 摄影新闻史(3)

JOURN(新闻学) 3000 或 JOURN(新闻学) 4568 必须在大三完成。

JOURN(新闻学) 4000 新闻法(3)

JOURN(新闻学) 4000 必须在大三完成。

必修类新闻课程（16）

JOURN(新闻学) 4050 传播实训(1)

(学生完成仅实验室阶段的 JOURN[新闻学] 4300 广播新闻Ⅰ是进入广播新闻Ⅱ课程学习的先决条件。)

JOURN(新闻学) 4306 广播新闻Ⅱ(3)

JOURN(新闻学) 4308 广播新闻Ⅲ(3)

JOURN(新闻学) 4804 融合报道(3)

JOURN(新闻学) 4806 融合编辑和生产(3)

JOURN(新闻学) 4992 融合媒介的报道、编辑和运营(3) 重点

建议新闻学专业选择（9）

JOURN(新闻学) 4310 新闻制作(3)

JOURN(新闻学) 4320 高级新闻写作(3)

JOURN(新闻学) 4330 从默罗到摩尔：优秀的记者读什么(3)

JOURN(新闻学) 4428 健康类报道技巧(2)

JOURN(新闻学) 4430 计算机辅助报道(3)

JOURN(新闻学) 4436 调查性报道(3)

JOURN(新闻学) 4438 商业和经济报道(3)

JOURN(新闻学) 4502 多媒体策划和设计(3)

JOURN(新闻学) 4508 信息图形(3)

JOURN(新闻学) 4554 多媒体视觉编辑(3)

JOURN(新闻学) 4650 国际事件报道(3)

JOURN(新闻学) 4662/7662 跨平台全球新闻(3)

JOURN(新闻学) 4700 参与式新闻(3)

JOURN(新闻学) 4720 互联网法(3)

JOURN(新闻学) 4810 高级全球融合性新闻(3)

JOURN(新闻学) 4812 在线受众开发(3)

JOURN(新闻学) 4940 新闻业实践(3—6)

JOURN(新闻学) 4950 理解受众(3)

JOURN(新闻学) 4974 广播/电视新闻中的高级互联网应用(3)

JOURN(新闻学) 4978 媒介管理和领导(3)

设 计

必修（6）

所有的学生在高年级必须接受以下课程：

JOURN(新闻学) 3000 美国新闻史(3)

或

JOURN(新闻学) 4568 新闻摄影史(3)

JOURN(新闻学) 3000 或 JOURN(新闻学) 4568 必须在大三完成。

JOURN(新闻学) 4000 新闻法(3)

JOURN(新闻学) 4000 必须在大三完成。

必修类新闻课程（16—17）

JOURN(新闻学) 4450 新闻报道 (3)

或

JOURN(新闻学) 4804 融合报道(3)

JOURN(新闻学) 4360 基础设计(2)

JOURN(新闻学) 4500 出版物设计(3)

JOURN(新闻学) 4502 多媒体策划和设计(3)

JOURN(新闻学) 4988 高级出版物设计(3) **顶点课程**

选择其中之一：

JOURN(新闻学) 4400 新闻编辑概论(2) 或

JOURN(新闻学) 4408 杂志编辑(3)

建议新闻学专业选择（9）

高度建议：

JOURN(新闻学) 4508 信息图形(3)

JOURN(新闻学) 4670 报纸照片排班管理(3)

建议：

JOURN(新闻学) 4510 视觉传达(3)

JOURN(新闻学) 4566 电子新闻摄影(3)

JOURN(新闻学) 4440 故事和图像制订(2)

JOURN(新闻学) 4556 新闻摄影基础(3)

JOURN(新闻学) 4940 新闻业实践(3)

建议非新闻学专业选择

艺术史课程：

ART_GRDN(艺术图形) 2410 图形设计 1(3)

艺术深化课程：

ART_GNRL(艺术基础) 2030,2030H 主题：文本与文化(3)

MUSIC_NM(音乐) 2306,2306H 音乐传统与风格感知(3)

THEATR(戏剧) 3770,3770H 戏剧：从书面到舞台和荧幕(3)

IS_LT(信息服务与逻辑) 4370 中级网页开发(3)

其他信息参见科学与技术学习课程。

新兴媒体（跨学科）

必修（6）

所有学生在高年级必须接受以下课程：

JOURN(新闻学) 3000 美国新闻史(3)

或

JOURN(新闻学) 4568 新闻摄影史(3)

JOURN(新闻学) 3000 或 JOURN(新闻学) 4568 必须在大三完成。

JOURN(新闻学) 4000 新闻法(3)

JOURN(新闻学) 4000 必须在大三完成。

必修类新闻课程（14 或 15）

JOURN(新闻学) 4804 融合报道(3)

JOURN(新闻学) 4806 融合编辑和生产(3)

选择其中的两门：

JOURN(新闻学) 4502 多媒体策划和设计(3) 或

JOURN(新闻学) 4700 参与式新闻(3) 或

JOURN(新闻学) 4810 高级全球融合新闻(3) 或

JOURN(新闻学) 4812 在线受众开发(3)

JOURN(新闻学) 4992 融合媒介的报道、编辑和运营(3) **顶点课程**

建议新闻学专业选择（10）

JOURN(新闻学) 4430 计算机辅助报道(3)

JOURN(新闻学) 4436 调查性报道(3)

JOURN(新闻学) 4438 商业和经济报道(3)

JOURN(新闻学) 4508 信息图形(3)

JOURN(新闻学) 4662/7662 跨平台全球新闻(3)

JOURN(新闻学) 4700 参与式新闻(3)

JOURN(新闻学) 4720 互联网法(3)

JOURN(新闻学) 4810 高级全球融合新闻(3)

JOURN(新闻学) 4812 在线受众开发(3)

JOURN(新闻学) 4940 新闻业实践(3—6)

JOURN(新闻学) 4950 理解受众(3)

JOURN(新闻学) 4974 广播/电视新闻中的高级互联网应用(3)

JOURN(新闻学) 4978 媒介管理和领导(3)

建议非新闻学专业选择

INFOTC(信息技术) 3001 iPhone 应用开发(3)

IS_LT(信息服务与逻辑) 4360 网络开发概论(3)

创业新闻（跨学科）

必修（6）

所有新闻学学生在高年级必须接受以下课程：

JOURN(新闻学) 3000 美国新闻史(3)

或

JOURN(新闻学) 4568 新闻摄影史(3)

JOURN(新闻学) 3000 或 JOURN(新闻学) 4568 必须在大三完成。

JOURN(新闻学) 4000 新闻法(3)

JOURN(新闻学) 4000 必须在大三完成。

必修类新闻课程（12）

JOURN(新闻学) 4804 融合报道(3)

JOURN(新闻学) 4806 融合编辑和生产(3)

选择其中之一：

JOURN(新闻学) 4734 新闻和歧意：如何理解 21 世纪的商业模式(3)

或

JOURN(新闻学) 4812 在线受众开发(3)

JOURN(新闻学) 4992 融合媒介的报道、编辑和运营(3) **顶点课程**

非新闻学专业需要选择（3）

INFOTC(信息技术) 4500 基于团队的移动设备应用程序开发(3)

建议新闻学专业选择（10）

JOURN(新闻学) 4562 新闻摄影业务实践(2)

JOURN(新闻学) 4428 健康类报道技巧(2)

JOURN(新闻学) 4430 计算机辅助报道(3)

JOURN(新闻学) 4436 调查性报道(3)

JOURN(新闻学) 4438 商业和经济报道(3)

JOURN(新闻学) 4508 信息图形(3)

JOURN(新闻学) 4662/7662 跨平台全球新闻(3)

JOURN(新闻学) 4700 参与式新闻(3)

JOURN(新闻学) 4720 互联网法(3)

JOURN(新闻学) 4736 转变媒介商业模式(3)

JOURN(新闻学) 4810 高级全球融合新闻(3)

JOURN(新闻学) 4812 在线受众开发(3)

JOURN(新闻学) 4940 新闻业实践(3—6)

JOURN(新闻学) 4950 理解受众(3)

JOURN(新闻学) 4974 广播/电视新闻中的高级互联网应用(3)

JOURN(新闻学) 4978 媒介管理和领导(3)

建议非新闻学专业选择

（**注：** 选择下列三个课程必要的先决条件是完成课程 MRKTNG 3000。）

MRKTNG(市场) 4050 市场调查(3)

MRKTNG(市场) 4420 消费者行为(3)

MRKTNG(市场) 4650 电子营销(3)

国际新闻（跨学科）

必修（6）

JOURN(新闻学) 3000 美国新闻史(3)

或

JOURN(新闻学) 4568 新闻摄影史(3)

JOURN(新闻学) 3000 或 JOURN(新闻学) 4568 必须在大三完成。

JOURN(新闻学) 4000 新闻法(3)

JOURN(新闻学) 4000 新闻法必须在大三完成。

必修类新闻课程（15）

选择其中之一：

JOURN(新闻学) 4258 全球传播(3) 或

JOURN(新闻学) 4650 国际问题报道(3) 或

JOURN(新闻学) 4656 国际新闻媒介系统(3) 或

JOURN(新闻学) 4658 国际新闻(3)

选择其中之一：

JOURN(新闻学) 4308 广播新闻Ⅲ(3) 或

JOURN(新闻学) 4450 新闻报道(3) 或

JOURN(新闻学) 4556 新闻摄影基础(3) 或

JOURN(新闻学) 4804 融合报道(3)

选择其中之一：

JOURN(新闻学) 4980 照片故事和摄影评论(3) **顶点课程** 或

JOURN(新闻学) 4990 新闻和民主政治(3) **顶点课程** 或

JOURN(新闻学) 4992 融合媒介的报道、编辑和运营(3) **顶点课程**

如果选修了广播/电视历程，则选择其中之一：

JOURN(新闻学) 4974 高级互联网应用(3) **顶点课程** 或

JOURN(新闻学) 4976 电台/电视新闻研讨会(3) **顶点课程** 或

JOURN(新闻学) 4978 媒介管理和领导(3) **顶点课程**

如果选修了广播/电视历程,JOURN(新闻学) 4300 广播新闻(3)和JOURN(新闻学) 4306 广播新闻Ⅱ(3)为必修。这两门课程将算作新闻选修课。

新闻学留学(6)已安排。要求学生在大三的第二学期或者大四的第一学期开展留学活动。

建议新闻学专业选择(10)

JOURN(新闻学) 4050 传播实训(3)(国际化重点,需要导师批准)

JOURN(新闻学) 4258 全球传播(3)

JOURN(新闻学) 4300 广播新闻Ⅰ(3)

JOURN(新闻学) 4306 广播新闻Ⅱ(3)

JOURN(新闻学) 4450 新闻报道(3)

JOURN(新闻学) 4556 摄影新闻基础(3)

JOURN(新闻学) 4650 国际问题报道(3)

JOURN(新闻学) 4656 国际新闻媒介系统(3)

JOURN(新闻学) 4658 国际新闻(3)

JOURN(新闻学) 4660 媒介力量塑造的欧盟(3)

JOURN(新闻学) 4662 跨平台全球新闻(3)

JOURN(新闻学) 4730 新闻和冲突(3)

JOURN(新闻学) 4804 融合报道(3)

建议非新闻学专业选择

AG_EC(农业环境) 3150 国际农业(3)

AG_EC(农业环境) 3271 国际农业发展(3)

AG_EC(农业环境) 3272 国际食品贸易和政策(3)

ANTHRO(人类学) 3700 欧洲文化(3)

ANTHRO(人类学) 3780 东南亚文化(3)

ANTHRO(人类学) 4400 语言和文化(3)

ANTHRO(人类学) 4790 南亚的社会与文化(3)

ATM_SC(气候) 3600 世界气候(3)

BL_STU(混合式课程研究) 4230 女性、发展和全球化(3)

CHINSE(中国) 3300 中国传统和全球一体化(3)

FINANC(财务) 4720 国际金融(3)

GEOG(地理) 1100 世界上的地区与国家(3)

GEOG(地理) 2780 世界政治地理学：模式与流程(3)

GEOG(地理) 3530 艾滋病毒/艾滋病的全球政策(3)

HIST(历史) 3820 20世纪的中国(3)

HIST(历史) 3850 伊斯兰和西方(3)

HIST(历史) 3870 拉丁美洲的社会革命(3)

HIST(历史) 4870 18世纪以来的东南亚(3)

HTH_PR(健康政策) 3400 全球健康(3)

KOREAN(朝鲜和平) 4220 朝鲜半岛统一问题(3)

MRKTNG(市场) 3975 国际市场的当前问题研究(1—3)

MRKTNG(市场) 3985 国际商务的问题(3)

MRKTNG(市场) 4720 全球营销(3)

PEA_ST(和平政策) 2780 世界政治地理学：模式与流程(3)

POL_SC(政治社会) 1400 国际关系(3)

POL_SC(政治社会) 4400 国际关系理论(3)

POL_SC(政治社会) 4420 国际经济关系政策(3)

POL_SC(政治社会) 4440 国际组织与机构(3)

POL_SC(政治社会) 4500 全球系统中的欧盟(3)

POL_SC(政治社会) 4540 美国的外交政策(3)

POL_SC(政治社会) 4600 拉丁美洲政治(3)

POL_SC(政治社会) 4610 欧洲政治体系(3)

RU_SOC(革命和社会) 2010 当今世界的领导力(3)

RU_SOC(革命和社会) 3235 全球视角和现实(3)

S_A_ST(世界区域政策) 3245 现代世界中的非暴力(3)

S_A_ST(世界区域政策) 4850 穿越穆斯林世界(3)

SOCIOL(社会学) 3210 全球化的社会学理论(3)

SOCIOL(社会学) 3255 当今世界的青年(3)

SOCIOL(社会学) 4230 女性、发展和全球化(3)

T_A_M(全球区域市场) 2400 全球消费者(3)

T_A_M(全球区域市场) 3110 全球经济中的纺织品和服装(3)

T_A_M(全球区域市场) 4110 全球资源(3)

T_A_M(全球区域市场) 4310 全球零售(3)

国际战略传播

必修（6）

所有战略传播学学生在高年级必须接受以下课程：

JOURN(新闻学) 3000 美国新闻史(3)

或

JOURN(新闻学) 4568 新闻摄影史(3)

JOURN(新闻学) 3000 或 JOURN(新闻学) 4568 必须在大三完成。

JOURN(新闻学) 4000 新闻法(3)

JOURN(新闻学) 4000 必须在大三完成。

必修类新闻课程（12）

JOURN(新闻学) 4200 战略传播的原则(3)

JOURN(新闻学) 4204 战略写作和设计概论(3)

JOURN(新闻学) 4952 战略传播研究Ⅰ(3)

顶点课程：JOURN(新闻学) 4970 策略运动(3)

必修的非新闻学课程（6）

MRKTNG(市场) 3000 营销原则(3)

另一门是营销选修课(3)

建议新闻学专业选择（13）

新闻学留学（6）已安排。要求学生在大三的第二学期或者大四的第一学期开展留学活动。

选择其中之一：

JOURN(新闻学) 4050 传播实训(3)(国际化重点,需要导师批准）或

JOURN(新闻学) 4198 区域研讨会(3)(国际化重点,需要导师批准）或

JOURN(新闻学) 4258 全球传播(3) 或

JOURN(新闻学) 4350 新闻学问题(3)(国际化重点,需要导师批准）或

JOURN(新闻学) 4650 国际问题报道(3) 或

JOURN(新闻学) 4656 国际新闻媒介系统(3) 或

JOURN(新闻学) 4658 国际新闻学(3)

建议非新闻学专业选择

AG_EC(农业环境) 3150 国际农业(3)

AG_EC(农业环境) 3271 国际农业发展(3)

AG_EC(农业环境) 3272 国际食品贸易和政策(3)

ANTHRO(人类学) 3700 欧洲文化(3)

ANTHRO(人类学) 3780 东南亚文化(3)

ANTHRO(人类学) 4400 语言和文化(3)

ANTHRO(人类学) 4790 南亚的社会与文化(3)

ATM_SC(气候) 3600 世界气候(3)

BL_STU(混合式课程研究) 4230 女性、发展和全球化(3)

CHINSE(中国) 3300 中国传统和全球一体化(3)

FINANC(财务) 4720 国际金融(3)

GEOG(地理) 1100 世界上的地区与国家(3)

GEOG(地理) 2780 世界政治地理学：模式与流程(3)

GEOG(地理) 3530 艾滋病毒/艾滋病的全球政策(3)

HIST(历史) 3820 20世纪的中国(3)

HIST(历史) 3850 伊斯兰和西方(3)

HIST(历史) 3870 拉丁美洲的社会革命(3)

HIST(历史) 4870 18世纪以来的东南亚(3)

HTH_PR(健康政策) 3400 全球健康(3)

KOREAN(朝鲜和平) 4220 朝鲜半岛统一问题(3)

MRKTNG(市场) 3975 国际市场的当前问题研究(1—3)

MRKTNG(市场) 3985 国际商务的问题(3)

MRKTNG(市场) 4720 全球营销(3)

PEA_ST(和平政策) 2780 世界政治地理学：模式与流程(3)

POL_SC(政治社会) 1400 国际关系(3)

POL_SC(政治社会) 4400 国际关系理论(3)

POL_SC(政治社会) 4420 国际经济关系政策(3)

POL_SC(政治社会) 4440 国际组织与机构(3)

POL_SC(政治社会) 4500 全球系统中的欧盟(3)

POL_SC(政治社会) 4540 美国的外交政策(3)

POL_SC(政治社会) 4600 拉丁美洲政治(3)

POL_SC(政治社会) 4610 欧洲政治体系(3)

RU_SOC(革命和社会) 2010 当今世界的领导力(3)

RU_SOC(革命和社会) 3235 全球视角和现实(3)

S_A_ST(世界区域政策) 3245 现代世界中的非暴力(3)

S_A_ST(世界区域政策) 4850 穿越穆斯林世界(3)

SOCIOL(社会学) 3210 全球化的社会学理论(3)

SOCIOL(社会学) 3255 当今世界的青年(3)

SOCIOL(社会学) 4230 女性、发展和全球化(3)

T_A_M(全球区域市场) 2400 全球消费者(3)

T_A_M(全球区域市场) 3110 全球经济中的纺织品和服装(3)

T_A_M(全球区域市场) 4110 全球资源(3)

T_A_M(全球区域市场) 4310 全球零售(3)

杂志设计

(同设计)

杂志编辑

必修(6)

所有新闻学学生在高年级必须接受以下课程:

JOURN(新闻学) 3000 美国新闻史(3)

或

JOURN(新闻学) 4568 新闻摄影史(3)

JOURN(新闻学) 3000 或 JOURN(新闻学) 4568 必须在大三完成。

JOURN(新闻学) 4000 新闻法(3)

JOURN(新闻学) 4000 必须在大三完成。

必修类新闻课程(15)

JOURN(新闻学) 4408 杂志编辑(3)

JOURN(新闻学) 4410 中级写作(3)

JOURN(新闻学) 4450 新闻报道(3)

JOURN(新闻学) 4506 杂志设计(3)

JOURN(新闻学) 4984 杂志人(3) **顶点课程**

建议新闻学专业选择(10)

JOURN(新闻学) 4400 新闻编辑概论(2)

JOURN(新闻学) 4662 跨平台全球新闻(3)

JOURN(新闻学) 4700 参与式新闻(3)

JOURN(新闻学) 4716 女性和媒介(2)

JOURN(新闻学) 4986 高级写作(3)

JOURN(新闻学) 4510 视觉传播(3)

JOURN(新闻学) 4806 融合编辑和制作(3)

JOURN(新闻学) 4150 使用图表(1)

JOURN(新闻学) 4554 多媒体视觉编辑(3)

JOURN(新闻学) 4730 新闻和冲突(3)

JOURN(新闻学) 4718 法律和法庭(3)

JOURN(新闻学) 4416 科学、健康和环境报道(3)

JOURN(新闻学) 4940 新闻业实践(3—6)

JOURN(新闻学) 4950 理解受众(3)

建议非新闻学专业选择

SOCIOL(社会学) 2310 文化和大众媒体(3)

艺术深化课程:

ART_GNRL (艺术基础) 2030,2030H 主题:文本与文化(3)

MUSIC_NM (音乐) 2306,2306H 音乐传统与风格感知(3)

THEATR (戏剧) 3770,3770H 戏剧:从书面到舞台和荧幕(3)

杂志出版和管理

必修(6)

所有新闻学学生在高年级必须接受以下课程:

JOURN(新闻学) 3000 美国新闻史(3)

或

JOURN(新闻学) 4568 新闻摄影史(3)

JOURN(新闻学) 3000 或 JOURN(新闻学) 4568 必须在大三完成。

JOURN(新闻学) 4000 新闻法(3)

JOURN(新闻学) 4000 必须在大三完成。

必修类新闻课程（15）

JOURN(新闻学) 4408 杂志编辑(3)

JOURN(新闻学) 4410 中级写作(3)

JOURN(新闻学) 4450 新闻报道(3)

JOURN(新闻学) 4506 杂志设计(3)

JOURN(新闻学) 4994 杂志出版(3) **顶点课程**

建议新闻学专业选择（10）

JOURN(新闻学) 4502 多媒体策划和设计(3)

JOURN(新闻学) 4510 视觉传播(3)

JOURN(新闻学) 4662 跨平台全球新闻(3)

JOURN(新闻学) 4700 参与式新闻(3)

JOURN(新闻学) 4710 报纸管理(3)

JOURN(新闻学) 4716 女性和媒体(2)

JOURN(新闻学) 4720 互联网法(3)

JOURN(新闻学) 4730 新闻和冲突(3)

JOURN(新闻学) 4806 融合编辑和生产(3)

JOURN(新闻学) 4940 新闻业实践(3—6)

JOURN(新闻学) 4950 理解受众(3)

建议非新闻学专业选择

COMMUN(传播学) 1200 公共演讲(3)

MANGMT(管理) 3000 管理学基础(3)

MRKTNG(市场) 3000 营销原则(3)

SOCIOL(社会学) 2310 文化和大众媒体(3)

杂志写作

必修(6)

所有新闻学学生在高年级必须接受以下课程:

JOURN(新闻学) 3000 美国新闻史(3)

或

JOURN(新闻学) 4568 新闻摄影史(3)

JOURN(新闻学) 3000 或 JOURN(新闻学) 4568 必须在大三完成。

JOURN(新闻学) 4000 新闻法(3)

JOURN(新闻学) 4000 必须在大三完成。

必修类新闻课程(15)

JOURN(新闻学) 4408 杂志编辑(3)

JOURN(新闻学) 4410 中级写作(3)

JOURN(新闻学) 4450 新闻报道(3)

JOURN(新闻学) 4506 杂志设计(3)

JOURN(新闻学) 4986 高级写作(3) **顶点课程**

建议新闻学专业选择(10)

SCIAG_JRN(农业科学-新闻学) 4480 食品和酒的功能写作(3)

JOURN(新闻学) 4148 面试精要(1)

JOURN(新闻学) 4400 新闻编辑概论(2)

JOURN(新闻学) 4412 新闻业生存方式(3)

JOURN(新闻学) 4416 科学、健康和商业写作(3)

JOURN(新闻学) 4418 批判性评论(3)

JOURN(新闻学) 4420 编辑写作(3)

JOURN(新闻学) 4426 宗教报道和写作(3)

JOURN(新闻学) 4430 计算机辅助报道(3)

JOURN(新闻学) 4436 调查性报道(3)

JOURN(新闻学) 4438 商业和经济报道(3)

JOURN(新闻学) 4460 高级新闻写作(3)

JOURN(新闻学) 4478 健康类报道技巧(2)

JOURN(新闻学) 4650 国际问题报道(3)

JOURN(新闻学) 4662 跨平台全球新闻(3)

JOURN(新闻学) 4700 参与式新闻(3)

JOURN(新闻学) 4716 女性和媒介(2)

JOURN(新闻学) 4806 融合新闻编辑和生产(3)

JOURN(新闻学) 4940 新闻业实践(3—6)

JOURN(新闻学) 4950 理解受众 (3)

建议非新闻学专业选择

ENGLSH(英语) 2010 中级作文(3)

ENGLSH(英语) 2520 创意写作：中级纪实散文(3)

ENGLSH(英语) 4520 创意写作：高级纪实散文(3)

艺术深化课程：

ART_GNRL(艺术基础) 2030,2030H 主题：文本与文化(3)

MUSIC_NM(音乐) 2306,2306H 音乐传统与风格感知(3)

THEATR(戏剧) 3770,3770H 戏剧：从书面到舞台和荧幕(3)

多媒体制作（跨学科）

必修（6）

所有新闻学学生在高年级必须接受以下课程：

JOURN(新闻学) 3000 美国新闻史(3)

或

JOURN(新闻学) 4568 新闻摄影史(3)

JOURN(新闻学) 3000 或 JOURN(新闻学) 4568 必须在大三完成。

JOURN(新闻学) 4000 新闻法(3)

JOURN(新闻学) 4000 必须在大三完成。

必修类新闻课程（15）

JOURN(新闻学) 4502 多媒体策划和设计(3)

JOURN(新闻学) 4804 融合报道(3)

JOURN(新闻学) 4806 融合编辑和制作(3)

选择其中之一：

JOURN(新闻学) 4554 多媒体视觉编辑(3)或

JOURN(新闻学) 4670 报纸照片桌面管理(3)

JOURN(新闻学) 4992 融合媒介的报道、编辑和运营(3) **顶点课程**

建议新闻学专业选择（10）

JOURN(新闻学) 4430 计算机辅助报道(3)

JOURN(新闻学) 4436 调查报道(3)

JOURN(新闻学) 4438 商业和经济报道(3)

JOURN(新闻学) 4508 信息图形(3)

JOURN(新闻学) 4662 跨平台全球新闻(3)

JOURN(新闻学) 4700 参与式报道(3)

JOURN(新闻学) 4720 互联网法(3)

JOURN(新闻学) 4810 高级全球融合新闻(3)

JOURN(新闻学) 4812 在线受众开发(3)

JOURN(新闻学) 4940 新闻业实践(3—6)

JOURN(新闻学) 4950 理解受众(3)

JOURN(新闻学) 4974 广播/电视新闻的高级互联网应用(3)

JOURN(新闻学) 4978 媒介管理与领导(3)

建议非新闻学专业选择

INFOTC(信息技术) 4500 基于团队的移动设备应用开发(3)

IS_LT(信息服务与逻辑) 4360 网络开发概论(3)

多媒体设计

(同设计)

新闻设计

(同设计)

新闻编辑

必修(6)

所有新闻学学生在高年级必须接受以下课程：

JOURN(新闻学) 3000 美国新闻史(3)

或

JOURN(新闻学) 4568 新闻摄影史(3)

JOURN(新闻学) 3000 或 JOURN(新闻学) 4568 必须在大三完成。

JOURN(新闻学) 4000 新闻法(3)

JOURN(新闻学) 4000 必须在大三完成。

必修类新闻课程(14)

JOURN(新闻学) 4400 新闻编辑概论(2)

JOURN(新闻学) 4406 新闻编辑(3)

JOURN(新闻学) 4450 新闻报道(3)

JOURN(新闻学) 4500 新闻设计(3)

JOURN(新闻学) 4990 新闻和民主政治(3) **顶点课程**

建议新闻学专业选择（11）

JOURN(新闻学) 4050 或 4350 在密苏里的编辑/设计学院进行独立学习(1—3)

JOURN(新闻学) 4150 使用图表(1)

JOURN(新闻学) 4408 杂志编辑(3)

JOURN(新闻学) 4502 多媒体策划和设计(3)

JOURN(新闻学) 4508 信息图形(3)

JOURN(新闻学) 4510 视觉传播(3)

JOURN(新闻学) 4554 多媒体视觉编辑(3)

JOURN(新闻学) 4700 参与式新闻(3)

JOURN(新闻学) 4710 报纸管理(3)

JOURN(新闻学) 4738 思考、语言和新闻业(3)

JOURN(新闻学) 4804 融合报道(3)

JOURN(新闻学) 4806 融合编辑和制作(3)

(首要条件：选修 JOURN(新闻学) 4804 融合报道或得到老师的许可。)

JOURN(新闻学) 4812 在线受众开发(3)

JOURN(新闻学) 4940 新闻业实践(3—6)

JOURN(新闻学) 4950 理解受众(3)

建议非新闻学专业选择

ENGLSH/LINGST(英语/语言学) 4600 美式英语结构(3)

ENGLSH/LINGST(英语/语言学) 4640 语法(3) (首要条件：ENGLSH/LINGST〔英语/语言学〕 4600)

GEOG(地理) 4840 地理信息系统Ⅰ(3)

IS_LT(信息服务与逻辑) 4370 中级网络开发(3)

LINGST/PHIL(语言/哲学) 4100 语言哲学(3) (首要条件：LINGST/

PHIL〔语言/哲学〕2700)

NAT_R(自然资源) 4325 地理信息系统概论(3)

POL_SC(政治社会) 4000 政治科学统计概论(3)

POL_SC(政治社会) 4020 调查研究法(3)

新闻报道（跨学科）

必修（6）

所有新闻学学生在高年级必须接受以下课程：

JOURN(新闻学) 3000 美国新闻史(3)

或

JOURN(新闻学) 4568 新闻摄影史(3)

JOURN(新闻学) 3000 或 JOURN(新闻学) 4568 必须在大三完成。

JOURN(新闻学) 4000 新闻法(3)

JOURN(新闻学) 4000 必须在大三完成。

必修类新闻课程（14）

JOURN(新闻学) 4400 新闻编辑概论(2)

选择其中的两门：

JOURN(新闻学) 4450 新闻报道(3) 或

JOURN(新闻学) 4460 高级新闻报道(3) 或

JOURN(新闻学) 4804 融合报道(3)

选择其中一门：

JOURN(新闻学) 4406 新闻编辑(3) 或

JOURN(新闻学) 4806 融合编辑和制作(3)

选择其中一门：

JOURN(新闻学) 4990 新闻和民主政治(3) **顶点课程** 或

JOURN(新闻学) 4992 融合媒介的报道、编辑和营销(3) **顶点课程**

建议新闻学专业选择（11）

JOURN(新闻学) 4150 使用图表(1)

JOURN(新闻学) 4406 新闻编辑(3)

JOURN(新闻学) 4410 中级写作(3)

JOURN(新闻学) 4416 科学、健康和经济类报道(3)

JOURN(新闻学) 4418 评判性评论(3)

JOURN(新闻学) 4420 编辑写作(3)

JOURN(新闻学) 4426 宗教报告和写作(3)

JOURN(新闻学) 4428 健康类报道技巧(2)

JOURN(新闻学) 4430 计算机辅助报道(3)

JOURN(新闻学) 4436 调查性报道(3)

JOURN(新闻学) 4438 商业和经济类报道(3)

JOURN(新闻学) 4450 新闻报道(3)

JOURN(新闻学) 4460 高级新闻报道(3)

JOURN(新闻学) 4508 信息图形(3)

JOURN(新闻学) 4510 视觉传播(3)

JOURN(新闻学) 4650 国际问题报道(3)

JOURN(新闻学) 4700 参与式新闻(3)

JOURN(新闻学) 4706 社区报(3)

JOURN(新闻学) 4710 报纸管理(3)

JOURN(新闻学) 4720 互联网法(3)

JOURN(新闻学) 4804 融合报道(3)

JOURN(新闻学) 4806 融合编辑和制作(3)

JOURN(新闻学) 4940 新闻业实践(3—6)

JOURN(新闻学) 4950 理解受众(3)

JOURN(新闻学) 4986 高级写作(3)

新闻摄影

必修（6）

所有新闻学学生在高年级必须接受以下课程：

JOURN(新闻学) 3000 美国新闻史(3)

或

JOURN(新闻学) 4568 新闻摄影史(3)

JOURN(新闻学) 3000 或 JOURN(新闻学) 4568 必须在大三完成。

JOURN(新闻学) 4000 新闻法(3)

JOURN(新闻学) 4000 必须在大三完成。

必修类新闻课程（15）

选择其中之一：

JOURN(新闻学) 4450 新闻报道(3) 或

JOURN(新闻学) 4804 融合报道(3)

JOURN(新闻学) 4556 新闻摄影基础(3)

JOURN(新闻学) 4558 新闻摄影中的高级技术(3)

JOURN(新闻学) 4560 新闻摄影人(3)

JOURN(新闻学) 4980 图片故事和新闻摄影试验(3) **顶点课程**

建议新闻学专业选择（10）

JOURN(新闻学) 4300 广播新闻Ⅰ

JOURN(新闻学) 4562 新闻摄影商务实践(2)

JOURN(新闻学) 4554 多媒体视觉编辑(3)

JOURN(新闻学) 4500 新闻设计(3)

JOURN(新闻学) 4502 多媒体策划与设计(3)

JOURN(新闻学) 4506 杂志设计(3)

JOURN(新闻学) 4510 视觉传播(3)

JOURN(新闻学) 4566 电子新闻摄影(3)

JOURN(新闻学) 4568 新闻摄影史(3)

JOURN(新闻学) 4940 新闻业实践(3—6)

JOURN(新闻学) 4972 照片和视觉编辑(3)

建议非新闻学专业选择

ART_PHOT(艺术摄影) 3600 中级摄影

ART_PHOT(艺术摄影) 4600 高级摄影

FILM_S(电影) 2520 电影生产介绍(3)

IS_LT(信息服务与逻辑) 4360 网络开发概论

广播电视制作

必修（6）

所有新闻学学生在高年级必须接受以下课程：

JOURN(新闻学) 3000 美国新闻史(3)

或

JOURN(新闻学) 4568 新闻摄影史(3)

JOURN(新闻学) 3000 或 JOURN(新闻学) 4568 必须在大三完成。

JOURN(新闻学) 4000 新闻法(3)

JOURN(新闻学) 4000 必须在大三完成。

必修类新闻课程（15）

JOURN(新闻学) 4300 广播新闻Ⅰ(3)

JOURN(新闻学) 4306 广播新闻Ⅱ(3)

JOURN(新闻学) 4308 广播新闻Ⅲ(3)

JOURN(新闻学) 4310 制作(广播/电视实验室)(3)

选择其中之一：

JOURN(新闻学) 4974 广播/电视新闻的高级互联网应用(3) 或

JOURN(新闻学) 4976 广播/电视新闻研讨会(3) 或

JOURN(新闻学) 4978 媒介管理和领导(3)

建议新闻学专业选择（10）

SCIAG_JRN(农业科学-新闻学) 4480 食品和酒的功能写作(3)

JOURN(新闻学) 4554 多媒体视觉编辑(3)

JOURN(新闻学) 4320 高级报道(3)

JOURN(新闻学) 4328 高级新闻传播(1)

JOURN(新闻学) 4330 从默罗到摩尔：优秀的记者读什么(3)

JOURN(新闻学) 4116 管理和领导人员(1)

JOURN(新闻学) 4416 科学、健康和经济类报道(3)

JOURN(新闻学) 4418 批评性评论(3)

JOURN(新闻学) 4426 宗教报告与写作(3)

JOURN(新闻学) 4430 计算机辅助报道(3)

JOURN(新闻学) 4436 调查性报道(3)

JOURN(新闻学) 4438 商业和经济报道(3)

JOURN(新闻学) 4506 杂志设计(3)

JOURN(新闻学) 4508 信息图形(3)

JOURN(新闻学) 4510 视觉传播(3)

JOURN(新闻学) 4550 基础摄影和图像编辑(面向非摄影专业学生)(3)

JOURN(新闻学) 4650 国际问题报道(3)

JOURN(新闻学) 4700 参与式新闻(3)

JOURN(新闻学) 4716 女性与媒介(2)

JOURN(新闻学) 4720 互联网法(3)

JOURN(新闻学) 4726 新闻的创造力和创新性(3)

JOURN(新闻学) 4804 融合报道(3)

JOURN(新闻学) 4806 融合编辑与生产(3)

JOURN(新闻学) 4940 新闻业实践(3—6)

JOURN(新闻学) 4950 理解受众(3)

JOURN(新闻学) 4974 广播/电视的高级互联网应用(3)

JOURN(新闻学) 4976 广播/电视新闻研讨会(3)

JOURN(新闻学) 4978 媒介管理和领导(3)

建议非新闻学专业选择(10)

ANTHRO(人类学) 1000 基础人类学(3)

ANTHRO(人类学) 1060 人类语言(3)

ART_GNRL(艺术基础) 1020 艺术欣赏(3)

ART_GNRL(艺术基础) 1400 开启数码图像(1)

ART_GNRL(艺术基础) 2410 图形设计Ⅰ(3)

ART_HIST(艺术历史) 2830 美国艺术和建筑(3)

ART_HIST(艺术历史) 2850 视觉文化概论(3)

COMMUN(传播学) 1200 公共演讲(3)

COMMUN(传播学) 3441 非语言交流(3)

COMMUN(传播学) 3571 小组讨论—制作流程(3)

COMMUN(传播学) 3575 商业和专业传播(3)

ENGLSH(英语) 2510 创意写作:中级小说(3)

FINPLN(财政计划) 2183 个人和家庭财务(3)

GEOG(地理) 1100 世界上的地区和国家(3)

GEOG(地理) 2720 城市地理学(3)

HIST(历史) 1100 美国历史:到1865年(3)

HIST(历史) 1200 美国历史:从1865年开始(3)

HIST(历史) 1500 西方文明的建立(3)

HIST(历史) 1800 现代非洲的历史(3)

MANGMT(管理) 3000 管理原则(3)

MRKTNG(市场) 3000 营销原则(3)

MRKTNG(市场) 4050 市场研究(3)

MRKTNG(市场) 4220 消费者行为(3)

MUSIC_NM(音乐) 1211 音乐基础Ⅰ(2)

MUSIC_NM(音乐) 1310 西方音乐杰作(3)

MUSIC_NM(音乐) 1311 爵士、流行和摇滚(3)

PHIL(哲学) 1000 基础哲学概论(3)

PHIL(哲学) 1100 道德介绍(3)

PHIL(哲学) 1200 逻辑和推理(3)

PHIL(哲学) 4500 道德理论(3)

PHYSCS(物理) 1150 物理的概念,诗人的物理学(3)

POL_SC(政治社会) 1100 美国政府

POL_SC(政治社会) 3000 政治研究介绍(3)

PSYCH(心理学) 1000 基础心理学(3)

PSYCH(心理学) 2310 社会心理学(3)

REL_ST(宗教政策) 1100 宗教综述(3)

SOCIOL(社会学) 1000 社会学概论(3)

THEATR(戏剧) 1400 适用于非专业学生(3)

广播电视报道/编排

必修(6)

所有新闻学学生在高年级必须接受以下课程:

JOURN(新闻学) 3000 美国新闻史(3)

或

JOURN(新闻学) 4568 新闻摄影史(3)

JOURN(新闻学) 3000 或 JOURN(新闻学) 4568 必须在大三完成。

JOURN(新闻学) 4000 新闻法(3)

JOURN(新闻学) 4000 必须在大三完成。

必修类新闻课程(16)

JOURN(新闻学) 4300 广播新闻Ⅰ(3)

JOURN(新闻学) 4306 广播新闻Ⅱ(3)

JOURN(新闻学) 4308 广播新闻Ⅲ(3)

JOURN(新闻学) 4320 高级报道(3)

JOURN(新闻学) 4328 高级新闻传播(1)

选择其中之一:

JOURN(新闻学) 4974 广播/电视新闻的高级互联网应用(3) **顶点课程** 或

JOURN(新闻学) 4976 广播/电视新闻研讨会(3) **顶点课程** 或

JOURN(新闻学) 4978 媒介管理和领导(3) **顶点课程**

建议新闻学专业选择(9)

JOURN(新闻学) 4554 多媒体视觉编辑(3)

JOURN(新闻学) 4310 制作(3)

JOURN(新闻学) 4330 从默罗到摩尔:优秀的记者读什么(3)

JOURN(新闻学) 4116 管理和领导人员(1)

JOURN(新闻学) 4416 科学、健康和经济类报道(3)

JOURN(新闻学) 4418 批评性评论(3)

JOURN(新闻学) 4426 宗教报告与写作(3)

JOURN(新闻学) 4430 计算机辅助报道(3)

JOURN(新闻学) 4436 公共事务报道(调查性报道)(3)

JOURN(新闻学) 4438 商业和经济报道(3)

JOURN(新闻学) 4506 杂志设计(3)

JOURN(新闻学) 4508 信息图形(3)

JOURN(新闻学) 4510 视觉传播(3)

JOURN(新闻学) 4550 基础摄影和图像编辑(面向非摄影专业学生)(3)

JOURN(新闻学) 4650 国际问题报道(3)

JOURN(新闻学) 4700 参与式新闻(3)

JOURN(新闻学) 4716 女性与媒介(2)

JOURN(新闻学) 4720 互联网法(3)

JOURN(新闻学) 4726 新闻的创造力和创新性(3)

JOURN(新闻学) 4804 融合报道(3)

JOURN(新闻学) 4806 融合编辑与生产(3)

JOURN(新闻学) 4940 新闻业实践(3—6)

JOURN(新闻学) 4950 理解受众(3)

JOURN(新闻学) 4974 广播/电视的高级互联网应用(3)

JOURN(新闻学) 4976 广播/电视新闻研讨会(3)

JOURN(新闻学) 4978 媒介管理和领导(3)

建议非新闻学专业选择（10）

ANTHRO(人类学) 1000 基础人类学(3)

ANTHRO(人类学) 1060 人类语言(3)

ART_GNRL(艺术基础) 1020 艺术欣赏(3)

ART_GNRL(艺术基础) 1400 开启数码图像(1)

ART_GNRL(艺术基础) 2410 图形设计Ⅰ(3)

ART_HIST(历史) 2830 美国艺术和建筑(3)

ART_HIST(历史) 2850 视觉文化概论(3)

COMMUN(传播学) 1200 公共演讲(3)

COMMUN(传播学) 3441 非语言交流(3)

COMMUN(传播学) 3571 小组讨论—制作流程(3)

COMMUN(传播学) 3575 商业和专业传播(3)

ENGLSH(英语) 2510 创意写作：中级小说(3)

FINPLN(财政计划) 2183 个人和家庭财务(3)

GEOG(地理) 1100 世界上的地区和国家(3)

GEOG(地理) 2720 城市地理学(3)

HIST(历史) 1100 美国历史：到 1865 年(3)

HIST(历史) 1200 美国历史：从 1865 年开始(3)

HIST(历史) 1500 西方文明的建立(3)

HIST(历史) 1800 现代非洲的历史(3)

MANGMT(管理) 3000 管理原则(3)

MRKTNG(市场) 3000 营销原则(3)

MRKTNG(市场) 4050 市场研究(3)

MRKTNG(市场) 4220 消费者行为(3)

MUSIC_NM(音乐) 1211 音乐基础Ⅰ(2)

MUSIC_NM(音乐) 1310 西方音乐杰作(3)

MUSIC_NM(音乐) 1311 爵士、流行和摇滚(3)

PHIL(哲学) 1000 基础哲学概论(3)

PHIL(哲学) 1100 道德介绍(3)

PHIL(哲学) 1200 逻辑和推理(3)

PHIL(哲学) 4500 道德理论(3)

PHYSCS(物理) 1150 物理的概念，诗人的物理学(3)

POL_SC(政治社会) 1100 美国政府

POL_SC(政治社会) 3000 政治研究介绍(3)

PSYCH(心理学)(物理) 1000 基础心理学(3)

PSYCH(心理学)(物理) 2310 社会心理学(3)

REL_ST(宗教政策) 1100 宗教综述(3)

SOCIOL(社会学) 1000 社会学概论(3)

THEATR(戏剧) 1400 适用于非专业学生(3)

广播电视体育新闻（跨学科）

必修（6）

所有新闻学学生在高年级必须接受以下课程：

JOURN(新闻学) 3000 美国新闻史(3)

或

JOURN(新闻学) 4568 新闻摄影史(3)

JOURN(新闻学) 3000 或 JOURN(新闻学) 4568 必须在大三完成。

JOURN(新闻学) 4000 新闻法(3)

JOURN(新闻学) 4000 必须在大三完成。

必修类新闻课程（18）

JOURN(新闻学) 4300 广播新闻Ⅰ(3)

JOURN(新闻学) 4306 广播新闻Ⅱ(3)

JOURN(新闻学) 4308 广播新闻Ⅲ(3)

JOURN(新闻学) 4422 体育新闻(3)

JOURN(新闻学) 4814 多媒体体育新闻(3)

（**注：**想要在 KOMU－TV 进行体育报道的学生必须选修或者学习 JOURN〔新闻学〕 4308 广播新闻Ⅲ。）

选择以下顶点课程之一：

JOURN(新闻学) 4974 广播/电视新闻的高级互联网应用(3) **顶点课程** 或

JOURN(新闻学) 4976 广播/电视新闻研讨会(3) **顶点课程** 或

JOURN(新闻学) 4978 媒介管理和领导(3) **顶点课程**

建议新闻学专业选择（7）

JOURN(新闻学) 4814 多媒体体育新闻(3)

JOURN(新闻学) 4150 使用图表(1)

JOURN(新闻学) 4320 高级广播报道(3)

JOURN(新闻学) 4406 报纸编辑(3)

JOURN(新闻学) 4410 中级写作(3)

JOURN(新闻学) 4148 面试精要(1)

JOURN(新闻学) 4416 科学、健康和经济类报道(3)

JOURN(新闻学) 4436 调查性报道(3)

JOURN(新闻学) 4438 商业和经济类报道(3)

JOURN(新闻学) 4440 定制故事和图形(2)

JOURN(新闻学) 4508 信息图像(3)

JOURN(新闻学) 4510 视觉传播(3)

JOURN(新闻学) 4550 基础摄影和照片编辑(3)

JOURN(新闻学) 4950 理解受众(3)

JOURN(新闻学) 4700 参与式新闻(3)

JOURN(新闻学) 4718 法律和法庭(3)

JOURN(新闻学) 4728 对抗信息控制(3)

JOURN(新闻学) 4738 新闻中的语言、思想和行为(3)

JOURN(新闻学) 4940 新闻业实践(3—6)

JOURN(新闻学) 4986 高级写作(3)

建议非新闻学专业选择

P_R_TR(体育理论) 1080 体育管理概论(3)

P_R_TR(体育理论) 1081 体育设施设计(1)

P_R_TR(体育理论) 2082 国内和国际体育环境(1)

P_R_TR(体育理论) 2083 体育中的技术进步(1)

P_R_TR(体育理论) 2185 体育经济和金融(3)

P_R_TR(体育理论) 3281 体育商务(3)

P_R_TR(体育理论) 3282 体育和休闲中的政府和政策(3)

P_R_TR(体育理论) 4385 运动法(3)

HSP_MGMT(健康管理) 1505 体育场馆管理的基本原理(3)

HSP_MGMT(健康管理) 3510 客户服务管理：提供爱好者的经验(3)

HSP_MGMT(健康管理) 3515 体育场馆运营管理(3)

HSP_MGMT(健康管理) 4520 体育场馆管理业务(3)

HSP_MGMT(健康管理) 4525 体育场馆设计和风险管理(3)

广播电视新闻舆论监督（跨学科）

必修（6）

所有新闻学学生在高年级必须接受以下课程：

JOURN(新闻学) 3000 美国新闻史(3)

或

JOURN(新闻学) 4568 新闻摄影史(3)

JOURN(新闻学) 3000 或 JOURN(新闻学) 4568 必须在大三完成。

JOURN(新闻学) 4000 新闻法(3)

JOURN(新闻学) 4000 必须在大三完成。

必修类新闻课程（18）

JOURN(新闻学) 4430 计算机辅助报道(3)

JOURN(新闻学) 4436 调查性报告(3)

(**注：**想要在 KOMU - TV 进行体育报道的学生必须选修或者学习 JOURN〔新闻学〕 4308 广播新闻Ⅲ。)

JOURN(新闻学) 4300 广播新闻Ⅰ(3)

JOURN(新闻学) 4306 广播新闻Ⅱ(3)

JOURN(新闻学) 4308 广播新闻Ⅲ(3)

选择以下顶点课程之一：

JOURN(新闻学) 4974 广播/电视新闻的高级互联网应用(3)

JOURN(新闻学) 4976 广播/电视新闻研讨会(3)

JOURN(新闻学) 4978 媒介管理和领导(3)

建议新闻学专业选择(7)

JOURN(新闻学) 4150 使用图表(1)

JOURN(新闻学) 4330 从默罗到摩尔:优秀的记者读什么(3)

JOURN(新闻学) 4414 食物系统和环境的现场报道(3)

JOURN(新闻学) 4416 科学、健康和经济类写作(3)

JOURN(新闻学) 4426 宗教报道和写作(3)

JOURN(新闻学) 4438 商业和经济报道(3)

JOURN(新闻学) 4440 定制故事和图形(3)

JOURN(新闻学) 4508 信息图形(3)

JOURN(新闻学) 4510 视觉传播(3)

JOURN(新闻学) 4550 基础新闻摄影和照片编辑(3)

JOURN(新闻学) 4700 参与式新闻(3)

JOURN(新闻学) 4718 法律与法庭(3)

JOURN(新闻学) 4728 对抗新闻控制(3)

JOURN(新闻学) 4940 新闻业实践(3—6)

JOURN(新闻学) 4950 理解受众(3)

建议非新闻学专业选择

ACCTNY(会计) 2010 会计概论(3)

ACCTNY(会计) 2026 会计Ⅰ(3)

ECON(经济学) 3229 货币、银行和金融市场(3)

ECON(经济学) 4315 公共经济(3)

ECON(经济学) 4316 州和地方财政(3)

GEOG(地理) 2840 测绘科学概论(3)

GEOG(地理) 3840 计算机辅助地图制图(3)

GEOG(地理) 4840 地理信息系统Ⅰ(3)

IS_LT(信息服务与逻辑) 4357 互联网应用开发Ⅰ(3)

IS_LT(信息服务与逻辑) 4358 互联网应用开发Ⅱ(3)

IS_LT(信息服务与逻辑) 4359 数据库开发Ⅰ(3)

NAT_R(自然资源) 4325 地理信息系统导论(3)

POL_SC(政治社会) 2100 州政府(3)

POL_SC(政治社会) 2200 司法程序(3)

POL_SC(政治社会) 4000 政治科学统计概论(3)

POL_SC(政治社会) 4020 调查研究法(3)

POL_SC(政治社会) 4100 政党和选举活动(3)

POL_SC(政治社会) 4320 国家政策(3)

POL_SC(政治社会) 4330 政策分析(3)

科学和健康新闻（跨学科）

必修（6）

所有新闻学学生在高年级必须接受以下课程：

JOURN(新闻学) 3000 美国新闻史(3)或JOURN(新闻学) 4568 新闻摄影史(3)

JOURN(新闻学) 3000 或JOURN(新闻学) 4568必须在大三完成。

JOURN(新闻学) 4000 新闻法(3)

JOURN(新闻学) 4000必须在大三完成。

必修类新闻课程（14）

JOURN(新闻学) 4416 科学、健康和经济类写作(3)

JOURN(新闻学) 4428 健康类报道技巧(2或3)

选择其中之一：

JOURN(新闻学) 4450 报道(3) 或
JOURN(新闻学) 4804 融合报道(3)
选择其中之一:
JOURN(新闻学) 4406 新闻编辑(3) 或
JOURN(新闻学) 4460 高级报道(3) 或
JOURN(新闻学) 4806 融合编辑或生产(3)
选择其中之一:
JOURN(新闻学) 4990 新闻和民主政治(3) **顶点课程** 或
JOURN(新闻学) 4992 融合媒介下的报道、编辑和营销(3) **顶点课程**

建议新闻学专业选择(10—11)

JOURN(新闻学) 4410 中级写作(3)
JOURN(新闻学) 4414 食物系统和环境的现场报道(3)
JOURN(新闻学) 4430 计算机辅助报道(3)
JOURN(新闻学) 4436 调查性报道(3)
JOURN(新闻学) 4730 新闻和冲突(3)
JOURN(新闻学) 4940 新闻业实践(3—6)
JOURN(新闻学) 4950 理解受众(3)

建议非新闻学专业选择

AG_EC(农业环境) 2070 环境经济学和政策(3)
ATM_SC(气候) 1050 气象导论(3)
ATM_SC(气候) 3600 世界气候(3)
BIO_SC(生物学) 4978 癌症生物学(3)
ENGLSH(英语) 4045 修辞学(3)
ENV_SC(环境科学) 1000 环境科学概论(3)
ENV_SC(环境科学) 3290 土壤和环境(3)
F_S(食品安全) 1030 食品科学和营养学(3)

F_S(食品安全) 1040 葡萄种植和葡萄酒酿造学概论(1)

F_S(食品安全) 2131 乳制品评估(2)

F_S(食品安全) 2195 葡萄和葡萄酒的世界(3)

F_S(食品安全) 3190 出国留学：国际肉类、奶制品和葡萄酒酿造学(3)

F_S(食品安全) 3240 葡萄栽培原则Ⅰ(4)

F_W(食品利用) 3400 水质和自然资源管理(3)

HTH_PR(健康政策) 4300 美国的医疗保健(3)

HTH_PR(健康政策) 4310 医疗专业人员的卫生政策(1—3)

NAT_R(自然资源) 1060 生态学和生物资源保护(3)

NAT_R(自然资源) 1070 生态环境和可再生资源管理(3)

RU_SOC(革命和社会) 4370 环境和社会(3)

SOIL(土壤) 2100 土壤介绍(3)

体育新闻(跨学科)

必修(6)

所有新闻学学生在高年级必须接受以下课程：

JOURN(新闻学) 3000 美国新闻史(3)

或

JOURN(新闻学) 4568 新闻摄影史(3)

JOURN(新闻学) 3000 或 JOURN(新闻学) 4568 必须在大三完成。

JOURN(新闻学) 4000 新闻法(3)

JOURN(新闻学) 4000 必须在大三完成。

必修类新闻课程(15)

选择其中之一：

JOURN(新闻学) 4450 新闻报道(3)

JOURN(新闻学) 4804 融合报道(3)

选择其中之一：

JOURN(新闻学) 4460 高级新闻报道(3)

JOURN(新闻学) 4806 融合编辑和生产(3)

选择其中之一：

JOURN(新闻学) 4410 中级写作(3)

JOURN(新闻学) 4814 多媒体体育新闻(3)

必修

JOURN(新闻学) 4422 体育新闻(3)

选择以下顶点课程之一：

JOURN(新闻学) 4992 融合媒介下的报道、编辑和营销(3)

JOURN(新闻学) 4990 新闻和民主政治(3)

建议新闻学专业选择（10）

JOURN(新闻学) 4150 使用图表(1)

JOURN(新闻学) 4406 新闻编辑(3)

JOURN(新闻学) 4410 中级写作(3)

JOURN(新闻学) 4148 面试精要(1)

JOURN(新闻学) 4416 科学、健康和经济类报道(3)

JOURN(新闻学) 4436 调查性报道(3)

JOURN(新闻学) 4438 商业和经济报道(3)

JOURN(新闻学) 4440 定制故事和图像(2)

JOURN(新闻学) 4508 信息图形(3)

JOURN(新闻学) 4510 视觉传播(3)

JOURN(新闻学) 4550 基础摄影和照片编辑(3)

JOURN(新闻学) 4950 理解受众(3)

JOURN(新闻学) 4700 参与式新闻(3)

JOURN(新闻学) 4718 法律和法庭(3)

JOURN(新闻学) 4728 对抗信息控制(3)

JOURN(新闻学) 4738 思想、语言和新闻(3)

JOURN(新闻学) 4940 新闻业实践(3—6)

JOURN(新闻学) 4986 高级写作(3)

建议非新闻学专业选择

P_R_TR(体育理论) 1080 体育管理概论(3)

P_R_TR(体育理论) 1081 体育设施设计(1)

P_R_TR(体育理论) 2082 国内和国际体育环境(1)

P_R_TR(体育理论) 2083 体育中的技术进步(1)

P_R_TR(体育理论) 2185 体育经济和金融(3)

P_R_TR(体育理论) 3281 体育商务(3)

P_R_TR(体育理论) 3282 体育和休闲中的政府和政策(3)

P_R_TR(体育理论) 4385 运动法(3)

HSP_MGMT(健康管理) 1505 体育场馆管理的基本原理(3)

HSP_MGMT(健康管理) 3510 客户服务管理：提供爱好者的经验(3)

HSP_MGMT(健康管理) 3515 体育场馆运营管理(3)

HSP_MGMT(健康管理) 4520 体育场馆管理业务(3)

HSP_MGMT(健康管理) 4525 体育场馆设计和风险管理(3)

战略传播：账户管理

必修（6）

所有战略传播学学生在高年级必须接受以下课程：

JOURN(新闻学) 3000 美国新闻史(3)

或

JOURN(新闻学) 4568 新闻摄影史(3)

JOURN(新闻学) 3000 或 JOURN(新闻学) 4568 必须在大四完成。

和

JOURN(新闻学) 4000 新闻法(3)

JOURN(新闻学) 4000 必须在大四完成。

必修类新闻课程（12）

JOURN(新闻学) 4200 战略传播原理(3)

JOURN(新闻学) 4204 战略写作和设计导论(3)

JOURN(新闻学) 4952 战略传播研究Ⅰ(3)

顶点课程：

JOURN(新闻学) 4970 战略运动(3)

必修类非新闻学课程（6）

MRKTNG(市场) 3000 营销原理(3)

另一门营销选修课(3)

建议账户管理专业选择的新闻学课程（13）

JOURN(新闻学) 4218 Mojo 广告专业人员(3)

JOURN(新闻学) 4236 广告摄影(3)

JOURN(新闻学) 4248 媒介策略和策划(3)

JOURN(新闻学) 4250 战略传播管理(3)

JOURN(新闻学) 4256 公共关系(3)

JOURN(新闻学) 4262 交互式广告Ⅰ(3)

建议选择的战略传播课程

JOURN(新闻学) 4130 账户服务(1)

JOURN(新闻学) 4136 创作技法(1)

JOURN(新闻学) 4138 公共关系技术(1)

JOURN(新闻学) 4140 交互技术(1)

JOURN(新闻学) 4146 战略传播技术(1)

JOURN(新闻学) 4258 全球传播(3)

（**注：**不是所有的一小时课程都是每学期必需的。）

建议选择的新闻学课程

JOURN(新闻学) 4116 管理和领导人员(1)

JOURN(新闻学) 4126 记者的数字音频和视觉基础(1)

JOURN(新闻学) 4400 新闻编辑导论(2)

JOURN(新闻学) 4506 杂志设计(3)

JOURN(新闻学) 4510 视觉传播(3)

JOURN(新闻学) 4726 新闻业的创造力和创新(3)

JOURN(新闻学) 4940 新闻业实践(3—6)

(注：不是所有的一小时课程都是每学期必需的。)

建议非新闻学专业选择

ANTHRO(人类学) 1000 基础人类学(3)

ANTHRO(人类学)/ENGLSH(英语)/LINGST(英语/语言学) 1060 人类语言(3)

AR_H_A(人类艺术历史) 1110 古代和中世纪艺术(3)

AR_H_A(人类艺术历史) 2850 视觉文化概论(3)

ART_DRAW(艺术与绘画) 1050 绘画Ⅰ(3)

ART_GNRL(艺术基础) 1020 艺术欣赏(3)

ART_GRDN(艺术与图形) 1400 开启数码影像(1)

ART_GRDN(艺术与图形) 2410 图形设计Ⅰ(3)

COMMUN(传播学) 1200 公共演讲(3)

COMMUN(传播学) 3571 小组讨论—制作流程(3)

COMMUN(传播学) 3572 论证和主张(3)

COMMUN(传播学) 3575 商业和专业传播(3)

ENGLSH(英语) 1160 文学主题(3)

ENGLSH(英语) 1300 美国文学选读(3)

ENGLSH(英语) 1800 电影导论：从1945年开始(3)

ENGLSH(英语) 2140 20世纪文学(3)

ENGLSH(英语) 2150 流行文学(3)

ENGLSH(英语) 2510 创意写作：中级写作(3)

ENGLSH(英语) 2560/THEATR(戏剧) 2920 开始剧本编写(3)

FILM STUDIES(电影研究) 2520 电影生产导论(3)

FINPLN(财政计划) 2183 个人和家庭财务(3)

GEOG(地理) 1100 世界上的地区和国家Ⅰ(3)

GEOG(地理) 2720 城市地理学(3)

GN_HON(古代史) 2111H 人文：古代世界(3)

GN_HON(古代史) 2112H 中世纪和文艺复兴时期 (3)

GN_HON(古代史) 2113H 早期现代世界：17世纪到19世纪的启示(3)

GN_HON(古代史) 2114H 摩登时代(现代)(3)

HIST(历史) 1400 美国历史(5)

HIST(历史) 1500 西方文明的建立(3—4)

HIST(历史) 1510 现代欧洲史(3)

HIST(历史) 1800 现代非洲史(3)

HIST(历史) 1830 东亚历史调查(3)

HIST(历史) 1850 独立以来的拉丁美洲(3)

MRKTNG(市场) 4050 市场调查(3)

MRKTNG(市场) 4220 消费者行为(3)

MUSIC_NM(音乐) 1211 音乐基础Ⅰ(2)

MUSIC_NM(音乐) 1310 西方音乐杰作(3)

MUSIC_NM(音乐) 1311 爵士乐、流行和摇滚(3)

PHIL(哲学) 1000 基础哲学概论(3)

PHIL(哲学) 1200 逻辑和推理(3)

PHIL(哲学) 2300 哲学和人类本性(3)

PHIL(哲学) 2420 商业中的道德问题(3)

PSYCH(心理学) 1000 普通心理学(3)

PSYCH(心理学) 2310 社会心理学(3)

PHYSCS(物理学) 1100 科学和发明(1)

PHYSCS(物理学) 1150 物理的概念,诗人的物理(3)

REL_ST(宗教政策) 1100 宗教导论(3)

SOCIOL(社会学) 1000 社会学概论(1—3)

THEATR(戏剧) 1100 社会中的剧院(3)

THEATR(戏剧) 1400 适用于非专业学生(3)

THEATR(戏剧) 2800 脚本分析原理(3)

战略传播：艺术指导

必修（6）

所有战略传播学学生在高年级必须接受以下课程：

JOURN(新闻学) 3000 美国新闻史(3)

或

JOURN(新闻学) 4568 新闻摄影史(3)

JOURN(新闻学) 3000 或 JOURN(新闻学) 4568 必须在大四完成。

JOURN(新闻学) 4000 新闻法(3)

JOURN(新闻学) 4000 必须在大四完成。

必修类新闻课程（12）

JOURN(新闻学) 4200 战略传播原理(3)

JOURN(新闻学) 4204 战略写作和设计导论(3)

JOURN(新闻学) 4952 战略传播研究Ⅰ(3)

顶点课程：

JOURN(新闻学) 4970 战略运动(3)

必修类非新闻学课程（6）

MRKTNG(市场) 3000 营销原理(3)

另一门营销选修课(3)

建议艺术指导专业选择的新闻学课程（13）

JOURN(新闻学) 4218 Mojo 广告专业人员(3)

JOURN(新闻学) 4236 广告摄影(3)

JOURN(新闻学) 4248 媒介策略和策划(3)

JOURN(新闻学) 4250 战略传播管理(3)

JOURN(新闻学) 4256 公共关系(3)

JOURN(新闻学) 4262 交互式广告Ⅰ(3)

建议选择的战略传播课程

JOURN(新闻学) 4130 账户服务(1)

JOURN(新闻学) 4136 创作技法(1)

JOURN(新闻学) 4138 公共关系技术(1)

JOURN(新闻学) 4140 交互技术(1)

JOURN(新闻学) 4146 战略传播技术(1)

JOURN(新闻学) 4258 全球传播(3)

（**注：**不是所有的一小时课程都是每学期必需的。）

建议选择的新闻学课程

JOURN(新闻学) 4116 管理和领导人员(1)

JOURN(新闻学) 4126 记者的数字音频和视觉基础(1)

JOURN(新闻学) 4400 新闻编辑导论(2)

JOURN(新闻学) 4506 杂志设计(3)

JOURN(新闻学) 4510 视觉传播(3)

JOURN(新闻学) 4726 新闻业的创造力和创新(3)

JOURN(新闻学) 4940 新闻业实践(3—6)

(注：不是所有的一小时课程都是每学期必需的。)

建议非新闻学专业选择

ANTHRO(人类学) 1000 基础人类学(3)

ANTHRO(人类学)/ENGLSH(英语)/LINGST(英语/语言学) 1060 人类语言(3)

AR_H_A(人类艺术历史) 1110 古代和中世纪艺术(3)

AR_H_A(人类艺术历史) 2850 视觉文化概论(3)

ART_DRAW(艺术与绘画) 1050 绘画Ⅰ(3)

ART_GNRL(艺术基础) 1020 艺术欣赏(3)

ART_GRDN(艺术与图形) 1400 开启数码影像(1)

ART_GRDN(艺术与图形) 2410 图形设计Ⅰ(3)

COMMUN(传播学) 1200 公共演讲(3)

COMMUN(传播学) 3571 小组讨论—制作流程(3)

COMMUN(传播学) 3572 论证和主张(3)

COMMUN(传播学) 3575 商业和专业传播(3)

ENGLSH(英语) 1160 文学主题(3)

ENGLSH(英语) 1300 美国文学选读(3)

ENGLSH(英语) 1800 电影导论：从1945年开始(3)

ENGLSH(英语) 2140 20世纪文学(3)

ENGLSH(英语) 2150 流行文学(3)

ENGLSH(英语) 2510 创意写作：中级写作(3)

ENGLSH(英语)2560/THEATR(戏剧) 2920 开始剧本编写(3)

FILM STUDIES(电影研究) 2520 电影生产导论(3)

FINPLN(财政计划) 2183 个人和家庭财务(3)

GEOG(地理) 1100 世界上的地区和国家Ⅰ(3)

GEOG(地理) 2720 城市地理学(3)

GN_HON(古代史) 2111H 人文：古代世界(3)

GN_HON(古代史) 2112H 中世纪和文艺复兴时期(3)

GN_HON(古代史) 2113H 早期现代世界：17 世纪到 19 世纪的启示(3)

GN_HON(古代史) 2114H 摩登时代(现代)(3)

HIST(历史) 1400 美国历史(5)

HIST(历史) 1500 西方文明的建立(3—4)

HIST(历史) 1510 现代欧洲史(3)

HIST(历史) 1800 现代非洲史(3)

HIST(历史) 1830 东亚历史调查(3)

HIST(历史) 1850 独立以来的拉丁美洲(3)

MRKTNG(市场) 4050 市场调查(3)

MRKTNG(市场) 4220 消费者行为(3)

MUSIC_NM(音乐) 1211 音乐基础Ⅰ(2)

MUSIC_NM(音乐) 1310 西方音乐杰作(3)

MUSIC_NM(音乐) 1311 爵士乐、流行和摇滚(3)

PHIL(哲学) 1000 基础哲学概论(3)

PHIL(哲学) 1200 逻辑和推理(3)

PHIL(哲学) 2300 哲学和人类本性(3)

PHIL(哲学) 2420 商业中的道德问题(3)

PSYCH(心理学) 1000 普通心理学(3)

PSYCH(心理学) 2310 社会心理学(3)

PHYSCS(物理) 1100 科学和发明(1)

PHYSCS(物理) 1150 物理的概念,诗人的物理(3)

REL_ST(宗教政策) 1100 宗教导论(3)

SOCIOL(社会学) 1000 社会学概论(1—3)

THEATR(戏剧) 1100 社会中的剧院(3)

THEATR(戏剧) 1400 适用于非专业学生(3)

THEATR(戏剧) 2800 脚本分析原理(3)

战略传播：文案

必修（6）

所有战略传播学学生在高年级必须接受以下课程：

JOURN(新闻学) 3000 美国新闻史(3)

或

JOURN(新闻学) 4568 新闻摄影史(3)

JOURN(新闻学) 3000 或 JOURN(新闻学) 4568 必须在大四完成。

和

JOURN(新闻学) 4000 新闻法(3)

JOURN(新闻学) 4000 必须在大四完成。

必修类新闻课程（12）

JOURN(新闻学) 4200 战略传播原理(3)

JOURN(新闻学) 4204 战略写作和设计导论(3)

JOURN(新闻学) 4952 战略传播研究Ⅰ(3)

顶点课程：

JOURN(新闻学) 4970 战略运动(3)

必修类非新闻学课程（6）

MRKTNG(市场) 3000 营销原理(3)

另一门营销选修课(3)

建议文案专业选择的新闻学课程（13）

JOURN(新闻学) 4208 写作技巧Ⅱ(3)

JOURN(新闻学) 4218 Mojo 广告专业人员(3)

JOURN(新闻学) 4236 广告摄影(3)

JOURN(新闻学) 4236 广告心理学(3)

JOURN(新闻学) 4262 交互式广告Ⅰ(3)

建议战略传播学选择

JOURN(新闻学) 4130 账户服务(1)

JOURN(新闻学) 4136 创作技法(1)

JOURN(新闻学) 4138 公关技能(1)

JOURN(新闻学) 4140 交互技术(1)

JOURN(新闻学) 4146 战略沟通技巧(1)

JOURN(新闻学) 4258 全球传播(3)

(注：不是所有的一小时课程都是每学期必需的。)

建议选择的新闻学课程

JOURN(新闻学) 4116 管理和领导人员(1)

JOURN(新闻学) 4126 记者的数字音频和视觉基础(1)

JOURN(新闻学) 4400 新闻编辑导论(2)

JOURN(新闻学) 4506 杂志设计(3)

JOURN(新闻学) 4510 视觉传播(3)

JOURN(新闻学) 4726 新闻业的创造力和创新(3)

JOURN(新闻学) 4940 新闻业实践(3—6)

(注：不是所有的一小时课程都是每学期必需的。)

建议非新闻学专业选择

ANTHRO(人类学) 1000 基础人类学(3)

ANTHRO(人类学)/ENGLSH(英语)/LINGST(英语/语言学) 1060

人类语言(3)

AR_H_A(人类艺术历史) 1110 古代和中世纪艺术(3)

AR_H_A(人类艺术历史) 2850 视觉文化概论(3)

ART_DRAW(艺术与绘画) 1050 绘画Ⅰ(3)

ART_GNRL(艺术基础) 1020 艺术欣赏(3)

ART_GRDN(艺术与图形) 1400 开启数码影像(1)

ART_GRDN(艺术与图形) 2410 图形设计Ⅰ(3)

COMMUN(传播学) 1200 公共演讲(3)

COMMUN(传播学) 3571 小组讨论—制作流程(3)

COMMUN(传播学) 3572 论证和主张(3)

COMMUN(传播学) 3575 商业和专业传播(3)

ENGLSH(英语) 1160 文学主题(3)

ENGLSH(英语) 1300 美国文学选读(3)

ENGLSH(英语) 1800 电影导论：从 1945 年开始(3)

ENGLSH(英语) 2140 20 世纪文学(3)

ENGLSH(英语) 2150 流行文学(3)

ENGLSH(英语) 2510 创意写作：中级写作(3)

ENGLSH(英语)2560/THEATR(戏剧) 2920 开始剧本编写(3)

FILM STUDIES(电影研究) 2520 电影生产导论(3)

FINPLN(财政计划) 2183 个人和家庭财务(3)

GEOG(地理) 1100 世界上的地区和国家Ⅰ(3)

GEOG(地理) 2720 城市地理学(3)

GN_HON(古代史) 2111H 人文：古代世界(3)

GN_HON(古代史) 2112H 中世纪和文艺复兴时期(3)

GN_HON(古代史) 2113H 早期现代世界：17 世纪到 19 世纪的启示(3)

GN_HON(古代史) 2114H 摩登时代(现代)(3)

HIST(历史) 1400 美国历史(5)

HIST(历史) 1500 西方文明的建立(3—4)

HIST(历史) 1510 现代欧洲史(3)

HIST(历史) 1800 现代非洲史(3)

HIST(历史) 1830 东亚历史调查(3)

HIST(历史) 1850 独立以来的拉丁美洲(3)

MRKTNG(市场) 4050 市场调查(3)

MRKTNG(市场) 4220 消费者行为(3)

MUSIC_NM(音乐) 1211 音乐基础Ⅰ(2)

MUSIC_NM(音乐) 1310 西方音乐杰作(3)

MUSIC_NM(音乐) 1311 爵士乐、流行和摇滚(3)

PHIL(哲学) 1000 基础哲学概论(3)

PHIL(哲学) 1200 逻辑和推理(3)

PHIL(哲学) 2300 哲学和人类本性(3)

PHIL(哲学) 2420 商业中的道德问题(3)

PSYCH(心理学) 1000 普通心理学(3)

PSYCH(心理学) 2310 社会心理学(3)

PHYSCS(物理) 1100 科学和发明(1)

PHYSCS(物理) 1150 物理的概念,诗人的物理(3)

REL_ST(宗教政策) 1100 宗教导论(3)

SOCIOL(社会学) 1000 社会学概论(1—3)

THEATR(戏剧) 1100 社会中的剧院(3)

THEATR(戏剧) 1400 适用于非专业学生(3)

THEATR(戏剧) 2800 脚本分析原理(3)

战略传播：互动

必修（6）

所有战略传播学学生在高年级必须接受以下课程：

JOURN(新闻学) 3000 美国新闻史(3)

或

JOURN(新闻学) 4568 新闻摄影史(3)

JOURN(新闻学) 3000 或 JOURN(新闻学) 4568 必须在大四完成。

JOURN(新闻学) 4000 新闻法(3)

JOURN(新闻学) 4000 必须在大四完成。

必修类新闻课程（12）

JOURN(新闻学) 4200 战略传播原理(3)

JOURN(新闻学) 4204 战略写作和设计导论(3)

JOURN(新闻学) 4952 战略传播研究(3)

顶点课程：

JOURN(新闻学) 4970 战略运动(3)

必修类非新闻学课程（6）

MRKTNG(市场) 3000 营销原理(3)

另一门营销选修课(3)

建议互动专业选择的新闻学课程（13）

JOURN(新闻学) 4218 Mojo 广告专业人员(3)

JOURN(新闻学) 4236 广告摄影(3)

JOURN(新闻学) 4248 媒介策略和策划(3)

JOURN(新闻学) 4250 战略传播管理(3)

JOURN(新闻学) 4256 公共关系(3)

JOURN(新闻学) 4262 交互式广告Ⅰ(3)

建议选择的战略传播课程

JOURN(新闻学) 4130 账户服务(1)

JOURN(新闻学) 4136 创作技法(1)

JOURN(新闻学) 4138 公共关系技术(1)

JOURN(新闻学) 4140 交互技术(1)

JOURN(新闻学) 4146 战略传播技术(1)

JOURN(新闻学) 4258 全球传播(3)

(注:不是所有的一小时课程都是每学期必需的。)

建议选择的新闻学课程

JOURN(新闻学) 4116 管理和领导人员(1)

JOURN(新闻学) 4126 记者的数字音频和视觉基础(1)

JOURN(新闻学) 4400 新闻编辑导论(2)

JOURN(新闻学) 4506 杂志设计(3)

JOURN(新闻学) 4510 视觉传播(3)

JOURN(新闻学) 4726 新闻业的创造力和创新(3)

JOURN(新闻学) 4940 新闻业实践(3—6)

(注:不是所有的一小时课程都是每学期必需的。)

建议非新闻学专业选择

ANTHRO(人类学) 1000 基础人类学(3)

ANTHRO(人类学)/ENGLSH(英语)/LINGST(英语/语言学) 1060 人类语言(3)

AR_H_A(人类艺术历史) 1110 古代和中世纪艺术(3)

AR_H_A(人类艺术历史) 2850 视觉文化概论(3)

ART_DRAW(艺术与绘画) 1050 绘画Ⅰ(3)

ART_GNRL(艺术基础) 1020 艺术欣赏(3)

ART_GRDN(艺术与图形) 1400 开启数码影像(1)

ART_GRDN(艺术与图形) 2410 图形设计Ⅰ(3)

COMMUN(传播学) 1200 公共演讲(3)

COMMUN(传播学) 3571 小组讨论—制作流程(3)

COMMUN(传播学) 3572 论证和主张(3)

COMMUN(传播学) 3575 商业和专业传播(3)

ENGLSH(英语) 1160 文学主题(3)

ENGLSH(英语) 1300 美国文学选读(3)

ENGLSH(英语) 1800 电影导论：从1945年开始(3)

ENGLSH(英语) 2140 20世纪文学(3)

ENGLSH(英语) 2150 流行文学(3)

ENGLSH(英语) 2510 创意写作：中级写作(3)

ENGLSH(英语)2560/THEATR(戏剧) 2920 开始剧本编写(3)

FILM STUDIES(电影研究)2520 电影生产导论(3)

FINPLN(财政计划) 2183 个人和家庭财务(3)

GEOG(地理) 1100 世界上的地区和国家Ⅰ(3)

GEOG(地理) 2720 城市地理学(3)

GN_HON(古代史) 2111H 人文：古代世界(3)

GN_HON(古代史) 2112H 中世纪和文艺复兴时期(3)

GN_HON(古代史) 2113H 早期现代世界：17世纪到19世纪的启示(3)

GN_HON(古代史) 2114H 摩登时代(现代)(3)

HIST(历史) 1400 美国历史(5)

HIST(历史) 1500 西方文明的建立(3—4)

HIST(历史) 1510 现代欧洲史(3)

HIST(历史) 1800 现代非洲史(3)

HIST(历史) 1830 东亚历史调查(3)

HIST(历史) 1850 独立以来的拉丁美洲(3)

MRKTNG(市场) 4050 市场调查(3)

MRKTNG(市场) 4220 消费者行为(3)

MUSIC_NM(音乐) 1211 音乐基础Ⅰ(2)

MUSIC_NM(音乐) 1310 西方音乐杰作(3)

MUSIC_NM(音乐) 1311 爵士乐、流行和摇滚(3)

PHIL(哲学) 1000 基础哲学概论(3)

PHIL(哲学) 1200 逻辑和推理(3)

PHIL(哲学) 2300 哲学和人类本性(3)

PHIL(哲学) 2420 商业中的道德问题(3)

PSYCH(心理学) 1000 普通心理学(3)

PSYCH(心理学) 2310 社会心理学(3)

PHYSCS(物理) 1100 科学和发明(1)

PHYSCS(物理) 1150 物理的概念,诗人的物理(3)

REL_ST(宗教政策) 1100 宗教导论(3)

SOCIOL(社会学) 1000 社会学概论(1—3)

THEATR(戏剧) 1100 社会中的剧院(3)

THEATR(戏剧) 1400 适用于非专业学生(3)

THEATR(戏剧) 2800 脚本分析原理(3)

战略传播：媒体策划

必修（6）

所有战略传播学学生在高年级必须接受以下课程：

JOURN(新闻学) 3000 美国新闻史(3)

或

JOURN(新闻学) 4568 新闻摄影史(3)

JOURN(新闻学) 3000 或 JOURN(新闻学) 4568 必须在大四完成。

和

JOURN(新闻学) 4000 新闻法(3)

JOURN(新闻学) 4000 必须在大四完成。

必修类新闻课程（12）

JOURN(新闻学) 4200 战略传播原理(3)

JOURN(新闻学) 4204 战略写作和设计导论(3)

JOURN(新闻学) 4952 战略传播研究Ⅰ(3)

顶点课程:

JOURN(新闻学) 4970 战略运动(3)

必修类非新闻学课程（6）

MRKTNG(市场) 3000 营销原理(3)

另一门营销选修课(3)

建议媒体策划专业选择的新闻学课程（13）

JOURN(新闻学) 4216 媒体销售(3)

JOURN(新闻学) 4218 Mojo 广告专业人员(3)

JOURN(新闻学) 4236 广告摄影(3)

JOURN(新闻学) 4248 媒介策略和策划(3)

JOURN(新闻学) 4262 交互式广告Ⅰ(3)

建议选择的战略传播课程

JOURN(新闻学) 4130 账户服务(1)

JOURN(新闻学) 4136 创作技法(1)

JOURN(新闻学) 4138 公共关系技术(1)

JOURN(新闻学) 4140 交互技术(1)

JOURN(新闻学) 4146 战略传播技术(1)

JOURN(新闻学) 4258 全球传播(3)

(**注:** 不是所有的一小时课程都是每学期必需的。)

建议选择的新闻学课程

JOURN(新闻学) 4116 管理和领导人员(1)

JOURN(新闻学) 4126 记者的数字音频和视觉基础(1)

JOURN(新闻学) 4400 新闻编辑导论(2)

JOURN(新闻学) 4506 杂志设计(3)

JOURN(新闻学) 4510 视觉传播(3)

JOURN(新闻学) 4726 新闻业的创造力和创新(3)

JOURN(新闻学) 4940 新闻业实践(3—6)

(注：不是所有的一小时课程都是每学期必需的。)

建议非新闻学专业选择

ANTHRO(人类学) 1000 基础人类学(3)

ANTHRO(人类学)/ENGLSH(英语)/LINGST(英语/语言学) 1060 人类语言(3)

AR_H_A(人类艺术历史) 1110 古代和中世纪艺术(3)

AR_H_A(人类艺术历史) 2850 视觉文化概论(3)

ART_DRAW(艺术与绘画) 1050 绘画Ⅰ(3)

ART_GNRL(艺术基础) 1020 艺术欣赏(3)

ART_GRDN(艺术与图形) 1400 开启数码影像(1)

ART_GRDN(艺术与图形) 2410 图形设计Ⅰ(3)

COMMUN(传播学) 1200 公共演讲(3)

COMMUN(传播学) 3571 小组讨论—制作流程(3)

COMMUN(传播学) 3572 论证和主张(3)

COMMUN(传播学) 3575 商业和专业传播(3)

ENGLSH(英语) 1160 文学主题(3)

ENGLSH(英语) 1300 美国文学选读(3)

ENGLSH(英语) 1800 电影导论：从1945年开始(3)

ENGLSH(英语) 2140 20世纪文学(3)

ENGLSH(英语) 2150 流行文学(3)

ENGLSH(英语) 2510 创意写作：中级写作(3)

ENGLSH(英语)2560/THEATR(戏剧) 2920 开始剧本编写(3)

FILM STUDIES(电影研究) 2520 电影生产导论(3)

FINPLN(财政计划) 2183 个人和家庭财务(3)

GEOG(地理) 1100 世界上的地区和国家Ⅰ(3)

GEOG(地理) 2720 城市地理学(3)

GN_HON(古代史) 2111H 人文：古代世界(3)

GN_HON(古代史) 2112H 中世纪和文艺复兴时期(3)

GN_HON(古代史) 2113H 早期现代世界：17世纪到19世纪的启示(3)

GN_HON(古代史) 2114H 摩登时代(现代)(3)

HIST(历史) 1400 美国历史(5)

HIST(历史) 1500 西方文明的建立(3—4)

HIST(历史) 1510 现代欧洲史(3)

HIST(历史) 1800 现代非洲史(3)

HIST(历史) 1830 东亚历史调查(3)

HIST(历史) 1850 独立以来的拉丁美洲(3)

MRKTNG(市场) 4050 市场调查(3)

MRKTNG(市场) 4220 消费者行为(3)

MUSIC_NM(音乐) 1211 音乐基础Ⅰ(2)

MUSIC_NM(音乐) 1310 西方音乐杰作(3)

MUSIC_NM(音乐) 1311 爵士乐、流行和摇滚(3)

PHIL(哲学) 1000 基础哲学概论(3)

PHIL(哲学) 1200 逻辑和推理(3)

PHIL(哲学) 2300 哲学和人类本性(3)

PHIL(哲学) 2420 商业中的道德问题(3)

PSYCH(心理学) 1000 普通心理学(3)

PSYCH(心理学) 2310 社会心理学(3)

PHYSCS(物理) 1100 科学和发明(1)

PHYSCS(物理) 1150 物理的概念,诗人的物理(3)

REL_ST(宗教政策) 1100 宗教导论(3)

SOCIOL(社会学) 1000 社会学概论(1—3)

THEATR(戏剧) 1100 社会中的剧院(3)

THEATR(戏剧) 1400 适用于非专业学生(3)

THEATR(戏剧) 2800 脚本分析原理(3)

战略传播：公共关系

必修(6)

所有战略传播学学生在高年级必须接受以下课程：

JOURN(新闻学) 3000 美国新闻史(3)

或

JOURN(新闻学) 4568 新闻摄影史(3)

JOURN(新闻学) 3000 或 JOURN(新闻学) 4568 必须在大四完成。

和

JOURN(新闻学) 4000 新闻法(3)

JOURN(新闻学) 4000 必须在大四完成。

必修类新闻课程(12)

JOURN(新闻学) 4200 战略传播原理(3)

JOURN(新闻学) 4204 战略写作和设计导论(3)

JOURN(新闻学) 4952 战略传播研究Ⅰ(3)

顶点课程：

JOURN(新闻学) 4970 战略运动(3)

必修类非新闻学课程（6）

MRKTNG(市场) 3000 营销原理(3)

另一门营销选修课(3)

建议公共关系专业选择的新闻学课程（13）

JOURN(新闻学) 4218 Mojo 广告专业人员(3)

JOURN(新闻学) 4236 广告摄影(3)

JOURN(新闻学) 4248 媒介策略和策划(3)

JOURN(新闻学) 4256 公共关系(3)

JOURN(新闻学) 4262 交互式广告Ⅰ(3)

JOURN(新闻学) 4270 公共关系写作(3)

建议选择的战略传播课程

JOURN(新闻学) 4130 账户服务(1)

JOURN(新闻学) 4136 创作技法(1)

JOURN(新闻学) 4138 公共关系技术(1)

JOURN(新闻学) 4140 交互技术(1)

JOURN(新闻学) 4146 战略传播技术(1)

JOURN(新闻学) 4258 全球传播(3)

(**注：**不是所有的一小时课程都是每学期必需的。)

建议选择的新闻学课程

JOURN(新闻学) 4116 管理和领导人员(1)

JOURN(新闻学) 4126 记者的数字音频和视觉基础(1)

JOURN(新闻学) 4400 新闻编辑导论(2)

JOURN(新闻学) 4506 杂志设计(3)

JOURN(新闻学) 4510 视觉传播(3)

JOURN(新闻学) 4726 新闻业的创造力和创新(3)

JOURN(新闻学) 4940 新闻业实践(3—6)

(注：不是所有的一小时课程都是每学期必需的。)

建议非新闻学专业选择

ANTHRO(人类学) 1000 基础人类学(3)

ANTHRO(人类学)/ENGLSH(英语)/LINGST(英语/语言学) 1060 人类语言(3)

AR_H_A(人类艺术历史) 1110 古代和中世纪艺术(3)

AR_H_A(人类艺术历史) 2850 视觉文化概论(3)

ART_DRAW(艺术与绘画) 1050 绘画Ⅰ(3)

ART_GNRL(艺术基础) 1020 艺术欣赏(3)

ART_GRDN(艺术与图形) 1400 开启数码影像(1)

ART_GRDN(艺术与图形) 2410 图形设计Ⅰ(3)

COMMUN(传播学) 1200 公共演讲(3)

COMMUN(传播学) 3571 小组讨论—制作流程(3)

COMMUN(传播学) 3572 论证和主张(3)

COMMUN(传播学) 3575 商业和专业传播(3)

ENGLSH(英语) 1160 文学主题(3)

ENGLSH(英语) 1300 美国文学选读(3)

ENGLSH(英语) 1800 电影导论：从1945年开始(3)

ENGLSH(英语) 2140 20世纪文学(3)

ENGLSH(英语) 2150 流行文学(3)

ENGLSH(英语) 2510 创意写作：中级写作(3)

ENGLSH(英语)2560/THEATR(戏剧) 2920 开始剧本编写(3)

FILM STUDIES(电影研究) 2520 电影生产导论(3)

FINPLN(财政计划) 2183 个人和家庭财务(3)

GEOG(地理) 1100 世界上的地区和国家Ⅰ(3)

GEOG(地理) 2720 城市地理学(3)

GN_HON(古代史) 2111H 人文：古代世界(3)

GN_HON(古代史) 2112H 中世纪和文艺复兴时期(3)

GN_HON(古代史) 2113H 早期现代世界：17世纪到19世纪的启示(3)

GN_HON(古代史) 2114H 摩登时代(现代)(3)

HIST(历史) 1400 美国历史(5)

HIST(历史) 1500 西方文明的建立(3—4)

HIST(历史) 1510 现代欧洲史(3)

HIST(历史) 1800 现代非洲史(3)

HIST(历史) 1830 东亚历史调查(3)

HIST(历史) 1850 独立以来的拉丁美洲(3)

MRKTNG(市场) 4050 市场调查(3)

MRKTNG(市场) 4220 消费者行为(3)

MUSIC_NM(音乐) 1211 音乐基础Ⅰ(2)

MUSIC_NM(音乐) 1310 西方音乐杰作(3)

MUSIC_NM(音乐) 1311 爵士乐、流行和摇滚(3)

PHIL(哲学) 1000 基础哲学概论(3)

PHIL(哲学) 1200 逻辑和推理(3)

PHIL(哲学) 2300 哲学和人类本性(3)

PHIL(哲学) 2420 商业中的道德问题(3)

PSYCH(心理学) 1000 普通心理学(3)

PSYCH(心理学) 2310 社会心理学(3)

PHYSCS(物理) 1100 科学和发明(1)

PHYSCS(物理) 1150 物理的概念，诗人的物理(3)

REL_ST(宗教政策) 1100 宗教导论(3)

SOCIOL(社会学) 1000 社会学概论(1—3)

THEATR(戏剧) 1100 社会中的剧院(3)

THEATR(戏剧) 1400 适用于非专业学生(3)

THEATR(戏剧) 2800 脚本分析原理(3)

战略传播：调查

必修（6）

所有战略传播学学生在高年级必须接受以下课程：

JOURN(新闻学) 3000 美国新闻史(3)

或

JOURN(新闻学) 4568 新闻摄影史(3)

JOURN(新闻学) 3000 或 JOURN(新闻学) 4568 必须在大四完成。

和

JOURN(新闻学) 4000 新闻法(3)

JOURN(新闻学) 4000 必须在大四完成。

必修类新闻课程（12）

JOURN(新闻学) 4200 战略传播原理(3)

JOURN(新闻学) 4204 战略写作和设计导论(3)

JOURN(新闻学) 4952 战略传播研究Ⅰ(3)

顶点课程：

JOURN(新闻学) 4970 战略运动(3)

必修类非新闻学课程（6）

MRKTNG(市场) 3000 营销原理(3)

另一门营销选修课(3)

建议公共关系专业选择的新闻学课程（13）

JOURN(新闻学) 4218 Mojo 广告专业人员(3)

JOURN(新闻学) 4236 广告摄影(3)

JOURN(新闻学) 4250 战略传播管理(3)

JOURN(新闻学) 4262 交互式广告Ⅰ(3)

建议选择的战略传播课程

JOURN(新闻学) 4130 账户服务(1)

JOURN(新闻学) 4136 创作技法(1)

JOURN(新闻学) 4138 公共关系技术(1)

JOURN(新闻学) 4140 交互技术(1)

JOURN(新闻学) 4146 战略传播技术(1)

JOURN(新闻学) 4258 全球传播(3)

(**注**：不是所有的一小时课程都是每学期必需的。)

建议选择的新闻学课程

JOURN(新闻学) 4116 管理和领导人员(1)

JOURN(新闻学) 4126 记者的数字音频和视觉基础(1)

JOURN(新闻学) 4400 新闻编辑导论(2)

JOURN(新闻学) 4506 杂志设计(3)

JOURN(新闻学) 4510 视觉传播(3)

JOURN(新闻学) 4726 新闻业的创造力和创新(3)

JOURN(新闻学) 4940 新闻业实践(3—6)

(**注**：不是所有的一小时课程都是每学期必需的。)

建议非新闻学专业选择

ANTHRO(人类学) 1000 基础人类学(3)

ANTHRO(人类学)/ENGLSH(英语)/LINGST(英语/语言学) 1060 人类语言(3)

AR_H_A(人类艺术历史) 1110 古代和中世纪艺术(3)

AR_H_A(人类艺术历史) 2850 视觉文化概论(3)

ART_DRAW(艺术与绘画) 1050 绘画Ⅰ(3)

ART_GNRL(艺术基础) 1020 艺术欣赏(3)

ART_GRDN(艺术与图形) 1400 开启数码影像(1)

ART_GRDN(艺术与图形) 2410 图形设计Ⅰ(3)

COMMUN(传播学) 1200 公共演讲(3)

COMMUN(传播学) 3571 小组讨论—制作流程(3)

COMMUN(传播学) 3572 论证和主张(3)

COMMUN(传播学) 3575 商业和专业传播(3)

ENGLSH(英语) 1160 文学主题(3)

ENGLSH(英语) 1300 美国文学选读(3)

ENGLSH(英语) 1800 电影导论：从1945年开始(3)

ENGLSH(英语) 2140 20世纪文学(3)

ENGLSH(英语) 2150 流行文学(3)

ENGLSH(英语) 2510 创意写作：中级写作(3)

ENGLSH(英语)2560/THEATR(戏剧) 2920 开始剧本编写(3)

FILM STUDIES(电影研究) 2520 电影生产导论(3)

FINPLN(财政计划) 2183 个人和家庭财务(3)

GEOG(地理) 1100 世界上的地区和国家Ⅰ(3)

GEOG(地理) 2720 城市地理学(3)

GN_HON(古代史) 2111H 人文：古代世界(3)

GN_HON(古代史) 2112H 中世纪和文艺复兴时期(3)

GN_HON(古代史) 2113H 早期现代世界：17世纪到19世纪的启示(3)

GN_HON(古代史) 2114H 摩登时代(现代)(3)

HIST(历史) 1400 美国历史(5)

HIST(历史) 1500 西方文明的建立(3—4)

HIST(历史) 1510 现代欧洲史(3)

HIST(历史) 1800 现代非洲史(3)

HIST(历史) 1830 东亚历史调查(3)

HIST(历史) 1850 独立以来的拉丁美洲(3)

MRKTNG(市场) 4050 市场调查(3)

MRKTNG(市场) 4220 消费者行为(3)

MUSIC_NM(音乐) 1211 音乐基础Ⅰ(2)

MUSIC_NM(音乐) 1310 西方音乐杰作(3)

MUSIC_NM(音乐) 1311 爵士乐、流行和摇滚(3)

PHIL(哲学) 1000 基础哲学概论(3)

PHIL(哲学) 1200 逻辑和推理(3)

PHIL(哲学) 2300 哲学和人类本性(3)

PHIL(哲学) 2420 商业中的道德问题(3)

PSYCH(心理学) 1000 普通心理学(3)

PSYCH(心理学) 2310 社会心理学(3)

PHYSCS(物理) 1100 科学和发明(1)

PHYSCS(物理) 1150 物理的概念,诗人的物理(3)

REL_ST(宗教政策) 1100 宗教导论(3)

SOCIOL(社会学) 1000 社会学概论(1—3)

THEATR(戏剧) 1100 社会中的剧院(3)

THEATR(戏剧) 1400 适用于非专业学生(3)

THEATR(戏剧) 2800 脚本分析原理(3)

视觉编辑和管理

必修(6)

所有新闻学学生在高年级必须接受以下课程:

JOURN(新闻学) 3000 美国新闻史(3) 或

JOURN(新闻学) 4568 新闻摄影史(3)

JOURN(新闻学) 4000 新闻法(3)

- **必修新闻学课程（15）**

选择其中之一：

JOURN(新闻学) 4450 新闻报道(3) 或

JOURN(新闻学) 4804 融合报道(3)

JOURN(新闻学) 4556 新闻摄影基础(3)

JOURN(新闻学) 4566 电子新闻摄影(3)

JOURN(新闻学) 4502 多媒体策划和设计(3)

顶点课程：

JOURN(新闻学) 4972 照片和视觉编辑(3)

- **强烈建议新闻学专业选择（6）**

JOURN(新闻学) 4558 新闻摄影中的高级技巧(3)

JOURN(新闻学) 4560 新闻摄影人(3)

- **建议选择的新闻学课程（10）**

JOURN(新闻学) 4464 跨平台杂志技术(3)

JOURN(新闻学) 4506 杂志设计(3)

JOURN(新闻学) 4510 视觉传播(3)

JOURN(新闻学) 4554 多媒体视觉编辑(3)

JOURN(新闻学) 4562 新闻摄影业务实践(2)

JOURN(新闻学) 4508 信息图形(3)

JOURN(新闻学) 4500 新闻设计(3)

JOURN(新闻学) 4564 微记录新闻摄影和摄像(3)

JOURN(新闻学) 4568 新闻摄影史(3)

JOURN(新闻学) 4710 报纸管理(3)

JOURN(新闻学) 4980 图片故事和新闻摄影评论(3)

建议选择的非新闻学课程

FILM_S(电影) 2520 电影生产导论(3)

IS_LT(信息服务与逻辑) 4360 网络开发概论(3)

舆论监督（跨学科）

必修（6）

所有新闻学学生在高年级必须接受以下课程：

JOURN(新闻学) 3000 美国新闻史(3)

或

JOURN(新闻学) 4568 新闻摄影史(3)

JOURN(新闻学) 3000 或 JOURN(新闻学) 4568 必须在大三完成。

JOURN(新闻学) 4000 新闻法(3)

JOURN(新闻学) 4000 必须在大三完成。

必修类新闻课程（15）

JOURN(新闻学) 4430 计算机辅助报道(3)

JOURN(新闻学) 4436 调查性报道(3)

选择其中之一：

JOURN(新闻学) 4450 新闻报道(3) 或

JOURN(新闻学) 4804 融合报道(3)

选择其中之一：

JOURN(新闻学) 4460 高级报道(3) 或

JOURN(新闻学) 4806 融合编辑和生产(3)

选择其中之一：

JOURN(新闻学) 4990 新闻和民主政治(3) **顶点课程** 或

JOURN(新闻学) 4992 融合媒介的报道、编辑和营销(3)**顶点课程**

建议选择的新闻学课程（10）

JOURN(新闻学) 4150 使用信息图形(1)

JOURN(新闻学) 4300 广播新闻 I(3)

JOURN(新闻学) 4330 从默罗到摩尔：优秀的记者读什么(3)

JOURN(新闻学) 4414 食品系统和环境的现场报道(3)

JOURN(新闻学) 4416 科学、健康和环境类写作(3)

JOURN(新闻学) 4426 宗教报道和写作(3)

JOURN(新闻学) 4438 商业和经济报道(3)

JOURN(新闻学) 4440 定位故事和图形(3)

JOURN(新闻学) 4508 信息图形(3)

JOURN(新闻学) 4510 视觉传播(3)

JOURN(新闻学) 4550 摄影和照片编辑的基础流程(3)

JOURN(新闻学) 4700 参与式新闻(3)

JOURN(新闻学) 4718 法律和法庭(3)

JOURN(新闻学) 4728 对抗信息控制(3)

JOURN(新闻学) 4940 新闻业实践(3—6)

JOURN(新闻学) 4950 理解受众(3)

JOURN(新闻学) 4986 高级写作(3)

建议选择的非新闻学课程

ACCTNY(会计) 2010 会计学(3)

ACCTNY(会计) 2026 会计 1(3)

ECON(经济学) 3229 货币、银行和金融市场(3)

ECON(经济学) 4315 公共经济学(3)

ECON(经济学) 4316 国家和地方财政(3)

GEOG(地理) 2840 测绘科学概论(3)

GEOG(地理) 3840 计算机辅助地图制图(3)

GEOG(地理) 4840 地理信息系统Ⅰ(3)

NAT_R(自然资源) 4325 地理信息系统概论(3)

POL_SC(政治社会) 2100 州政府(3)

POL_SC(政治社会) 2200 司法程序(3)

POL_SC(政治社会) 4000 政治科学统计概论(3)

POL_SC(政治社会) 4020 调查研究法(3)

POL_SC(政治社会) 4100 政党和选举活动(3)

POL_SC(政治社会) 4320 公共政治(3)

POL_SC(政治社会) 4330 政策分析(3)

(密苏里新闻学院)新闻学硕士——学科介绍和研究生课程

新闻学院研究生学科介绍:

硕士生阶段的教育更加专业化,学科设置也更加细化。在本科教育六大方向的基础上,学院又将新闻学与社会学、法学、管理学结合,交叉形成28个专业方向。在研究生阶段,理论课约占总学分1/3,专业技能课约占总学分1/2。理论和专业技能课的学习可以同时进行。学生在完成必修的四门核心理论课之外(每个方向都有各自的核心科目。比较共同的课程大致有大众媒体研讨,新闻史,新闻伦理道德,传播法,量化、质化研究方法等),可以选择28个方向中的任何一个方向系统学习专业技能。本、硕阶段的理论课除大众传播法属于共同授课外,其余内容完全不同,而且都是分开教学。而专业技能课中的相当一部分是混合教学,即本科高年级学生可以与研究生一同上课。本科生也可以申请4+1项目,即本科4年,再攻读1年硕士生核心理论课即可以拿到本、硕两张文凭。

(武志勇、李由:《密苏里大学新闻学院的教育理念与教学模式》,《新闻大学》2009年第4期)

具体研究领域和专业

——两年制研究生(21 个专业方向)

专业：广告学；融合新闻学；环境报道；深度广播/电视报道(要求有工作经验)；国际；调查性报道；法律和冲突解决；杂志设计；杂志编辑；杂志写作；新闻设计；新闻编辑；新闻媒介和社会学；新闻报道/写作；新闻摄影；公共政策新闻；广播报道(要求没有相关经验)；电视报道(要求没有相关经验)；电视报道；战略性传播；视觉编辑 & 管理

——五年制研究生(10 个专业方向)

专业：广播管理；计算机辅助报道；融合；杂志设计；杂志编辑；杂志写作；报纸设计；公共事务报道；艺术与娱乐报道；战略性传播

具体课程统计

各专业方向基础核心课程：新闻实习；传播策略原则；大众媒体研讨；新闻的定量研究法；新闻的定性研究法；新闻哲学；大众媒介历史；传播法研讨；媒介伦理

各专业方向高频次出现重点课程：设计和视觉策略；电视、广播和新闻摄影基础；科学、健康和环境写作；高级报道；报纸编辑；中级写作；计算机辅助报道；中级报道；广播新闻；高级广播新闻报道；国际事务报道；信息控制；媒介管理和领导；评论；编辑写作；商业新闻和经济报道；高级报道；杂志设计；电子摄影新闻；新闻摄影史；新闻学研讨杂志出版；新闻文学；大众传播史；传播法研讨

密苏里新闻学院（研究生）具体课程

广告学

基础核心课程（12）

JOURN(新闻学) 7200 传播策略原则(3)

JOURN(新闻学) 8000 大众媒体研讨(3)

JOURN(新闻学) 8006 新闻的定量研究法(3) 或

JOURN(新闻学) 8008 新闻的定性研究法(3)

以下课程四选一：

JOURN(新闻学) 8026 新闻哲学(3)

JOURN(新闻学) 8030 大众媒介历史(3)

JOURN(新闻学) 8038 传播法研讨(3)

JOURN(新闻学) 8080 媒介伦理(3)

广告学核心课程（15）

JOURN(新闻学) 7206 写作策略Ⅰ(3)

JOURN(新闻学) 7226 设计和视觉策略Ⅰ(3)

JOURN(新闻学) 7248 媒介策略和规划(3)

JOURN(新闻学) 7970 战略活动(3)

选修课（6）

JOURN(新闻学) 7208 策略写作Ⅱ(3)

JOURN(新闻学) 7218 高级媒介销售(3)

JOURN(新闻学) 7228 视觉和设计策略Ⅱ(3)

JOURN(新闻学) 7238 广播广告(3)

JOURN(新闻学) 7250 传播策略管理(3)

JOURN(新闻学) 7256 公共关系(3)

JOURN(新闻学) 7706 社区报纸(3)

JOURN(新闻学) 7952 策略传播研究Ⅰ(3)

融合新闻

基础核心课程（9）

JOURN(新闻学) 0900 新闻实习(3)

JOURN(新闻学) 8000 大众媒体研讨(3)

JOURN(新闻学) 8006 新闻的定量研究法(3) 或

JOURN(新闻学) 8008 新闻的定性研究法(3)

以下课程四选一:

JOURN(新闻学) 8026 新闻哲学(3)

JOURN(新闻学) 8030 大众媒介历史(3)

JOURN(新闻学) 8038 传播法研讨(3)

JOURN(新闻学) 8080 媒介伦理(3)

融合新闻核心课程(9)

JOURN(新闻学) 7802 电视、广播和新闻摄影基础(3)

JOURN(新闻学) 7804 融合报道(3)

JOURN(新闻学) 7806 融合编辑和制作(3)

环境报道

基础核心课程(12)

JOURN(新闻学) 0900 新闻实习(3)

JOURN(新闻学) 7450 报纸报道(3)(报纸新闻)或

JOURN(新闻学) 7300 广播新闻Ⅰ(3)(广播-电视新闻)

JOURN(新闻学) 8000 大众媒体研讨(3)

JOURN(新闻学) 8006 新闻的定量研究法(3) 或

JOURN(新闻学) 8008 新闻的定性研究法(3)

JOURN(新闻学) 8066 研讨会:科学、社会和新媒体(3)

选修1:高级报道/写作核心课程(9)

JOURN(新闻学) 7416 科学、健康和环境写作(3)

JOURN(新闻学) 7460 高级报道(3) 或

JOURN(新闻学) 7406 报纸编辑(3)

以下课程三选一：

JOURN(新闻学) 7410 中级写作(3)

JOURN(新闻学) 7430 计算机辅助报道(3)

JOURN(新闻学) 7436 中级报道(3)

选修 2：高级广播新闻核心课程（6）

JOURN(新闻学) 7306 广播新闻Ⅱ(3)

JOURN(新闻学) 7416 科学、健康和环境写作(3)

自然资源核心课程（12）

NAT_R(自然资源) 1070 生态学和可再生资源管理(3) 无毕业学分。

NAT_R(自然资源)和 JOURN(新闻学) 8060 记者的环境研究(3)

深度广播/电视报道

基础核心课程（9）

JOURN(新闻学) 8000 大众媒介研讨(3)

JOURN(新闻学) 8006 新闻的定量研究法(3) 或

JOURN(新闻学) 8008 新闻的定性研究法(3)

以下课程四选一：

JOURN(新闻学) 8026 新闻哲学(3)

JOURN(新闻学) 8030 大众媒介历史(3)

JOURN(新闻学) 8038 传播法研讨(3)

JOURN(新闻学) 8080 媒介伦理(3)

广播新闻核心课程（15）

JOURN(新闻学) 7306 广播新闻Ⅱ(3)

JOURN(新闻学) 7308 广播新闻Ⅲ(3)

JOURN(新闻学) 7320 高级广播新闻报道(3)

JOURN(新闻学) 7430 计算机辅助报道(3)

JOURN(新闻学) 7436 中级报道(3)

选修（6）

建议选修的新闻课程

JOURN(新闻学) 7436 中级报道(3)

JOURN(新闻学) 7430 计算机辅助报道(3)

JOURN(新闻学) 7718 法律和法庭(3)

JOURN(新闻学) 7650 国际事务报道(3)

JOURN(新闻学) 8046 信息控制(3)

JOURN(新闻学) 7978 媒介管理和领导(3)

高级写作课程

建议选修的跨学科课程

PUB_AF(公共政策分析) 8430 公共政策分析(3)

COMMUN(传播学) 7618 电视节目分析和评论(3)

国　际

基础核心课程（9）

JOURN(新闻学) 0900 新闻实习(3)

JOURN(新闻学) 8000 大众媒介研讨(3)

JOURN(新闻学) 8006 新闻的定量研究法(3) 或

JOURN(新闻学) 8008 新闻的定性研究法(3)

以下课程四选一：

JOURN(新闻学) 8026 新闻哲学(3)

JOURN(新闻学) 8030 大众媒介历史(3)

JOURN(新闻学) 8038 传播法研讨(3)

JOURN(新闻学) 8080 媒介伦理(3)

国际核心课程（6）

以下课程五选二：

JOURN(新闻学) 7650 国际事务报道(3)

JOURN(新闻学) 7656 国际新闻媒介系统(3)

JOURN(新闻学) 7658 国际新闻(3)

JOURN(新闻学) 7660 媒介力量塑造欧盟(3)

JOURN(新闻学) 9018 媒介和政策(3)

广播

JOURN(新闻学) 7300 广播新闻Ⅰ(3)

JOURN(新闻学) 7306 广播新闻Ⅱ(3)

JOURN(新闻学) 7308 广播新闻Ⅲ(3)

或

编辑

JOURN(新闻学) 7406 报纸编辑(3)

JOURN(新闻学) 7450 报纸报道(3)

JOURN(新闻学) 7984 杂志人(3)

国际理论

以下课程四选三：

JOURN(新闻学) 8046 信息控制(3)

JOURN(新闻学) 8056 大众传播理论(3)

JOURN(新闻学) 8086 大众传媒批判性分析(3)

JOURN(新闻学) 8076 国际传播实践和理论分析(3)

中级报道

基础核心课程（9）

JOURN(新闻学) 8000 大众媒介研讨(3)

JOURN(新闻学) 8006 新闻的定量研究法(3) 或

JOURN(新闻学) 8008 新闻的定性研究法(3)

以下课程四选一：

JOURN(新闻学) 8026 新闻哲学(3)

JOURN(新闻学) 8030 大众媒介历史(3)

JOURN(新闻学) 8038 传播法研讨(3)

JOURN(新闻学) 8080 媒介伦理(3)

中级报道核心课程（18）

JOURN(新闻学) 7430 计算机辅助报道(3)

JOURN(新闻学) 7436 中级报道(3)

JOURN(新闻学) 8046 信息控制(3)

PUB AF(公共政策分析) 8320 公共事务空间分析(3)

NAT_R(自然资源) 7325 介绍 GIS(3)

GEOG(地理) 7840 地理信息系统 I (3)

ESC_PS(教育统计) 7170 教育统计学导论(3)

SOCIOL(社会学) 7120 社会统计(3)

SOC_WK(社会工作) 7310 社会统计(3)

以下课程选其一：

JOURN(新闻学) 7410 中级写作(3)

JOURN(新闻学) 7460 高级报道(3)

JOURN(新闻学) 7320 高级广播报道(3)

JOURN(新闻学) 7806 融合编辑和生产(3)

法律和冲突解决

基础核心课程（6—9）

JOURN(新闻学) 0900 新闻实习(3) 或

JOURN(新闻学) 7200 传播策略原则(3) 或

JOURN(新闻学) 7300 广播新闻Ⅰ(3)

JOURN(新闻学) 8000 大众媒介研讨(3)

JOURN(新闻学) 8006 新闻的定量研究法(3) 或

JOURN(新闻学) 8008 新闻的定性研究法(3)

JOURN(新闻学) 8038 传播法研讨(3)

法律和冲突解决核心课程（9）

LAW(法律) 5760 媒介法(3)

LAW(法律) 5450 冲突和冲突管理(3)

以下课程四选一：

JOURN(新闻学) 7718 法律和法庭(3)

JOURN(新闻学) 7720 网络法(3)

JOURN(新闻学) 7730 新闻和冲突(3)

JOURN(新闻学) 8046 信息控制(3)

新闻学选修课程(8—9)

杂志设计

基础核心课程（9）

JOURN(新闻学) 0900 新闻实习(3)

JOURN(新闻学) 8000 大众媒介研讨(3)

JOURN(新闻学) 8006 新闻的定量研究法(3) 或

JOURN(新闻学) 8008 新闻的定性研究法(3)

以下课程四选一：

JOURN(新闻学) 8026 新闻哲学(3)

JOURN(新闻学) 8030 大众媒介历史(3)

JOURN(新闻学) 8038 传播法研讨(3)

JOURN(新闻学) 8080 媒介伦理(3)

杂志设计核心课程（12）

JOURN(新闻学) 7408 杂志编辑(3)

JOURN(新闻学) 7500 高级报纸编辑和设计(3) 或

JOURN(新闻学) 7508 信息图形(3)

JOURN(新闻学) 7506 杂志设计(3)

JOURN(新闻学) 7988 高级杂志设计(3)

选修（6）

JOURN(新闻学) 7226 设计和视觉策略Ⅰ(3)

JOURN(新闻学) 7416 科学、健康和环境写作(3)

JOURN(新闻学) 7418 评论(3)

JOURN(新闻学) 7420 编辑写作(3)

JOURN(新闻学) 7430 计算机辅助报道(3)

JOURN(新闻学) 7436 中级报道(3)

JOURN(新闻学) 7556 摄影新闻基础(3)

JOURN(新闻学) 7566 电子摄影新闻(3)

JOURN(新闻学) 7568 新闻摄影史(3)

JOURN(新闻学) 7700 在线记者(3)

JOURN(新闻学) 7738 新闻学研讨(3)

JOURN(新闻学) 7986 高级写作(3)

JOURN(新闻学) 7994 杂志出版(3)

JOURN(新闻学) 8026 新闻哲学(3)

JOURN(新闻学) 8028 新闻文学(3)

JOURN(新闻学) 8030 大众媒介史(3)

JOURN(新闻学) 8038 传播法研讨(3)

JOURN(新闻学) 8036 记者历史和原则研讨(3)

JOURN(新闻学) 8080 媒介伦理(3)

JOURN(新闻学) 8086 大众媒介评论分析(3)

JOURN(新闻学) 8092 社会影像(3)

JOURN(新闻学) 8106 杂志的前世今生(3)

杂志编辑

基础核心课程(9)

JOURN(新闻学) 0900 新闻实习(3)

JOURN(新闻学) 8000 大众媒介研讨(3)

JOURN(新闻学) 8006 新闻的定量研究法(3) 或

JOURN(新闻学) 8008 新闻的定性研究法(3)

以下课程四选一:

JOURN(新闻学) 8026 新闻哲学(3)

JOURN(新闻学) 8030 大众媒介历史(3)

JOURN(新闻学) 8038 传播法研讨(3)

JOURN(新闻学) 8080 媒介伦理(3)

杂志编辑核心课程(12)

JOURN(新闻学) 7408 杂志编辑(3)

JOURN(新闻学) 7450 报纸报道(3)

JOURN(新闻学) 7506 杂志设计(3)

JOURN(新闻学) 7984 杂志人(3)

选修(6)

JOURN(新闻学) 7226 设计和视觉策略Ⅰ(3)

JOURN(新闻学) 7416 科学、健康和环境写作(3)

JOURN(新闻学) 7418 评论(3)

JOURN(新闻学) 7420 编辑写作(3)

JOURN(新闻学) 7430 计算机辅助报道(3)

JOURN(新闻学) 7436 中级报道(3)

JOURN(新闻学) 7556 摄影新闻基础(3)

JOURN(新闻学) 7566 电子摄影新闻(3)

JOURN(新闻学) 7568 新闻摄影史(3)

JOURN(新闻学) 7700 在线记者(3)

JOURN(新闻学) 7738 新闻学研讨(3)

JOURN(新闻学) 7986 高级写作(3)

JOURN(新闻学) 7994 杂志出版(3)

JOURN(新闻学) 8026 新闻哲学(3)

JOURN(新闻学) 8028 新闻文学(3)

JOURN(新闻学) 8030 大众媒介史(3)

JOURN(新闻学) 8038 传播法研讨(3)

JOURN(新闻学) 8036 记者历史和原则研讨(3)

JOURN(新闻学) 8080 媒介伦理(3)

JOURN(新闻学) 8086 大众媒介评论分析(3)

JOURN(新闻学) 8092 社会影像(3)

JOURN(新闻学) 8106 杂志的前世今生(3)

杂志写作

基础核心课程（9）

JOURN(新闻学) 0900 新闻实习(3)

JOURN(新闻学) 8000 大众媒介研讨(3)

JOURN(新闻学) 8006 新闻的定量研究法(3) 或

JOURN(新闻学) 8008 新闻的定性研究法(3)

以下课程四选一：

JOURN(新闻学) 8026 新闻哲学(3)

JOURN(新闻学) 8030 大众媒介历史(3)

JOURN(新闻学) 8038 传播法研讨(3)

JOURN(新闻学) 8080 媒介伦理(3)

杂志写作核心课程（12）

JOURN(新闻学) 7408 杂志编辑(3)

JOURN(新闻学) 7410 Ⅰ中级写作(3)

JOURN(新闻学) 7450 新闻报道(3)

JOURN(新闻学) 7986 高级写作(3)

选修（6）

JOURN(新闻学) 7416 科学、健康和环境写作(3)

JOURN(新闻学) 7418 评论(3)

JOURN(新闻学) 7420 编辑写作(3)

JOURN(新闻学) 7430 计算机辅助报道(3)

JOURN(新闻学) 7436 中级报道(3)

JOURN(新闻学) 7438 商业新闻和经济报道(3)

JOURN(新闻学) 7460 高级报道(3)

JOURN(新闻学) 7500 高级报纸编辑和设计(3)

JOURN(新闻学) 7506 杂志设计(3)

JOURN(新闻学) 7508 信息图形(3)

JOURN(新闻学) 7556 摄影新闻基础(3)

JOURN(新闻学) 7566 电子摄影新闻(3)

JOURN(新闻学) 7568 新闻摄影史(3)

JOURN(新闻学) 7700 在线记者(3)

JOURN(新闻学) 7738 新闻学研讨(3)

JOURN(新闻学) 7988 高级杂志设计(3)

JOURN(新闻学) 7994 杂志出版(3)(高度推荐)

JOURN(新闻学) 8026 新闻哲学(3)

JOURN(新闻学) 8028 新闻文学(3)

JOURN(新闻学) 8030 大众传播史(3)

JOURN(新闻学) 8038 传播法研讨(3)

JOURN(新闻学) 8036 记者历史和原则研讨(3)

JOURN(新闻学) 8080 媒介伦理(3)

JOURN(新闻学) 8086 大众媒介评论分析(3)

JOURN(新闻学) 8092 社会影像(3)

JOURN(新闻学) 8106 杂志的前世今生(3)

新闻设计

基础核心课程（9）

JOURN(新闻学) 0900 新闻实习(3)

JOURN(新闻学) 8000 大众媒介研讨(3)

JOURN(新闻学) 8006 新闻的定量研究法(3) 或

JOURN(新闻学) 8008 新闻的定性研究法(3)

以下课程四选一：

JOURN(新闻学) 8026 新闻哲学(3)

JOURN(新闻学) 8030 大众媒介历史(3)

JOURN(新闻学) 8038 传播法研讨(3)

JOURN(新闻学) 8080 媒介伦理(3)

设计核心课程（9）

JOURN(新闻学) 7406 报纸编辑(3)

JOURN(新闻学) 7500 高级报纸编辑和设计(3)

JOURN(新闻学) 7508 信息图像(3)

选修（9）

JOURN(新闻学) 7408 杂志编辑(3)

JOURN(新闻学) 7506 杂志设计(3)

JOURN(新闻学) 7510 视觉传播(3)

JOURN(新闻学) 7556 新闻摄影基础(3)

JOURN(新闻学) 7972 照片和视觉编辑(3)

JOURN(新闻学) 8085 新闻问题(3)

JOURN(新闻学) 8092 社会影像(3)

新闻编辑

基础核心课程（9）

JOURN(新闻学) 0900 新闻实习(3)

JOURN(新闻学) 8000 大众媒介研讨(3)

JOURN(新闻学) 8006 新闻的定量研究法(3) 或

JOURN(新闻学) 8008 新闻的定性研究法(3)

以下课程四选一：

JOURN(新闻学) 8026 新闻哲学(3)

JOURN(新闻学) 8030 大众媒介历史(3)

JOURN(新闻学) 8038 传播法研讨(3)

JOURN(新闻学) 8080 媒介伦理(3)

编辑核心课程（9）

JOURN(新闻学) 7406 报纸编辑(3)

JOURN(新闻学) 7450 报纸报道(3)

JOURN(新闻学) 7500 高级报纸编辑和设计(3)

选修（9）

JOURN(新闻学) 7408 杂志编辑(3)

JOURN(新闻学) 7506 杂志设计(3)

JOURN(新闻学) 7510 视觉传播(3)

JOURN(新闻学) 7556 新闻摄影基础(3)

JOURN(新闻学) 7972 照片和视觉编辑(3)

JOURN(新闻学) 8085 新闻问题(3)

JOURN(新闻学) 8092 社会影像(3)

新闻媒介和社会

基础核心课程(9)

JOURN(新闻学) 0900 新闻实习(3)

JOURN(新闻学) 8000 大众媒介研讨(3)

JOURN(新闻学) 8006 新闻的定量研究法(3) 或

JOURN(新闻学) 8008 新闻的定性研究法(3)

以下课程四选一:

JOURN(新闻学) 8026 新闻哲学(3)

JOURN(新闻学) 8030 大众媒介历史(3)

JOURN(新闻学) 8038 传播法研讨(3)

JOURN(新闻学) 8080 媒介伦理(3)

新闻媒介和社会核心课程(12)

JOURN(新闻学) 8028 新闻文学(3)

JOURN(新闻学) 8030 大众媒介史(3)

JOURN(新闻学) 8038 传播法研讨会(3)

以下课程择其一:

JOURN(新闻学) 8046 信息控制(3)

JOURN(新闻学) 8056 大众传播理论(3)

新闻报道/写作

基础核心课程（9）

JOURN(新闻学) 0900 新闻实习(3)

JOURN(新闻学) 8000 大众媒介研讨(3)

JOURN(新闻学) 8006 新闻的定量研究法(3) 或

JOURN(新闻学) 8008 新闻的定性研究法(3)

以下课程四选一：

JOURN(新闻学) 8026 新闻哲学(3)

JOURN(新闻学) 8030 大众媒介历史(3)

JOURN(新闻学) 8038 传播法研讨(3)

JOURN(新闻学) 8080 媒介伦理(3)

新闻报道/写作核心课程（12）

JOURN(新闻学) 7406 报纸编辑(3)

JOURN(新闻学) 7450 报纸报道(3)

JOURN(新闻学) 7460 高级报道(3)

以下课程择其一：

JOURN(新闻学) 7410 中级写作(3)

JOURN(新闻学) 7436 中级报道(3)

JOURN(新闻学) 7986 高级写作(3)

选修（6）

JOURN(新闻学) 7106 媒介和艺术评论(3)

JOURN(新闻学) 7148 面试要点(1)

JOURN(新闻学) 7412 记者生活方式(3)

JOURN(新闻学) 7416 科学、健康和环境写作(3)

JOURN(新闻学) 7418 评论(3)

JOURN(新闻学) 7426 宗教报道和写作(3)

JOURN(新闻学) 7430 计算机辅助报道(3)

JOURN(新闻学) 7438 商业记者和经济报道(3)

JOURN(新闻学) 7650 国际事务报道(3)

新闻摄影

基础核心课程（9）

JOURN(新闻学) 0900 新闻实习(3)

JOURN(新闻学) 8000 大众媒介研讨(3)

JOURN(新闻学) 8006 新闻的定量研究法(3) 或

JOURN(新闻学) 8008 新闻的定性研究法(3)

以下课程四选一：

JOURN(新闻学) 8026 新闻哲学(3)

JOURN(新闻学) 8030 大众媒介历史(3)

JOURN(新闻学) 8038 传播法研讨(3)

JOURN(新闻学) 8080 媒介伦理(3)

新闻摄影核心课程（15）

JOURN(新闻学) 7556 新闻摄影基础(3)

JOURN(新闻学) 7558 新闻摄影高级技术(3)

JOURN(新闻学) 7560 新闻摄影师(3)

JOURN(新闻学) 7980 图片故事和摄影日记(3)

JOURN(新闻学) 8092 社会影像(3)

选修（6）

JOURN(新闻学) 7450 报纸报道(3)

JOURN(新闻学) 7500 高级报纸编辑和设计(3)

JOURN(新闻学) 7506 杂志设计(3)

JOURN(新闻学) 7566 电子新闻摄影(3)

JOURN(新闻学) 7568 新闻摄影史(3)

JOURN(新闻学) 7972 图片和视觉编辑(3)

JOURN(新闻学) 7730 新闻和冲突(3)

公共政策新闻

基础核心课程（9）

JOURN(新闻学) 0900 新闻实习(3)

JOURN(新闻学) 8000 大众媒介研讨(3)

JOURN(新闻学) 8006 新闻的定量研究法(3) 或

JOURN(新闻学) 8008 新闻的定性研究法(3)

JOURN(新闻学) 8038 传播法研讨会(3)

报道核心课程（9—12）

JOURN(新闻学) 7300 广播新闻Ⅰ(3)

JOURN(新闻学) 7450 报纸报道(3) 或

JOURN(新闻学) 7306 广播新闻Ⅱ(3)

JOURN(新闻学) 7460 高级报道(3) 或

JOURN(新闻学) 7308 广播新闻Ⅲ(3)

JOURN(新闻学) 7430 计算机辅助报道(3)

公共政策核心课程（6）

PUB_AF(公共政策分析) 8150 新政基础(3)

PUB_AF(公共政策分析) 8170 公共政策过程和策略(3)

选修（3）

JOURN(新闻学) 7436 中级报道(3)

JOURN(新闻学) 7650 国际事务报道(3)

JOURN(新闻学) 8046 信息控制(3)

PUB_AF(公共政策分析) 8610 群体动力学和冲突解决(3)

PUB_AF(公共政策分析) 8620 组织分析和转变(3)

PUB_AF(公共政策分析) 8630 公共政策过程和策略(3)

PUB_AF(公共政策分析) 8710 非营利组织和志愿部门(3)

以广播为主的报道

基础核心课程（9）

JOURN(新闻学) 8000 大众媒介研讨(3)

JOURN(新闻学) 8006 新闻的定量研究法(3) 或

JOURN(新闻学) 8008 新闻的定性研究法(3)

以下课程四选一：

JOURN(新闻学) 8026 新闻哲学(3)

JOURN(新闻学) 8030 大众媒介历史(3)

JOURN(新闻学) 8038 传播法研讨(3)

JOURN(新闻学) 8080 媒介伦理(3)

广播新闻核心课程（12）

JOURN(新闻学) 7300 广播新闻Ⅰ(3)

JOURN(新闻学) 7306 广播新闻Ⅱ(3)

JOURN(新闻学) 7308 广播新闻Ⅲ(3)

以下课程三选一：

JOURN(新闻学) 7320 高级广播报道(3)

JOURN(新闻学) 7974 广播/电视新闻高级网络应用(3)

JOURN(新闻学) 7976 广播—电视新闻研讨(3)

选修（9）

JOURN(新闻学) 7436 中级报道(3)

JOURN(新闻学) 7430 计算机辅助报道(3)

JOURN(新闻学) 7718 法律和法庭(3)

JOURN(新闻学) 7650 I 国际事务报道(3)

JOURN(新闻学) 7310 新闻生产(3)

JOURN(新闻学) 8046 信息控制(3)

PUB AF(公共政策分析) 8430 公共政策分析(3)

COMMUN(传播学) 7618 电视节目分析和评论(3)

以电视为主的新闻报道

基础核心课程（9）

JOURN(新闻学) 8000 大众媒介研讨(3)

JOURN(新闻学) 8006 新闻的定量研究法(3) 或

JOURN(新闻学) 8008 新闻的定性研究法(3)

以下课程四选一：

JOURN(新闻学) 8026 新闻哲学(3)

JOURN(新闻学) 8030 大众媒介历史(3)

JOURN(新闻学) 8038 传播法研讨(3)

JOURN(新闻学) 8080 媒介伦理(3)

广播新闻核心课程（12）

JOURN(新闻学) 7300 广播新闻Ⅰ(3)

JOURN(新闻学) 7306 广播新闻Ⅱ(3)

JOURN(新闻学) 7308 广播新闻Ⅲ(3)

以下课程三选一：

JOURN(新闻学) 7320 高级广播报道(3)

JOURN(新闻学) 7974 广播/电视新闻高级网络应用(3)

JOURN(新闻学) 7976 广播—电视新闻研讨(3)

选修（9）

JOURN(新闻学) 7436 中级报道(3)

JOURN(新闻学) 7430 计算机辅助报道(3)

JOURN(新闻学) 7718 法律和法庭(3)

JOURN(新闻学) 7650 I 国际事务报道(3)

JOURN(新闻学) 7310 新闻生产(3)

JOURN(新闻学) 8046 信息控制(3)

PUB AF(公共政策分析) 8430 公共政策分析(3)

COMMUN(传播学) 7618 电视节目分析和评论(3)

电视报道

基础核心课程（9）

JOURN(新闻学) 8000 大众媒介研讨(3)

JOURN(新闻学) 8006 新闻的定量研究法(3) 或

JOURN(新闻学) 8008 新闻的定性研究法(3)

以下课程四选一：

JOURN(新闻学) 8026 新闻哲学(3)

JOURN(新闻学) 8030 大众媒介历史(3)

JOURN(新闻学) 8038 传播法研讨(3)

JOURN(新闻学) 8080 媒介伦理(3)

广播新闻核心课程（12）

JOURN(新闻学) 7306 广播新闻Ⅱ(3)

JOURN(新闻学) 7308 广播新闻Ⅲ(3)

JOURN(新闻学) 7320 高级广播新闻报道(3)

以下课程二选一：

JOURN(新闻学) 7436 中级报道(3)

JOURN(新闻学) 7430 计算机辅助报道(3)

选修（9）

JOURN(新闻学) 7436 中级报道(3)

JOURN(新闻学) 7430 计算机辅助报道(3)

JOURN(新闻学) 7718 法律和法庭(3)

JOURN(新闻学) 7650 I 国际事务报道(3)

JOURN(新闻学) 7310 新闻生产(3)

JOURN(新闻学) 8046 信息控制(3)

JOURN(新闻学) 7978 媒介管理和领导(3)

PUB AF(公共政策分析) 8430 公共政策分析(3)

COMMUN(传播学) 7618 电视节目分析和评论(3)

战略性传播

基础核心课程（12）

JOURN(新闻学) 7200 传播策略原则(3)

JOURN(新闻学) 8000 大众媒体研讨(3)

JOURN(新闻学) 8006 新闻的定量研究法(3) 或

JOURN(新闻学) 8008 新闻的定性研究法(3)

以下课程四选一：

JOURN(新闻学) 8026 新闻哲学(3)

JOURN(新闻学) 8030 大众媒介历史(3)

JOURN(新闻学) 8038 传播法研讨(3)

JOURN(新闻学) 8080 媒介伦理(3)

选修（18）

视觉编辑和管理

基础核心课程（9）

JOURN(新闻学) 0900 新闻实习(3)

JOURN(新闻学) 8000 大众媒介研讨(3)

JOURN(新闻学) 8006 新闻的定量研究法(3) 或

JOURN(新闻学) 8008 新闻的定性研究法(3)

以下课程四选一：

JOURN(新闻学) 8026 新闻哲学(3)

JOURN(新闻学) 8030 大众媒介历史(3)

JOURN(新闻学) 8038 传播法研讨(3 学分)

JOURN(新闻学) 8080 媒介伦理(3)

视觉编辑和管理核心课程（15）

JOURN(新闻学) 7500 高级报纸编辑和设计(3)

JOURN(新闻学) 7556 新闻摄影基础(3)

JOURN(新闻学) 7566 电子新闻摄影(3)

JOURN(新闻学) 7972 图片和视觉编辑(3)

JOURN(新闻学) 8092 社会影像(3)

选修（6）

JOURN(新闻学) 7110 媒介管理和领导理论(3)

JOURN(新闻学) 7226 设计和视觉策略Ⅰ(3)

JOURN(新闻学) 7506 杂志设计(3)

JOURN(新闻学) 7508 信息图像(3)

JOURN(新闻学) 7560 新闻摄影师(3)

JOURN(新闻学) 7568 新闻摄影史(3)

JOURN(新闻学) 7710 报纸管理(3)

JOURN(新闻学) 7730 新闻和冲突(3)

JOURN(新闻学) 7980 图片新闻和摄影日记(3)

美国　威斯康辛大学

（University of Wisconsin System）

（新闻和大众传播学院）新闻传播学学士——本科课程描述

具体课程

162 多文化美国中的大众媒介

介绍印刷、电影、电子和数字媒介在多元文化交织的美国所扮演的角色和具有的功能。国际性地比较大众媒介在人口种族和族裔多样化的社会中社会和文化地位的显著区别和共性。

176 数字时代的媒介流畅度

介绍伴随着数字设备的扩散，万维网的发展，以及在线领域在教育、商业、政治和社会生活中的迅速扩展，大众传播在技术、实践和业务方面的巨大变化。

201 大众传播概论

介绍大众媒介是如何组织的，它们在现代社会中起何种作用，并介绍它们的技术基础、政治基础、经济基础以及社会影响。

请注意：课程网站信息对一些课程会进行间歇性更新。范例的教学大纲只在学期开始时发布，且不包括最近的进度变化。请关注教师在课堂上公告的所有时间表和任务更新。

整体描述：这个结合了讲座/讨论的课程向学生们介绍与大众媒介相关的娱乐、战略传播和新闻方面内容，以及大众传播学者用来理解、分析这些媒介进程的广泛理论性、历史性和批判性视角。课程也将满足学校传播学 B

类要求，通过写作任务、同行评审和修订来精炼你的沟通技巧。对于那些希望从事媒介行业的学生，该课程将帮助其为自己的职业生涯做出明智的决定，同时也是他们进入新闻与大众传播学院的先决条件。

202 大众传播实践

传播作为一个包括了发布方和接收方、信息和媒体的过程，J202 课程的目标包括三方面：(1)为基本传播学技能打下基础，包括写作、编辑、使用传统和网络资源进行研究、计算等技能，以及设计和故事呈现的元素的能力；(2)帮助学生学习鉴别不同的媒介如何影响信息呈现的性质；(3)向学生讲解将用于先进的专业类页面布局、HTML 编辑、数字音频和视频编辑的科学技术。

请注意：课程网站信息对一些课程会进行间歇性更新。范例的教学大纲只在学期开始时发布，且不包括最近的进度变化。请关注教师在课堂上公告的所有时间表和任务更新。

整体描述：该课程旨在帮助学生奠定基础，给予他们大众传播概念和实践技能的最初工具。我们努力培养各种技能，包括研究、写作、新闻编辑和显示，以及在印刷媒体、音频和网络中的战略性传播。学生学习信息，并在打破印刷媒体新闻、广播新闻、广告和公共关系传统壁垒的环境中进行高说服力的传播。学生要在这门课中花费大量时间建构写作技巧和批判性思维能力，因为这两个元素对于在此领域获得成功具有重要作用。更多内容请参阅课程网站。

335 中级报道

中级报道是印刷和电子媒介的基础报道课程。这是一个过度课程，旨在延伸发展在 J202 中介绍过的科技技能，比如数字音频、网络的使用和组合，并挖掘进行高级报道所需要的理念。学生通过围绕对当前社会有意义的公共问题的探讨，创作大量纸媒、音频和网络新闻的故事，以提高其技术使用和思考的能力。

345 战略传播原理

向对广告、公共关系、卫生通讯和政治运动感兴趣的学生介绍战略传播理论。课程主要集中在以下方面：(1)战略传播行业，包括广告和公共关系事业；(2)道德和战略传播监管；(3)在产品、思想和人员营销过程中战略传播理论的功能；(4)战略传播活动的构成；(5)战略传播领域的专业特色。

J401 深度报道

深度报道强调重要的证据评估和对政府行为产生的复杂影响的识别。学生需要培养调查技能，学习网络和使用计算机辅助的报道技能，还要学习如何顺着故事的线索来追踪决策者做出的决策的影响。另外，学生还要讨论新闻伦理对记者在报道过程中行为和决定产生的影响。

J404 解读当代事件

该课程为写社论、专栏和新闻分析做准备，学生在分析和评论新闻的时候要起到意见领袖的作用。

J405 非虚构类写作

新闻写作现在被定义为我们这个时代中最成功和流行的非虚构类写作之一。许多记者直接从报纸领域进入非虚构写作领域。创作非虚构类作品是想要掌握广泛的写作技巧的新闻学学生的必修课，它能帮助学生培养为印刷和电子出版物、日报、周刊和月刊等多种媒介写作的良好能力，以及一些书籍写作的基本技巧。

J411 多媒体图形

探索视觉传播原则如何影响社会对新媒体的使用。数字革命使传统社会碎片化，把受众分为印刷媒体读者、电视观众，或者人口统计学上的人群已经不能满足现状。本课程探讨的是包括各民族在内的特殊需求的群体，如何使用多媒体，以及它的图像设计，来给群体中的成员展现声音和视像。学生通过对以内容为核心的设计、字体设计、摄影和数字技术进行批判性的分析和思考来对多媒体和社会学进行理论性学习。

J415 科学和环境新闻学

向公众传播科学的传播策略指导和实践。重点包括：(1)如何解释艰涩的概念和过程；(2)将信息和故事说得具有趣味性和巧妙的技巧；(3)对科学证据进行合理判断的策略。从报纸到网络，学生要专注于为大众媒介渠道生产有用的产品。本课程要求的技能与新闻业、公共关系学和非正式教育机构，如科学博物馆均相关。

J417 杂志和杂志编辑

通过为威斯康辛在线的网络杂志写作专业质量的杂志文章，使学生学习现代杂志产业。课程运用广泛的传播技巧——批判性思维、写作、编辑、人际关系和管理技能、设计和计算机布局，以及 HTML。

J419 网络和广播的电子新闻

为能够在网络和广播媒介中胜任电子新闻写作、编辑和生产的工作，学生需要发展必要的专业技能。他们学习在电子新闻中会发生的事情和问题，学习采访，以及使用电子设备和呈现方式，并且能够将他们的概念知识和技能结合到生产专业质量高的网络广播中去。在课程学习过程中，学生需要参与多种角色——记者、编辑、生产者和网站管理者。

J445 为媒体开发创造性信息

为广告、公共关系和其他战略传播介绍信息开发的创造性。课程集中于：(1)“概念化”的基本要素——发展创造性信息背后的战略性思想；(2)创意写作技巧和写作能力的发展；(3)可视化方法和它们在信息创造中的应用；(4)将副本集成和视觉元素应用到完全可实现的创造性信息；(5)课程概念在手动和计算机辅助信息设计中的应用。

J447 战略媒体计划

将媒体计划介绍给期望在广告、公共关系或战略传播的其他形式中从事工作的学生。课程重点：(1)战略传播面临的挑战，尤其是媒介专业人士，正处于一个“选择的年代”；(2)基本的概念，包括在传统和“新”媒体中购买、策划和放置故事；(3)在战略媒介分析中使用数据资源；(4)包括广告和公共关系的战略媒介策划基本元素；(5)关于制定媒介计划的战略和战术；(6)利用媒体规划软件帮助开发战略媒体计划。

J449 客户规划（战略研究和战略活动）

为在广告、公共关系或者营销传播领域从事战略策划或者客户管理的学生介绍客户规划知识。在课程中，学生将对真正的客户进行真实的初级和终极研究；然后，他们要开发一个能够应用到以后指导创造和媒介开发的全局战略。对于想要更好理解如何细分目标受众、描述见解、阐释立场、制定信息策略的人来说，这是一个“必须”的课程。同时，使用定性和定量工具。

J475 高级战略传播活动

该课程通常在每年的春季课程中提供，高级战略传播活动旨在给学生提供为真实客户设计战略传播活动的实际经验。每年，客户都会提供一个总结了真实商业问题的案例研究，学生需要使用研究、策略和现实传播工具——营销、广告、公共关系、创新和媒介去解决。为了 11 月注册和春季入学，需要指导员同意的课程和应用将在 10 月开放。要申请这个课程，请点击：高级战略传播活动(如果公司、商标或非营利组织有兴趣成为这个课程的“客户”，请通过 tdlpierce@wisc.edu 联系教员 Deb Pierce)。

J475 先进概念和技能专题

探索一套更具深度的特定概念和技能。专题课程可以选择将焦点放在一个特定的问题，如当前的公共事务主题或者批判性思维策略，或者一个应用传播问题,如设计一个竞争型策略信息活动或生产一个新闻产品。多种主题都有。

J475 公共关系策略

作为集成传播策略的一部分,该课程旨在开拓公共关系的战略管理和规划。学生将学习和探索各种公关项目,包括组织攻关(危机传播、金融关系、声誉管理、沟通和政府关系),媒介(媒介关系、发言人培训),数字媒体公关(社会媒体),以及口碑/病毒式营销。课程还包括探索公关道德和公关行业法规,以及组织结构。学生在整个学期中将要写作重要的公共关系传播论文,并且也要将传播策划发展为真正的客户。

J475 数字媒体策略

互动媒体策略探索各种各样的数字和互动媒介,包括网络广告、流媒体音频和视频、社交媒体/数字公关、SEM /SEO、游戏和户外数字媒体。学生需数字化伦理和与隐私相关的问题,还要培养战略规划能力来为现实的客户指导综合互动媒体开发。

J515 公共信息活动和项目

对旨在告知和教育公众关于农业、环境、科学、健康和人类生态学问题的传播项目进行设计、实施和评价。

J544 调查研究概论

调查研究的理论与实践;策划、抽样、问卷、访谈、内容分析、制表、数据分析;两小时讲课;两小时在实验室和现场实践。

J558 公众、社会和另类媒体

(与通信艺术学是跨学科交叉课程)

主流商业模式之外的媒体考察,尤其是当地和另类的实践,以及它们的文化角色。

J559 大众传播定律

言论和新闻自由尤其强调媒体从业者所面临的专业法律问题；本课程将介绍法律审查、诽谤、侵犯隐私、获取信息、电子媒体和商业言论监管等领域的法律问题。

J560 大众传播史

本课程回顾了美国新闻媒体的重大变化，以及新闻在美国历史上重要时期的作用。同时，课程还将关注现代广告和公共关系的发展。

J561 大众传播和社会

本课程考察美国的主要社会转型期，以及它们与传播系统之间的关系：共和党时期早期民主社会的兴起；社团/协会在19世纪的发展和报纸与电报的产业转型；20世纪早期到中期，大众社会的崛起；20世纪晚期到现在，后工业化网络社会的发展。在每一个阶段，我们都可以看到传播系统对公司、社会和民主政治产生的影响。本课程需要大量阅读（每周100页及以上）和密集的写作训练，并且需要每周进行反馈，包括介绍研究中的结构参数。值得一提的是，学生能够获得教授的教学指导。

J565 大众传播作用

本课程包括个人和社会对大众传播的使用以及大众传播对其的影响。课程将探索个人受影响的要素，产生的影响及程度，包含那些媒介内容的差异，以及什么样的情境下造成的影响可能会有强弱之分。

J570 书籍和印刷的历史

介绍印刷文化的历史，它在西方世界是从15世纪活版印刷的发明到1900年，在美国是从殖民地时期到现在。课程强调印刷对社会知识和文化生活的影响。

J601 大学生职业生涯讨论会

每周对新闻与大众传播专业学生的职业选择进行专题讨论会，演讲者来自学术界、行业、政府和非营利部门。

J614 传播和公共舆论

围绕公共舆论形成和变化的理论和假设;对舆论趋势的计量和报告,公众对投票、新闻信息和营销传播的反映;以及公共舆论数据分析。

J616 大众媒介和青年

儿童和青年对大众媒介的使用,以及大众媒介对他们的影响。尤其关注其理解力和其他认知活动的变化,以此来洞察媒介及其影响。

J617 信息时代的健康传播

古代和当代健康传播理论和应用,结合应用于健康传播建立的其他学科(例如,心理学、市场营销、公共政策、社会学等)。

J618 大众传播与政治行为

新媒体、政治选举和选民的相互关系。考虑媒介报道的影响力,以及在形象、事件投票、政治参与和社会化方面的说服力。

J620 国际传播

历史与当代环境下国际传播相关的理论、实践和伦理问题。

J621 发展中国家中的大众媒体

非洲、亚洲和拉丁美洲中大众媒体系统的开发、结构和角色。

J646 大众媒体和消费者

公民/消费者与大众媒体之间的关系,尤其是广告的作用。思考媒介—广告—消费者关系间的积极方面和消极方面。

J658 传播学研究方法

调查大众传播过程和影响的研究方法。提供一个评估传播研究的框架,以及一些进行实证调查过程的实际经验。

J662 大众媒体和少数派

关注美国新闻和娱乐性大众媒体中少数派的表现。探索影响大众媒体少数派描述的历史、社会、政治、经济和其他因素。

J666 大众传播专业责任

探索新闻业和战略传播过程中的“职业精神”概念，强调媒体和道德系统上的社会期望。理论适用于特定情况。

J669 新闻的文学性

报道和作品的批判性阅读，包括深度报道、记者的扩展作品。

J670 促成社会变革的技术

该课程是一个高阶本科/研究生的服务学习课程，它整合了社会参与实践中新传播技术的社会影响研究。本课程将说明使用新兴技术对社会、政治、心理和政策影响，并提供一个将课堂获得的知识和技能应用于当地，以社区为基础的强化社区功能的合作项目(即整合社交媒体活动)教育机会。这个合作项目将演示如何使用新传播技术进行社会变革的操作实验。

J675 有关政府和大众媒体的话题

法律和道德的意义与交集；把法律制裁置于人种标准后的压力；各种大众传播语境下的法律及伦理问题。

J676 专题

专业传播事业座谈会

本课程广泛探讨了横跨新闻和战略传播领域的传播事业。嘉宾提供他们观察私营和公共部门在广告、新闻报道、公共关系、广播电台、营销方面遭遇的挑战和机遇的独特视角。

网络空间、超媒体和社会

作为产品和过程的新媒体；“网络空间”的生产；通过理论讨论、地理映射和历史案例研究来对“新信息社会”进行调查。

数字媒体的法律和伦理

数字媒体带来的法律和道德问题，以及数字媒体对社会和个人的影响。

新闻的未来

从平面转向数字消费的新闻；多媒体描述新闻世界的新形式；新闻“阅读”的新受众。

互联网和政治动员

新传播技术对政治动员的影响；数字分类，社交网络，公众舆论，政治知识，民主审议，公共领域，政治活动，政府和社区的经验观察。

新媒体与社会

本课程探讨了社会中新媒体的历史和社会影响。讲座和课堂讨论均围绕新媒体及其对民族主义、民主、历史、价值观、隐私和其他很多问题可能产生的影响等广泛的主题展开。

视频游戏和大众传播

视频游戏和社会、经济和文化上的人工制品；关于它们对暴力和刻板印象、目无法纪和成瘾作用的争议，以及它们对教育、社区建设和艺术生产促进作用的潜力。

（新闻和大众传播学院）新闻传播学硕士——研究生课程描述

具体课程

J614 传播和公共舆论

围绕公共舆论的形成和变化的理论与假设；对舆论趋势的计量和报告，公众对投票、新闻信息和营销传播的反映；以及公共舆论数据分析。

J616 大众媒介和青年

儿童和青年对大众媒介的使用，以及大众媒介对他们的影响。尤其关注其理解力和其他认知活动的变化，以此来洞察媒介及其影响。

J617 信息时代的健康传播

古代和当代健康传播理论与应用，结合应用于健康传播建立的其他学科（例如心理学、市场营销、公共政策、社会学）。

J618 大众传播与政治行为

新媒体、政治选举和选民的相互关系。考虑媒介报道的影响力和在形象、事件投票、政治参与和社会化上的说服力。

J620 国际传播

历史上与当代环境下国际传播相关的理论、实践和伦理问题。

J621 发展中国家中的大众媒体

非洲、亚洲和拉丁美洲中大众媒体系统的开发、结构和角色。

J646 大众媒体和消费者

关注公民/消费者与大众媒体之间的关系，尤其是广告的作用。思考媒介—广告—消费者关系间的积极方面和消极方面。

J658 传播学研究方法

调查大众传播过程及其影响的研究方法，提供一个评估传播研究的框架，以及一些进行实证调查过程的实际经验。

J662 大众媒体和少数派

在美国新闻和娱乐性大众媒体中少数派的表现。影响大众媒体少数派描述的历史、社会、政治、经济和其他因素。

J666 大众传播专业责任

探索新闻业和战略传播中的“职业精神”概念，强调对媒体和道德系统上的社会期望。理论适用于特定情况。

J669 新闻的文学性

报告和作品的批判性阅读，包括深度报道、记者的扩展作品。

J675 有关政府和大众媒体的话题

法律和道德的意义与交集；把法律制裁置于人种标准后的压力；各种大众传播语境下的法律及伦理问题。

J676 专题

专业传播事业座谈会

本课程广泛探讨了横跨新闻和战略传播领域的传播事业。嘉宾提供他们观察私营和公共部门在广告、新闻报道、公共关系、广播电台、营销方面遭遇的挑战和机遇的独特视角。

促进社会变革的社会服务技术学习

这个服务培训课程整合了运用到社会参与的信息技术实践研究。课程主要围绕将从课堂上学习到的知识和技能应用到旨在为基层产生社会变革的当地合作项目。

网络空间、超媒体和社会

作为产品和过程的新媒体；“网络空间”的生产；通过理论讨论、地理映射和历史案例研究对“新信息社会”进行调查。

数字媒体的法律和伦理

数字媒体带来的法律和道德问题，以及数字媒体对社会和个人的影响。

新闻的未来

新闻消费从印刷媒体转向数字媒体；多媒体描述新闻世界的新形式；新闻“阅读”的新受众。

互联网和政治动员

新传播技术对政治动员的影响；数字分类，社交网络，公众舆论，政治知识，民主审议，公共领域，政治活动，政府和社区的经验观察。

新媒体与社会

本课程探讨社会中新媒体的历史和社会影响。讲座和课堂讨论均围绕新媒体及其对民族主义、民主、历史、价值观、隐私和其他很多问题可能产生的影响等大主题展开。

视频游戏和大众传播

视频游戏和社会、经济和文化上的人工制品；关于它们对暴力和刻板印象、目无法纪和成瘾作用的争议，以及他们对教育、社区建设和艺术生产促进作用的潜力。

J800 高级大众媒体实践

到大众媒体进行专业实践的高级项目，课程面向新闻学，主要强调专业报告中的高级项目。它是为专业硕士学生设计的，重点因老师而异，内容可能因不同的导师而有所重复。

J805 质性传播研究法

介绍观察和采访的技巧（民族志的范畴下），书面证据的分析以及各种形式的文本分析。学生将有机会通过在一系列“现场”练习中使用这些方法来获得短暂的实习经验。

J806 大众传播研究的概念和设计

帮助学生将研究问题转化为对相关概念理解的实质性研究设计。对于大多数学生来说，最终的作品将会是一个成熟的论文或论文开题。

J810 大众传播的法律和政策

大众传播的法律，尤其强调传播法和第一修正案；考察了关于言论自由和新闻自由意义的不同理论观点和最近的一些法律发展。

J819 大众传播史

精读与讨论，旨在向学生介绍有关大众传播史的文献。

J829 政治传播

该课程考察了传播在美国政治中的作用。话题包括政治的传播（如政治精英传播、大众传播和人际传播在政治态度上的影响），传播政策（政治传播监管、政治问题等）。

J830 国际/发展传播

专注全球媒介问题的阅读和讨论。话题可能包括新闻流，文化帝国主义，象征、历史和政治经济，全球化趋势，新技术，大众媒体和国家建设，传播和草根政治。

J839 大众传播的批判和文化方法

强化关于大众传播理论和研究的批判研究和/或文化研究传统的阅读。

J840 大众传播战略

强化关于大众传播战略应用的理论、战略和方法的阅读，课程集中于宏观或微观问题。

J849 大众传播与个人

关于个体与大众媒体关系的社会心理基础理论和研究；认知、态度、情感、动机和行为过程是个体使用大众媒体并与媒体内容交互的基础。

J860 科学和环境传播

课程使用有效的知识和说明来追踪涉及科学和环境领域的大众传播的进展。对记者如何利用证据的强调;科学和新闻规范对故事的影响;大众媒体在科学和环境信息中对大众的影响。

J861 环境信息和教育项目

探查有关环境问题和政策的信息和教育项目。强调旨在公众意识、观点和行为改变的传播活动和过程,包括流程设计、策划和评估。

J870 大众传播与社会机构

理论构建的系统过程,大众媒体和其他社会机构,以及他们和个人与微观社会系统关系之间的传播过程理论比较。

J880 大众传播话题

传播媒介和社会抗议

传播媒介在社会抗议动态角色的多种学科方法。仲裁消息的前身和结果,因为它们会影响社会抗议的相关过程。

完整的媒介叙述

一个低科技的特定平台课程会探索非虚构叙述的替代形式。这门课教授多媒体的实践、技术、批评和概念,如音频、视频以及如新闻广告和其他类型的公共信息交换的媒体这类的交互性探索。

网络和民主主义

互联网与公民和政治生活间的联系。新媒体与新社区建设,以及治理流程之间的联系;社会学、心理学、法律和政治观点,将技术对民主运作的影响放在调查的中心。

新闻和理论

新闻的内容和目的;新闻业和社会机构的关系;新闻业的技术变革和挑战。

深度报道

专业实践中的高级课程，J800 是必要的先决条件。课程强调新闻叙述，传统和网络的杂志写作，博客以及自由职业实践。

移动媒体、日常生活和政治动员

政治组织和动员中移动传播技术的影响；社交网络扩散、民意表达、政治知识转移、协商讨论、公共领域的新交互模式与政治运动、政府和社区的实证观察。

传播研究实习

大众传播中的记录、组织、审查、修改、展示和发布实证研究，实习，适用对象是大众传播和相关学科的考博学生。

种族/民族、媒体和社会

回顾与种族和民族有关的关键问题；多媒体环境下大众传播的作用；民主包容的媒介表现和问题。

J901 大众传播研讨会

由大众传媒学者和从业者进行演讲，旨在使研究生熟悉出版学研究的理论、方法论和实践方法。

J910 研讨会——大众传播法律和政策

大众传播学中的法律研究；学生将在大众传播定律下探索文件、社会科学和定性研究，并且设计实行研究项目。

J919 研讨会——大众传播史

大众传播史的研讨会，期望基于原始文献进行原创研究的学生可以参加。

J930 研讨会——国际/发展传播

专注全球媒介问题的阅读与讨论。话题可能包括新闻流，文化帝国主义，象征，历史和政治经济，全球化趋势，新技术，大众媒体和国家建设，传播和草根政治。

J939 研讨会——大众传播的批判和文化方法

批判研究和/或文化研究的研究。话题可能包括大众媒体的政治经济代表理论，重要的新闻分析和批判，文化政治和大众媒体，大众媒体的批判方法，种族和性别。

J940 研讨会——战略传播

研究包括大众传播的战略使用。研讨会涉及大众战略传播中学生集中的预选问题，并为学生提供机会来设计一个有关他们选择的问题的有独创性的研究提案。

J949 研讨会——大众传播和个人

研讨会涉及大众传播的使用对个人的影响这一专题。课程的特点是解读现在的研究文献，另外，还涉及一个小组或个人研究项目。

J960 研讨会——科学和环境传播

关于涉及科学和环境的大众媒介研究。为学生提供设计关于他们选择的问题的研究计划的机会。

J970 研讨会——大众传播和社会组织

大众媒体和其他社会机构，以及他们和个人与微观社会系统关系理论建构和测试。为适应研讨会研究论文要求，各种定量的、定性的或历史的方法都适用于研究。

J980 研讨会——大众传播中的主题

大众传播学中专题的深度研究。

J990 论文

J999 独立研究问题

美国　北卡罗莱纳大学

（University of North Carolina）

（人类与社会科学学院传播系）传播学——课程列表

COM（传播学） 110 公开演讲（3）*

UNITS(单元)：面向秋季、春季、夏季入学的学生，视觉与表演艺术

研究技能，主题选择，演讲组织，演讲中的技巧。课堂演讲演示的分析和评价听讲。

COM（传播学） 112 个人传播（3）

UNITS(单元)：面向秋季、春季、夏季入学的学生，社会科学

个人传播包括自我的概念，自我表露，积极倾听，语言和非语言传播，冲突管理。

COM（传播学） 200 多变世界中的传播媒介（3）

UNITS(单元)：面向秋季、春季、夏季入学的学生，如果 COM(传播学) 205 先完成选修，则课程 COM(传播学) 200 和 COM(传播学) 205 不能同时获得人文类学分

追踪正在发生的传播媒介演变。探索掌控访问和当代媒介内容的主流媒体公司的地位和影响。通过探索从手机，到电脑，到音乐和游戏平台学生的媒介使用情况来给学生以挑战。已经选修了 COM(传播学) 205 的学生不能从 COM(传播学) 200 中获得学分。对于传播专业，这门课程只能被作为自由选修课。

---

* 括号中数字表示学分数。后同。

COM（传播学） 201 说服理论概论（3）

UNITS(单元)：面向秋季、春季、夏季入学的学生

说服传播对态度和行为的影响；使用人文和社会科学的理论来解释说服的过程。

COM（传播学） 202 小组传播（3）

UNITS(单元)：面向秋季、春季入学的学生

小组中有效传播的理论和实践，包括小组发展阶段，角色的产生，领袖功能，决策策略，冲突管理和权力的意义。

COM（传播学） 211 论证和宣传（3）

UNITS(单元)：面向秋季、春季、夏季入学的学生，人文学科

理论基于对法律专业设置、政治、学术辩论、业务和组织，以及人际关系的公共争论分析。

COM（传播学） 226 公共关系介绍（3）

UNITS(单元)：面向秋季、春季、夏季入学的学生

把公共关系作为组织的传播功能；公共关系的过程、原则、历史和实践；公共关系实践中的环境、组织、传播和受众影响分析；就业机会。

COM（传播学） 230 传播理论概述（3）

UNITS(单元)：面向秋季、春季、夏季入学的学生 要求：传播学专业

将微观和微观分析理论用于人类传播研究；主要的理论观点和假设；主要理论的效用和应用；内容，文化和媒介。

COM（传播学） 240 传播调查（3）

UNITS(单元)：面向秋季、春季入学的学生　先决条件：传播学专业

传播学中调查的定性和定量的方法；问题类型；证据性质；不同方法的优缺点；领域内的收费标准；研究信息的分销渠道。

COM（传播学） 250 传播和技术（3）

UNITS(单元)：面向秋季、春季、夏季入学的学生　先决条件：传播学专业。COM(传播学) 250 和 COM(传播学) 200 不能同时获得学分

对于日常中技术、文化和传播的过去、现在和未来的交叉研究；传播政策的影响；对传播技术在人际、组织、社会和全球环境中的分析；培养传播技巧以胜任传播者的角色。

COM（传播学） 257 媒介历史和理论（3）

UNITS(单元)：面向秋季、春季、夏季入学的学生　先决条件：COM(传播学) 230

电信、印刷、摄影、电影、广播和电脑媒介传播的历史发展和社会影响。传播媒介领域的理论和方法：媒体历史；媒体经济和政治；媒体影响力和权力；媒体作为生产商的意义；媒体受众；媒体技术；媒介的社会角色；文化和政治变革。

COM（传播学） 267 电子媒体写作：理论和实践（3）

UNITS(单元)：面向秋季、春季、夏季入学的学生　先决条件：COM(传播学) 230

媒介写作是作为社会实践的课程展开。媒体生产过程写作和作家的作用；能够促进或者限制写作和作家的社会、政治、经济和专业条件；特定媒介写作的类型和格式；媒体写作的研究和准备；学生写作基于研究的新闻脚本，评论，广播中的小说，电视，电影和新兴媒体。

COM（传播学） 296 传播学实习—非本地（1）

UNITS(单元)：面向秋季、春季、夏季入学的学生　要求：传播学专业

通过从工作地点和大学的监督，给传播学专业的学生非本地直接工作的经验。COM(传播学) 296 可以重复选修，但要实习主管和协会部门负责

人的许可。

COM（传播学） 298 传播中的特殊项目（1—3）

UNITS(单元)：面向秋季、春季入学的学生

特殊项目将用于指导二年级水平的研究或实验课程，话题由导师决定。

COM（传播学） 301 表现演讲（3）

UNITS(单元)：面向春季入学的学生　先决条件：COM(传播学) 110

政策决定、政策影响和销售的口头表达的设计、组织和交付。

COM（传播学） 302 会议管理（3）

UNITS(单元)：面向秋季入学的学生

集会、组织、委员会中会议的规则和风俗；会议管理和团队领导能力；会议动向和策略。

COM（传播学） 307 数字音频制作（3）

UNITS(单元)：面向秋季、春季入学的学生　先决条件：COM(传播学) 267

数字音频生产的基本原则，包括工作室制作、执行、写作和生产。

COM（传播学） 315 语音学（3）

UNITS(单元)：面向秋季入学的学生

发音和声学语音学；通过声乐和耳朵的训练来应用国际音标。

COM（传播学） 316 公共关系写作（3）

UNITS(单元)：面向秋季、春季入学的学生　先决条件：COM(传播学) 226 和 ENG(英语语言学) 316

传播过程和公共关系计划；媒介技术，材料准备和分销渠道。

COM（传播学） 317 制片公司（3）

UNITS(单元)：面向秋季、春季入学的学生　先决条件：COM(传播

学）267

电视演播室生产的基本技术，包括生产、写作、导演和电子图片生产。

COM（传播学）（ENG［英语语言学］）321 修辞理论的调查（3）

UNITS(单元)：先决条件：大二及以上学生

讲述从古典起源到现代直至当今的修辞学原理。提供对说服力符号运用过程的批判性理解的关键概念和理论。

COM（传播学） 322 非语言传播（3）

UNITS(单元)：面向秋季、春季入学的学生 先决条件：COM（传播学）112

非语言传播的理论和研究，包括环境、空间、无力外表、行动、眼睛和面部表情；声音提示；在个人、工作场所和跨文化背景下的非语言传播。

COM（传播学） 325 演讲的解剖学和生理学（3）

UNITS(单元)：面向秋季入学的学生

解剖学和生理学的演说机制，包括肌肉、骨骼；神经系统结构，包括呼吸、发声、发音。

COM（传播学） 327 传播媒介批判性分析（3）

UNITS(单元)：面向秋季、春季入学的学生 先决条件：COM（传播学）240 和 COM（传播学）257，并修课程 COM（传播学）240

各种媒体关键分析法的理论框架、方法和目的。媒体制作权的批判；信息的社会偏见；混合媒体内容；受众和公众的历史形式。在政治、公共文化和日常生活中媒体批判意识的影响。

COM（传播学） 332 关系传播（3）

UNITS(单元)：面向秋季、春季入学的学生 先决条件：COM（传播学）112

沟通模式在人际关系中的发展与恶化;家庭关系中传播行为的功能和功能失调。

COM（传播学） 335 语言发展（3）

UNITS(单元): 面向秋季入学的学生,隔一年提供

从出生到青春期的句法、语义、形态学和实用主义的发展;认知和社会发展对语言发展的影响;第一语言习得与第二语言学习。

COM（传播学） 336 通讯写作和生产（3）

UNITS(单元): 面向秋季、春季入学的学生

通讯是公司、非营利组织、政府和中小企业传播工具的一个重要组成部分。几乎所有组织使用通讯——打印或电子——将关键信息传达给受众。许多年轻的公共关系从业者开始他们致力于组织和客户通讯的职业生涯。本课程学生将进行协作编写和生产通讯以及其他公共关系出版物的工作。

COM（传播学） 342 采访（3）

UNITS(单元): 面向秋季、春季入学的学生　先决条件：学分达到相当于大三学生的水平

应用不同种类专业采访有效传播技能的理论和实践;课堂采访。

COM（传播学） 346 公共关系案例研究（3）

UNITS(单元): 面向秋季、春季入学的学生　先决条件：COM(传播学) 226 和 COM(传播学) 230

用于公共关系组织的案例研究的理论、原则和解决问题的技巧应用。

COM（传播学） 357 数字视频制作（3）

UNITS(单元): 面向秋季、春季入学的学生　先决条件：COM(传播学) 267

数字视频生产原理、指导和编辑技术;学生剧本、故事板、拍摄和编辑视

频项目。

COM（传播学）（WGS［女性与性别研究］）362 传播和性别（3）

UNITS(单元)：面向秋季、春季入学的学生　先决条件：大三水准，COM(传播学) 112

性别对人际传播过程的影响；通过传播实践建设性别身份；考察组织、机构和媒体交流实践中的性别理论和性别角色。

COM（传播学） 364 至 1940 年的电影历史（3）

UNITS(单元)：面向秋季入学的学生，全球化知识，视觉与表现艺术　先决条件：大二及以上水准

国际电影生产行业从一开始到 1940 年的技术发展和美学运动；摄像机运动、编辑、声音、叙述形式和纪录片的正式进化；在历史、经济和文化背景下，好莱坞的兴起和国际影院。

COM（传播学） 367 多媒体制作和数字文化（3）

UNITS(单元)：面向春季入学的学生　先决条件：COM(传播学) 267

生产实验室和研讨会的总和；视觉图像、音频和视频的数字化生产；在视觉传达和电子文化方面的理论阅读；批判性分析电子媒体的潜在发展和部署，以及它们对社会、经济和政治的影响；实用技能和批判性思维开发。

COM（传播学） 374 自 1940 年以来的电影历史（3）

UNITS(单元)：面向春季入学的学生，全球化知识，视觉与表现艺术　先决条件：大二及以上水准

国际电影生产行业自 1940 年至今的技术发展和美学运动；摄像机运动、编辑、声音、叙述形式和纪录片的正式进化；在历史、经济和文化背景下，好莱坞的兴起和国际影院(包括建立和发展)。

COM（传播学） 385 演讲科学（3）

UNITS(单元)：面向春季入学的学生 先决条件：COM(传播学) 325

语音的声学特性和动态生产；用来测量呼吸、发声、发音关节运动和由这些运动产生的声学情况的基本临床仪器的最初经验；实验要求使用基本仪器和计算机软件，并在课外完成。

COM（传播学） 386 量化传播研究方法（3）

UNITS(单元)：面向秋季、春季、夏季入学的学生 先决条件：COM(传播学) 240

传播研究方法的设计和实现，包括实验和调查研究过程；使用计算机软件进行统计分析。

COM（传播学）（HSS［人类学与社会科学］） 392 国际和跨文化传播（3）

UNITS(单元)：全球知识，社会科学，美国文化的多样性

跨文化交流的语言与非语言形式的模式和问题；预防和管理特殊的意识和跨文化交流引起的文化冲突；不同的文化视角对传播的影响。

COM（传播学）（ENG［英语语言学］） 395 修辞和数字媒体研究（3）

UNITS(单元)：面向秋季、春季入学的学生，人文学科 先决条件：ENG(英语语言学) 101

对修辞理论和实践领域新兴技术的研究；文本的修辞分析，包括视觉和听觉文本；发明和建设数字媒体文本的修辞理论和分析；适应新兴技术和变化实践的不同主题。

COM（传播学） 402 高级群体传播（3）

UNITS(单元)：面向春季入学的学生 先决条件：COM(传播学) 202

复杂的、有战略性和重要性的公共或企业职能的群体传播过程和结果；

注重参与、干预、领导和建设群体流程;应用中高级的理论。

COM(传播学) 407 高级数字音频(3)

UNITS(单元):面向秋季入学的学生,隔年提供 先决条件:COM(传播学) 307

先进的多通道音频生产技术;演播室声学、音频信号处理和先进的麦克风技术、写作和执行。

COM(传播学)(ENG[英语语言学]) 411 修辞学评论(3)

UNITS(单元):先决条件:大三水准

公共演讲、社会运动、政治运动、流行音乐、广告,以及宗教交流的修辞分析;新亚里士多德评论、运动研究、批评学派、剧本分析、内容分析、幻想主题分析。

COM(传播学) 417 传播和种族中的高级主题(3)

UNITS(单元):面向秋季、春季入学的学生,美国文化的多样性 先决条件:COM(传播学) 257,并修课程 COM(传播学) 250

高级的主题研讨会研究通过传播实践得来的种族和民族身份建设;探索种族、身份的理论和传播工作建设、破坏以及加强理解整个社会群体的方法。

COM(传播学) 421 传播法(3)

UNITS(单元):面向秋季入学的学生 先决条件:大三水准

探讨传播权利和责任的历史、哲学、法律基础;为哲学和法规影响的来源、消息、渠道、接收、情况提供了课程的焦点。

COM(传播学) 427 游戏研究(3)

UNITS(单元):面向秋季入学的学生,隔年提供 先决条件:COM(传播学) 250 或 STS(科学、技术、社会) 214

探索基于活动和兴趣/社会空间的移动技术(手机,PDA)之间的相互关系。主要调查三方面:(1)基本的游戏概念定义(社区、叙事、玩和空间);(2)游戏作为社交活动的历史,特别强调多用户域(MUD);(3)游戏的定义,该定义将物理空间作为游戏的环境,比如普通游戏,基于地理位置的游戏和混合现实游戏。讨论游戏、教育和艺术在 Jr/Sr 标准之间的关系。

COM(传播学) 431 政治运动中的传播(3)

UNITS(单元): 面向秋季入学的学生,隔年提供　先决条件: COM(传播学) 110 或 COM(传播学) 201

对政治活动中口头传播作用的分析和评论;特殊政治传播情况分析;代笔、新闻发布会、负面广告。

COM(传播学) 436 环境传播(3)

UNITS(单元): 面向秋季入学的学生,隔奇数年提供　先决条件: COM(传播学) 230 或 STS(科学、技术、社会)214

对组织、大众传媒、政治、文化及国际背景下环境话语的批判性分析;调查环保和审议中的公众参与;环境冲突管理;自然和人类与自然的关系的修辞结构,环境正义;环境风险传播;竞争生态范式。必须得到初级/高级等级。

COM(传播学) 437 高级数字视频(3)

UNITS(单元): 面向春季入学的学生　先决条件: COM(传播学) 357

数字视频生产实践经验;教学录像带的生产;在生产过程中所有阶段的实践经验,包括预生产组织和最终产品的批判性分析。

COM(传播学) 441 传播中的伦理问题(3)

UNITS(单元): 面向春季入学的学生　先决条件: COM(传播学) 110,112

对人际传播和公共传播实践中道德问题的批判性分析。

COM（传播学） 442 传播和冲突管理（3）

UNITS(单元)：面向秋季入学的学生 先决条件：COM(传播学）112

冲突风格和理论的探索；冲突管理策略，如谈判和第三方干预；与工作场所，家庭和人际关系等冲突的相关环境。冲突和谈判在各种环境中的实践、理论和批判性分析。

COM（传播学） 444 电影生产（3）

UNITS(单元)：面向秋季入学的学生 先决条件：COM(传播学）267 或 ENG(英语语言学）330

电影的摄影原理、生产和编辑技术；脚本、拍摄和编辑短 16 mm 电影；数字非线性编辑系统的后期制作；经典和当代电影的生产的批判性分析。

COM（传播学） 447 传播和全球化（3）

UNITS(单元)：面向夏季入学的学生，全球化知识；隔奇数年提供 并修课程 COM(传播学）327

媒体、信息、通信技术、组织、策略和内容全球化的历史和当前趋势。全球化的政治文化影响，包括企业与大众对全球传播控制权的辩论；美国的主导地位与国际合作的辩论，以及美国文化的全球影响。基于互联网全球化项目的小组研究，及与其他国家的学生合作。

COM（传播学） 451 视觉修辞（3）

UNITS(单元)：面向春季入学的学生 先决条件：COM(传播学）201 或 COM(传播学）321

探索传播在主要的视觉形式中修辞策略的使用，包括广告、摄影、数字图像、视觉艺术、公共纪念作品和网站；研究视觉图像和作品的修辞分析和解释的概念和方法；包括一个或多个的实地探查，学生要自备交通工具。

COM（传播学） 456 组织传播（3）

UNITS(单元)：面向秋季、春季、夏季入学的学生 先决条件：COM(传

播学）230

组织中人员传播的角色，管理哲学中关于有效传播的固有假设，以及传播、工作满意度、生产力、发展和员工的动机之间的关系调查。

COM（传播学） 457 媒体和家庭（3）

UNITS(单元)：面向秋季入学的学生　并修课程 COM（传播学） 327

媒介信息对儿童和家庭的影响；实证文献和继续研究的起源；定性文学的评估；对媒体行业为儿童和家庭设计的媒体信息的结构和分布的商业结构的影响；考虑专业和反社会的影响。

COM（传播学） 466 非营利组织的领导与发展（3）

UNITS(单元)：面向春季入学的学生

非营利组织领导和发展是一个服务培训课程，学生将会在当地的非营利组织做 20 个小时的服务承诺；他们还将仔细学习传播理论与有关非营利组织相关问题上的沟通和领导能力，如与董事会工作、志愿者管理和资源开发；并负责运输和购买实习保险。

COM（传播学） 467 性别和传播中的高级主题（3）

UNITS(单元)：面向秋季、春季入学的学生　先决条件：COM（传播学） 327 或 COM（传播学） 362

高级的主题研讨会研究通过传播实践建设性别身份；性别表示的历史和分析；性别结构的社会、政治和经济影响理论和批评方法。

COM（传播学） 476 公共关系活动（3）

UNITS(单元)：面向秋季、春季入学的学生　先决条件：COM（传播学） 226，COM（传播学） 316，COM（传播学） 386　并修课程 COM（传播学） 346（注：COM〔传播学〕346 可以看作是一个先决条件或必备条件）

组织和公共关系咨询中的公共关系职能管理：传播理论和来自公共关系部门和咨询公司的事物属性，实际分析和公关宣传与活动的发展。

COM（传播学） 477 移动式通讯（3）

UNITS(单元)：面向秋季入学的学生，隔奇数年提供　先决条件：COM（传播学）250 或 STS（科学、技术、社会）214

移动通信技术及其对通信模式和社会行为的影响，伴随互联网接入和游戏设备的安装，电话之外手机的概念化；社会使用的移动接口的历史、当前状况，以及未来的视角。新的移动社区的创建；移动图像通信的影响以及移动网络的创建；跨文化和地区来使用手机，如亚洲、斯堪的纳维亚、非洲和拉丁美洲。

COM（传播学） 484 高级电视制作（3）

UNITS(单元)：面向春季入学的学生，隔年提供　先决条件：COM（传播学）317

生产利用先进技术制作的电视节目；通过电视演播室复杂的生产工作计划格式，强调精致的写作、生产和指导技能。

COM（传播学） 487 网络和社会（3）

UNITS(单元)：面向春季入学的学生，隔偶数年提供　先决条件：COM（传播学）250 或 COM（传播学）257 或 STS（科学、技术、社会）214

探索网络传播和信息技术在发展中的重大问题；自我和身体的建设；信息技术与社会、公民和政治生活的关系；性别、种族和持续关键点的课程；知识和知识产权，软件的意义和传播、知识和信息性质的设计。

COM（传播学） 493 公共关系中的高级主题（3）

UNITS(单元)：面向秋季、春季入学的学生

本课程旨在通过广泛的行业惯例来分析公共关系职业当前的趋势和近期发展；课程内容将根据教师的需要每学期发生改变，变更内容可能包括主题，如社交媒体、媒体关系、危机沟通、国际公共关系和其他公共关系专业；只针对低年级和高年级的学生。

COM（传播学） 496 传播实习（3）

UNITS(单元)：面向秋季、春季、夏季入学的学生　先决条件：大三水准，传播学专业

在工作站和学校的监管下，传播学专业的学生获得直接工作经验。

COM（传播学） 498 传播中的高级话题（1—3）

UNITS(单元)：面向秋季、春季入学的学生　先决条件：高级或初级水平

现代理论、方法、实践、流程或传播相关领域问题的高级研究。主题各不相同。

COM（传播学） 499 高级独立研究（1—3）

UNITS(单元)：面向秋季、春季入学的学生　先决条件：获得传播学课程的 9 个学分，大三水准或者传播学高级等级

在教程基础和教员指导下发展的传播学的特殊项目；必须有部门登记许可；可能只招收两次。

COM（传播学）（ENG［英语语言学］） 506 语言数据分析（3）

UNITS(单元)：面向秋季入学的学生，隔奇数年提供　先决条件：ENG（英语语言学） 513 或 ENG（英语语言学） 527 或 COM（传播学） 541 或 COM（传播学） 542

理解口语和书面语言活动的研究策略（如设计、教学、咨询、游戏互动、电子商务）；跟踪作为语言数据的语言的图案使用（如语法、局部、主题），制定研究问题，设计通过定量描述性的方式回答这些问题的研究；取样、收集和管理数据，开发编码方案，实现可靠性，使用描述性统计方法，并报告结果。

COM（传播学）（GES［基因工程与社会］）（HI［历史学］） 508 新兴技术和社会（3）

UNITS(单元)：面向春季入学的学生

提供理解新兴技术及其社会、政治和文化环境的框架；介绍历史案例研

究、人类学原因和向学生介绍思考科技、自然与文化、民主和专业知识方法的理论观点；学生必须是研究生水准。

COM（传播学）（ENG［英语语言学］）514 修辞史（3）

UNITS(单元)：面向秋季入学的学生，隔偶数年提供

修辞理论的历史发展，关注同时代的修辞实践和哲学趋势；主要集中在古典时期中世纪的简报、文艺复兴、18世纪和19世纪的发展；当代理论和实践的影响，包括教学实践。

COM（传播学）（ENG［英语语言学］）516 修辞批评：理论与实践（3）

UNITS(单元)：面向秋季入学的学生　先决条件：研究生或相当于COM(传播学)/ENG(英语语言学) 321或COM(传播学)/ENG(英语语言学) 411的课业水平

20世纪主要批判方法的发展、成就和局限，包括新亚里士多德、普通、隐喻、剧作、女权主义者、社会运动、幻想主题和后现代的方法；政治话语、机构话语，以及法律、医学、宗教、教育、科学、媒体话语的批评；修辞与文学批评之间的关系及其他形式的文化分析。

COM（传播学）521 传播和全球化（3）

UNITS(单元)：面向夏季入学的学生，隔奇数年提供　先决条件：研究生水准

经济、政治、文化全球化的维度；在人类社会组织机构和实践中，信息和通信技术、网络的作用。

COM（传播学）522 组织传播的评判方法（3）

UNITS(单元)：面向春季入学的学生，隔偶数年提供　先决条件：研究生水准

评论的概述和组织传播研究的解释；应用相关见解来丰富和转换工作生活。

COM（传播学） 523 国际和跨文化交流（3）

UNITS(单元)：面向春季入学的学生，隔偶数年提供　先决条件：研究生水准

对文化内部、跨文化和国际传播理论及问题的调查。

COM（传播学） 524 组织中的政治传播（3）

UNITS(单元)：面向春季入学的学生，隔偶数年提供　先决条件：研究生水准

探索组织中的现代通信技术对政治生活的影响；考察私人组织和政府机构政治信息的规划和接合。

COM（传播学） 525 小组/团队传播（3）

UNITS(单元)：面向秋季入学学生，隔偶数年提供　先决条件：研究生水准

涉及小组/团队传播的原则、理论、研究和实践的全面回顾：与决策、冲突管理、建立关系和小组/团队的有效性评价相联系；强调有效传播在组织和团队的指导方针；要求研究生水准选修。

COM（传播学） 526 媒介所有权（3）

UNITS(单元)：面向春季入学的学生，隔偶数年提供　先决条件：研究生水准

识别全球主流媒体领域的主导地位；考察当代媒体所有权模式的商业、文化、社会、政治的影响。

COM（传播学） 527 组织冲突管理研讨会（3）

UNITS(单元)：面向春季入学的学生，隔奇数年提供　先决条件：研究生水准

冲突先例、干预措施、通过多个文本展示结果、对期刊文章的考察；强调工作冲突、组织结构、纠纷系统的设计；通过参与课堂讨论、独立论文、研究项目、展示进行评估。

COM（传播学） 528 传播文化和技术（3）

UNITS(单元)：面向春季入学的学生，隔奇数年提供 先决条件：研究生水准

通过历史案例考察传播技术；调查早期声音和屏幕技术的发展；对电脑媒介类传播类型的分析。

COM（传播学） 529 传播活动（3）

UNITS(单元)：面向春季入学的学生

旨在培养学生设计、实施、监控和评估一个关于健康、公共关系或政治组织的建立在良好的理论方法上的成功的传播活动；学生为受众研究成立焦点小组，专业地为任何类型组织的真正的客户提出一个行动计划；本课程强调通过理论和实践技能来开发成功的传播活动。

COM（传播学） 530 科学和技术组织之中的人际沟通（3）

UNITS(单元)：面向夏季入学的学生 先决条件：研究生水准

理解和分析组织中人际沟通实践和问题的混合理论和研究，包括管理印象和对话、参与积极倾听、管理冲突、影响他人和团队沟通。重点开发和维护工作中的有效人际关系，提高学生的沟通能力。

COM（传播学） 532 来函咨询（3）

UNITS(单元)：面向秋季入学的学生，隔偶数年提供

本课程介绍了咨询的艺术和方法，特别是在组织中应用的通信问题；它还提供学生开发和/或改进培训和便利化的技能，以及链接传播理论和组织实践研究的方法；课程要求研究生水准。

COM（传播学） 536 环境传播（3）

UNITS(单元)：面向秋季入学的学生，隔奇数年提供

组织、媒体、政治、文化和国际背景下环境话语的研究和关键分析。调查环保和审议中的公众参与；环境冲突管理；修辞结构的性质，人类与自然

的关系，环境正义，环境风险沟通；竞争生态模式。课程要求研究生水准。

COM（传播学） 537 游戏和社交网络

UNITS(单元)：基于活动和兴趣/社会空间的移动技术（手机，PDA）之间相互关系的三项探索

调查：(1)基本的游戏概念（社区，叙事，玩和空间）；(2)游戏作为社交活动的历史，特别强调多用户域；(3)游戏的定义，该定义将物理空间作为游戏的环境，比如普通游戏，基于地理位置的游戏和混合现实游戏。讨论游戏、教育和艺术之间的关系。要求有部门许可。

COM（传播学） 538 风险传播（3）

UNITS(单元)：面向秋季入学的学生，隔奇数年提供

全面回顾涉及与环境、健康和安全有关共识建立的原则、理论、研究和实践，使用风险的分析和管理；强调与新兴科技相关的风险；无需量化的经验；课程要求研究生水准。

COM（传播学）（PA［公共管理］） 539 基金发展（3）

UNITS(单元)：识别和评估基金发展、年度捐献、资本活动、捐赠基金的技术和最佳实践

主题包括设定可行的目标、为一个基金开发和识别进行组织和人员配备；探讨基金发展和组织使命与治理之间的联系，伦理问题和政府规定；PBS身份或研究生水准。

COM（传播学） 540 传播中的批评和解释调查（3）

UNITS(单元)：面向秋季、春季入学的学生

批评和解释传播研究中的理论基础和分析技术；传播实践、文本、技术、生产与反应文化和权利分析；重点分析和批判历史、政治、经济、归档、语境、翻译、修辞和文化模式；课程要求研究生水准。

COM（传播学） 541 应用传播中的定量研究法（3）

UNITS(单元)：面向秋季入学的学生，隔奇数年提供 先决条件：研究生水准

介绍应用传播中的研究方法；各种定量研究方法的设计、执行和分析知识。

COM（传播学） 542 应用传播中的定性研究法（3）

UNITS(单元)：面向秋季入学的学生，隔偶数年提供 先决条件：研究生水准

定性研究的理论和实践层面；问题包括提出好问题、现场观察、伦理、焦点小组、采访数据表现、文本分析和讨论、书写质量报告。

COM（传播学） 543 视觉内容分析（3）

UNITS(单元)：面向秋季入学的学生，隔偶数年提供

社会科学—组织定量或定性分析中的研究方法；学生将通过培养和/或测试视觉媒体的理论概念来促进视觉的研究；阅读焦点在于在数字或传统媒体中静态或动态图像分析技术和概念；内容包括社会媒体、组织网站、博客、在线新闻网站、电影、游戏、移动媒体等等。学生要使用定性和定量分析软件；需要研究生水准。

COM（传播学） 546 非营利市场营销和公共关系（3）

UNITS(单元)：适用于非营利组织的市场营销和公共关系调查的原则与实践。

COM（传播学） 547 移动技术和社会实践（3）

UNITS(单元)：移动传播技术和它们对传播模式和社会行为的影响；手机除了手机本身的概念，还包含互联网接入点和游戏设备；关于移动设备的社会使用历史、当前的使用情况和未来的视角；新的移动社区的创建；移动图像对传播的影响，以及移动网络的创建；跨文化和地域的手机使用，如亚

洲、斯堪的纳维亚、非洲和拉丁美洲；课程需要部门的许可。

COM（传播学）（ENG［英语语言学］）554 现代修辞理论（3）

UNITS(单元)： 面向春季入学的学生，隔奇数年提供

20 世纪和 21 世纪的现代修辞理论；古典传统及其继任者的连接和中断的概念；修辞理论和哲学趋势、机构历史、社会经济环境和教学需要之间的关系；关注当前问题，如发明的复兴、修辞机构和道德规范。

COM（传播学）556 组织传播研讨会（3）

UNITS(单元)： 面向春季入学的学生　先决条件：本科以上水准或研究生水准

研究组织行为传播观点的理论和应用方法；主题有关传播与组织理论、研究方法、领导、权力、吸引力、冲突和理论发展。

COM（传播学）561 人类传播理论（3）

UNITS(单元)： 面向秋季、春季入学的学生　先决条件：研究生水准或 PBS 称号

理论在研究人类传播中的作用；综合社会科学理论以及基于环境的理论，包括人际关系、公众、团体、组织和大众传播语境。

COM（传播学）562 传播与社会变革（3）

UNITS(单元)： 面向秋季入学的学生，隔偶数年提供　先决条件：研究生水准

考察说服理论和方法，包括合规获得技术；大众传播活动针对社会变革的有效性评价。

COM（传播学）563 公共关系理论（3）

UNITS(单元)： 面向春季入学的学生，隔偶数年提供

公共关系理论知识研究，及其在实践中的应用。课程要求研究生水准。

COM（传播学） 566 危机传播研讨会（3）

UNITS(单元)：面向春季入学的学生，隔年提供

对传播、冲突管理和组织设计的理论观点进行研究；对危机沟通的理论理解，包括对管理和评估危机的战略传播计划的全面指导。

COM（传播学）（ENG［英语语言学］） 581 视觉修辞：理论和批评（3）

UNITS(单元)：面向春季入学的学生，隔偶数年提供 要求：只面向研究生

视觉理论在修辞上的应用和修辞理论在视觉形式的传播上的应用；讨论和分析可能包括广告、摄影、新闻和信息媒体、政治沟通、教学材料、科学可视化、视觉艺术、公共纪念作品、网络和其他数字媒体。

COM（传播学） 585 教授大学传播（3）

UNITS(单元)：面向秋季入学的学生 先决条件：研究生水准

传播教育理论和研究的介绍。课程分为几个主要部分：(1) 教育理论和哲学，(2) 教学设计理论和实践。

COM（传播学） 598 传播学专题（1—3）

UNITS(单元)：面向秋季、春季、夏季入学的学生

传播学专题的详细调查；不超过6小时；可以被用作硕士学位毕业学分。

COM（传播学） 630 传播学独立研究（1—3）

UNITS(单元)：面向秋季、春季、夏季入学的学生 先决条件：研究生水准

用于指导研究生水平研究的特殊项目课程；主题由导师决定；不超过6小时；可以被用作硕士学位毕业学分。

COM（传播学） 650 传播实习（1—6）

UNITS(单元)：面向秋季、春季入学的学生 先决条件：接收理学硕士

的传播项目

提供学生在传播学导师监督下在工作场所练习专业传播技巧的机会；限于传播学学生中的理学硕士。

COM（传播学） 685 硕士的指导教学（1—3）

UNITS(单元)：面向秋季和夏季入学的学生　先决条件：硕士学位学生

教授有经验的教员，协助学生规划教学任务，观察学生并为其提供在教学任务中的反馈，且在完成任务的基础上进行评估。

COM（传播学） 688 非论文硕士连续注册——一半时间注册（1）

UNITS(单元)：面向秋季、春季、夏季入学的学生　先决条件：硕士学位学生

对于非论文硕士学位的学生来说，应完成所有学位要求的学分，但需要保持一半时间的连续登记，以完成完整的成绩、课程和最后的硕士考试，等等。

COM（传播学） 689 -非论文硕士连续注册——全日注册（2）

UNITS(单元)：面向秋季、春季、夏季入学的学生　先决条件：硕士学位学生

对于非论文硕士学位的学生来说，应完成所有学位要求的学分，但需要保持全天时间的连续登记，以完成完整的成绩、课程和最后的硕士考试，等等；学生可注册本课程最多达一个学期。

COM（传播学） 695 论文研究（1—6）

UNITS(单元)：面向秋季、春季入学的学生　先决条件：硕士学位学生

论文研究。

COM（传播学） 696 夏季论文研究（1）

COM（传播学） 798 传播学专题（3）

UNITS(单元)：面向秋季、春季入学的学生

强化对在传播理论、修辞、媒介或其他传播研究领域中专业或新兴主题的探索;注重学生的研究和写作;可用于测试和开发新课程;可以重复修学分;课程仅面向博士研究生。

COM(传播学) 810 传播学中的定向阅读(1—6)

UNITS(单元): 面向秋季、春季、夏季入学的学生

从传播学院各专业中选择特定主题进行深入研究;学生和导师之间对于学分的给予要进行商谈,且获得研究生学习负责人的批准;可以重复修学分;课程仅面向博士研究生。

COM(传播学) 896 夏季论文研究(1)

美国　西北大学
（Northwestern University）

（传播学院）传播学——课程列表

COMM（传播学） 1213 语言交际基础

关于进行有效公众演讲的基本课程，课程特别强调批判性思维、仔细研究，以及在观众面前呈现最好工作的传播策略。学生必须同时参加COMM（传播学）1210语言交际基础研究室。

COMM（传播学） 1210 语言交际基础研究室

除了提供正式演讲演示的机会，研究室还强调在小组环境下，模拟传播专业毕业生遇到的组织和社区进行的临时演讲。学生必须同时参加COMM（传播学）1213的演讲基础课程。

COMM（传播学） 1223 在小组前演讲

一个公共演讲基本原则的实用介绍和公共演讲技巧训练的讨论会。通过各种教学策略——讨论、课堂训练、阅读、讲座、演示和互相点评——学生将学习有效演讲的构想、准备和交付的全过程。另外，课程还提供给学生从技术角度进行专业展示的技能。到课程结束预计学生已经可以获得达到受众要求的信心、能力和创造力。

COMM（传播学） 1503 电影学院　［达到核心课程写作实践的要求］

好莱坞教育的差错如何产生？什么创造了好老师？什么创造了好学生？多年来，好莱坞电影和畅销小说传奇般地回答了这些问题。不幸的是，他们经常是错的。使用电影、文学和文化的分析基础，本课程旨在帮助学生解构围绕教师和学生工作的流行的图像和神话。最终,学生将意识到教与学的美国观念如何一直受制于媒体,而且他们会更加清楚地了解如何最好地参与教育现实,而不是仅仅从教育小说中窥到一角。对于一、二年级的学生,这个课程还向学生介绍电影分析的结构和语言、批判理论、教育研究和社会学。(与 EDUC〔教育学〕1503 课程相同)

COMM(传播学) 2003 人类传播概论 [达到核心课程写作实践要求]

传播领域的调查研究,着重表现在每个阶层的人在交互中的概念和原则——范围包括内心、人际、小组、组织、跨文化和大众传播。理论的实际应用强调洞察传播研究如何提高生活的质量。学生被邀请参与从传播角度调查其职业生活规划。该课程是所有传播学专业学生必修的。

COMM(传播学) 2052 数字媒体导论 [达到核心课程写作实践要求]

本课程考察、计算媒体历史上的关键时刻以获得对技术创新和变革本质的观点。因为新媒体并不是在一个特定的环境和规则下存在,因此,这是一个跨学科的课程,包括通信、计算机科学、法律、政治科学、历史和经济学。课程的结构就像一个讲习班或研讨会,每个类成员负责正式和非正式的阅读讨论、活动和任务。学生将在整个课程中使用数字媒体技术,课程将为他们提供新媒体的实践经验。没有电脑经验的先前条件要求。

COMM(传播学) 2253 争议讨论 [达到核心课程写作实践要求]

逻辑分析基本原理的入门课程,职位演讲的准备,积累辩论的经验。

COMM(传播学) 2413 媒介写作导论 [达到核心课程写作实践要求]

多种媒体格式的基本写作技巧和技术。学生学习写作指引、组织故事内容,并使用风格指南。学生也学习如何解决工艺问题,并为有效采访做好准备。先决条件:ENGL(英语)1013 作文 I:解释性写作或导师许可。(与 ENGL〔英语〕2413 相同)

COMM（传播学） 2453 大众传播 ［达到核心课程写作实践要求］

传递信息给广大受众的各种类型传播媒体研究。学生要回顾大众传播理论、大众传播在日常生活中所起的作用、成为更好的大众媒体消息接收器和翻译的方法。（与 BMGT〔管理学〕2453 相同）

COMM（传播学） 2523 数字音频工作站 I ［达到核心课程写作实践要求］

介绍了视频和计算机媒体应用中的基本音频。主题包括基本声音特点、麦克风、单一和多轨录音技术和声音的强化与提高。学生将以一个制作团队为单位完成音频作品。（与 MUAR〔音乐与录音〕2523 相同）

COMM（传播学） 2552 视频制作 ［达到核心课程写作实践要求］

利用摄像机、视频编辑软件和设备作为制作视频的基础。学生学习如何使用视频技术进行工作，包括基本设备操作、视频组合、基本照明、音频制作计划和视觉叙述。学生以小组为单位创建后期项目应用——制作编辑技术。

COMM（传播学） 2711－3 学生媒体：视觉新闻（1—3） ［达到核心课程写作实践要求］

为学生参与制作学生在线媒体中的所有视觉方面工作而进行的指令说明和技能培养，包括组织、管理、布局、摄影、多媒体和网页设计。学生将致力于西北大学每年一度在线视觉人物和事件的记录。允许获得的最高学位课程学分是 6 学分，包含了视觉（COMM〔传播学〕/ENGL〔英语〕2711，2712 或 2713）和翻译新闻（COMM〔传播学〕/ENGL〔英语〕2721，2722，和 2723）的学分。（通过的评分标准/没有学分基础）先决条件：需要导师的许可。（与 ENGL〔英语〕2711，2712，2713 相同）

COMM（传播学） 2721－3 学生媒体：翻译新闻（1—3） ［达到核心课程写作实践要求］

为学生参与制作学生在线媒体中所有写作方面的工作而进行的指令说

明和技能培养。学生通过实践学习如何分配新闻空间、编辑副本和写标题。允许获得的最高学位课程学分是6学分,包含了视觉(COMM〔传播学〕/ENGL〔英语〕2711,2712或2713)和翻译新闻(COMM/ENGL〔英语〕2721,2722和2723)的学分。(通过的评分标准/没有学分基础)先决条件:需要导师的许可。(与ENGL〔英语〕2721,2722,2723相同)

COMM(传播学) 3013 公共关系概论 [达到核心课程写作实践要求]

本课程调查公共关系的基本概念和原理。在美国社会,这一领域的研究包括研究、劝说、公众舆论、通信和公共关系理论以及道德。通过课堂讨论和案例研究,同时关注实际和模拟的情况,学生获得通过公共关系活动的准备、媒体关系场景和消费者关系问题的看法。

COMM(传播学) 3053 美国电影史 [达到核心课程写作实践要求]

本课程通过观看从默片时代到工作室时代再到当代垄断的大片电影,考察从1920年至今的美国电影。其主要目的是让学生熟悉美国电影的历史,特别注重在文化和审美方面具有高度影响力的电影。(与DRAM〔戏剧〕/ENGL〔英语〕3053相同)

COMM(传播学) 3103 言辞和说服 [达到核心课程写作实践要求]

调查从古希腊到20世纪的主要修辞理论。(与ENGL〔英语〕3103相同)

COMM(传播学) 3152 照明设计概论 [达到核心课程写作实践要求]

介绍照明设计使学生能提高对舞台和视频作品照明基本原则的理解。学生将获得灯板、各种灯光的类型和应用、凝胶使用和其他设备生产照明效果,以及产品照明脚本结构知识的直接经验。

COMM(传播学) 3183 多媒体原则 [达到核心课程写作实践要求]

本课程是基于多媒体叙述的基本原理:音频、视频和摄影。学生将使用各种工具来编辑和生产不同类型的故事发布到网上。学生和专业领域其他人的工作将经常被评论，以便为任务选择正确的传播工具。通过这个课程，学生也将加强其他核心新闻技巧：批判思维，清晰写作和进行公正的和道德的报道。推荐的先决条件：COMM(传播学)2052 数字媒体概论。

COMM（传播学） 3223 高级语言传播 ［达到核心课程写作实践要求］

公众演讲课程关注即席演讲、娱乐和正式场所的演讲；对交付的组织、语言使用和技术进行了学习研究。讨论了语言和非语言传播理论，并分析了美国历史上著名的演讲。课程将会提供之前小组中的演讲实践经验，并向学生提供如何改进的指导。先决条件：COMM(传播学)2003 人类传播概论，或导师许可。

COMM（传播学） 3243 人际传播 ［达到核心课程写作实践要求］

本课程旨在对人类传播进行有选择的概述，重点介绍人与人之间在各种环境下发生的传播。通过我们的日常生活经验，学生将会更好地理解人际传播的概念。成功理解我们为什么传播(理论)以及如何传播；也就是说，能增加我们理解或者“理解”我们的环境的能力(技能)及行为，会提高我们与他人私人和专业的关系的质量。

COMM（传播学） 3253 解释性阅读 ［达到核心课程写作实践要求］

学习口译的技巧，包括对经文、戏剧、散文、诗歌和儿童文学的分析和公众的解读。(与 DRAM〔戏剧〕3253 相同)

COMM（传播学） 3263 小群体动态和讨论 ［达到核心课程写作实践要求］

小群体传播的理论和实践，包括社会问题的讨论，以及组织问题解决、决策和领导。课程将主要涵盖圣经和教会组织研究的方法。先决条件：COMM(传播学)2003人类传播概论，或导师许可。

COMM（传播学） 3283 著名演讲分析 ［达到核心课程写作实践要求］

对重要的当代演讲的修辞分析和它们对美国社会的影响。

COMM（传播学） 3303 论文、专栏和评论 ［达到核心课程写作实践要求］

对长期发表在期刊、论文、专栏和评论中的个人新闻的艺术、修辞和工艺的探索，如电影和戏剧评论。课程将培养学生编写进行批评、促进、赞扬或娱乐的报纸文章的能力。在课程中，学生将被要求定期提交在线校报。课程结束时，学生们将形成自己的写作样本。先决条件：ENGL（英语）1023 作文Ⅱ：修辞和研究写作或得到导师许可。（与 ENGL〔英语〕3303 相同）

COMM（传播学） 3333 青少年创意沟通 ［达到核心课程写作实践要求］

课程将培养学生与青少年沟通的想象力和创造力。基本的沟通技巧将这样形成：大声朗读、肢体语言、讲故事、苏格拉底式的讨论、戏剧、音乐和视频。课程计划将开发寻求实现与青少年沟通的这些技能。（与 YMIN〔青年部〕3333 相同）

COMM（传播学） 3343 主要电影制片人 ［达到核心课程写作实践要求］

介绍如格里菲斯、希区柯克、休斯敦、库布里克、黑泽明、弗朗索瓦·特吕弗、威尔斯这样的电影制作人。这些大师的作品曾定义了特定的流派，包括历史、史诗、西方、侦探、黑帮、科幻、恐怖。学生分析电影制作相关的各种流派的摄影、照明、编辑、导演和其他元素；通过这样做，从电影中，他们能从电影中了解电影的标准、电影的主题和美学，以及这种方式用到了何种文化、什么样的价值和道德。（与 DRAM〔戏剧〕/ENGL〔英语〕3343 相同）

COMM（传播学） 3353 国际电影 ［达到核心课程写作实践要求］

地理、民族、历史、宗教和政治对特定文化电影的影响的理解及发展。

学生分析为什么关于特定文化的特别电影如此受欢迎，以及国家的历史和文化，如日本、德国、澳大利亚、法国、墨西哥、中国、伊朗和挪威如何表现在情节，人物，主题和电影方法中。（与 DRAM〔戏剧〕/ENGL〔英语〕3353 相同）

COMM（传播学） 3373 解读电影 ［达到核心课程写作实践要求］

基督教电影美学的发展。学生观察主流、独立的国际电影，着眼于对他们电影制作和电影批评的语言的理解和讨论。选择的电影主要是为创新和掌握这些电影导演的工艺和艺术。美国电影协会（MPAA）评级系统简史提供了考察选择电影价值，而不仅仅是保证不会得罪人的难度的部分研究基础。重要文本选读及电影、评论、回复和论文形式的评价基础的写作。（与 DRAM〔戏剧〕/ENGL（英语）3373 相同）

COMM（传播学） 3433 跨文化传播 ［达到核心课程写作实践要求］

传播学、心理学、社会学、语言学、人类学中的发现结合不同文化特征的研究，为学生提供一个在所有文化中有效传播和沟通的基础。先决条件：SOCI（社会学）1113。（与 INCS〔跨文化研究〕/SOCI〔社会学〕3433 相同）

COMM（传播学） 3463 组织传播 ［达到核心课程写作实践要求］

本课程旨在帮助学生从战略传播的角度获得关于组织成员面临的问题的全面了解。在这个动态的社会、政治和经济格局中，组织必须不断变化和适应，以满足消费者和公民的需要。通过整个学期的学习，本课程将帮助学生更好地理解组织成员在全球社会中解决的一些问题。另外，学生将参加一些活动，以帮助其提高自己的业务技能，成为任何组织中更有效率的成员。

COMM（传播学） 3503 讯息设计 ［达到核心课程写作实践要求］

本课程使用修辞理论的基础作为理解如何设计复杂且有说服力的信息的方法。虽然学生将学习与信息的构造相关的理论，但课程将主要关注点放在如何理解和开发有效信息上。学生还将会有很多机会培养自己的技能，来成为一个能针对不同受众设计有效消息的创作者。通过对修辞推理的实际应用，学生将完成课程，且学习一系列能让你在任何环境中实现战略传播的技能。

COMM（传播学） 3513 图形设计 ［达到核心课程写作实践要求］

这个介绍性的课程结合了课堂教学和实际的创造性工作。设计理论和排版的基本要素与受众适应性相结合，为学生提供平面设计项目构思、执行和呈现的宝贵经验。课程将强调创意设计媒体要满足传播的需要，探索计算机技术。讲座和视觉媒体提供了一个广泛的专业机会调查。

COMM（传播学） 3533 网站设计和布局 ［达到核心课程写作实践要求］

课程致力于教导如何构建用户友好型和精心设计的网站，内容包括站点定义、受众研究、结构和设计。学生还将学习如何免费获得或近乎自由的选择提供虚拟主机和模板。课程项目将包括建立一个网站和为客户设计有效网站。参与者应该有基本的计算机/操作系统技能，并熟悉互联网的使用。（与 BMKT〔市场〕3533 相同）

COMM（传播学） 3563 冲突解除 ［达到核心课程写作实践要求］

本课程旨在从传播角度考察冲突。我们将评估冲突在多种环境中所扮演的角色，包括人际交往、组织沟通和社会话语。此外，我们将探索帮助我们更好地了解在私人的和专业的生活中如何管理和解决冲突的方法。通过使用案例研究、角色扮演和讨论，本课程将帮助你成为一个在冲突的情况下更好的沟通者。

COMM（传播学） 3583 媒介和流行文化 ［达到核心课程写作实践要求］

本课程跟踪 20 世纪媒体流行文化的研究，从美国大众传播与大众文化出现到我们今天参与全球消费文化。在这次旅程中，我们将应用各种理论透视今天媒体和流行文化中的作品。你将考察自身关于媒体的概念和消费，通过(1)参与和挑战你对我们文化景观的观点的练习和作业，(2)能让应对如何“阅读”流行文化的理解的考试，(3)以及写作论文，可以将学到的理论和概念应用到自身对流行文化的分析中。

COMM（传播学） 3711，3712 辩论：个人演讲比赛 ［达到核心课程写作实践要求］

为参加在我们地区举行的校际演讲比赛的学生而准备的研讨会。可能讨论的项目包括解释文学阅读，有说服力的、有益的、临时的即兴演讲。教练根据参与比赛的数量决定给予 1 或 2 个学分。（以通过/不通过等级进行学分基础）先决条件：导师的许可。COMM(传播学)371x 和 COMM(传播学)372x 能够被重复选修，总共获得 4 个学分。

COMM（传播学） 3721－4 辩论队（1—4） ［达到核心课程写作实践要求］

针对参加校际辩论队的学生研讨会。学生要学习辩论并参加实际议会辩论以便为比赛做准备。（等级划分以通过/不通过为基础）先决条件：加入辩论队。COMM(传播学)371x 和 COMM(传播学)372x 能够被重复选修，总共获得 4 个学分。

COMM（传播学） 3843 西北原住民的人类学 ［达到核心课程写作实践要求］

本课程探讨太平洋西北地区当代美国本土群体，特别重视作为“透视”多个维度的文化的表达形式。该课程在很大程度上依赖实地调查，包括对文化艺术和作品的观察。特别是课程面向这些问题：本土人民如何传播他们文化的必要组建——对自己及他们的文化团体以外的人——通过传统的表达形式？艺术如何反映具体化和再创作——创造世界观，以及如何对我们的全球化、后现代文化背景产生意义？旅游所需的费用。（与 SOCI〔社会

学〕3843 相同）

COMM（传播学） 4073 高级视频叙述 ［达到核心课程写作实践要求］

社会越来越多地通过视觉媒体进行交流，本课程将对此提供密集的学习和实践，也将提供基本的基础知识以外的后续步骤，来思考如何为新闻、为筹款、为任务开展叙述。练习将探索使故事引人入胜的视觉效果类型，需要使用什么类型的特效以及如何使用，如何进行突出视觉效果的写作，但能使用基本的电脑软件是必需的。先决条件：COMM（传播学）2552 视频制作。

COMM（传播学） 4273 科技写作 ［达到核心课程写作实践要求］

通过多种文件的研究和准备，学生具备和强化了从 ENGL（英语）1013 作文Ⅰ：说明文和 ENGL（英语）1023 作文Ⅱ：修辞和研究写作培养的评论、思考、写作和阅读的技巧。本课程让学生了解在技术环境中需要的写作类型——通常帮助受众理解和完成一个特定任务。课程结束时，学生会形成自己的写作样本。先决条件：ENGL（英语）1013 作文Ⅰ：说明文；ENGL（英语）1023 作文Ⅱ：修辞和研究写作。（与 BUSM〔商业〕/ENGL〔英语〕4273 相同）

COMM（传播学） 4443 解决冲突和谈判 ［达到核心课程写作实践要求］

冲突解决及相关技巧、谈判的理论和实践介绍；学生通过结合知识培训和行为技能培养，向成为有效的谈判的代表努力前进。本课程为学生提供去理解和开发适当的冲突解决方法和谈判策略的工具。（与 BUSM〔商业〕4443 相同）

COMM（传播学） 4482 专业综合Ⅰ ［达到核心课程写作实践要求］

这些课程结合了理论、技能和应用，使学生专注于他们的课程以为进入其所选择的职业做好传播专业的准备。作为本课程的一部分，学生将合作生产一个高层次的项目，该项目将由本地区的专家进行评估。课程还强调与领导、传播法律和道德有关的问题，以培养在工作场所和公共领域的责任感。必须按顺序在选修 COMM(传播学)4492 专业综合Ⅱ之前选修。

COMM(传播学) 4492 专业综合Ⅱ [达到核心课程写作实践要求]

这些课程结合了理论、技能和应用,使学生专注于他们的课程以为进入其所选择的职业做好传播专业的准备。作为本课程的一部分,学生将合作生产一个高层次的项目,该项目将由本地区的专家进行评估。课程还强调与领导、传播法律和道德有关的问题,以培养在工作场所和公共领域的责任感。必须按顺序在选修 COMM(传播学)4482 专业综合Ⅰ之后选修。

COMM(传播学) 4603 好莱坞生产工厂 [与基督教学院和大学理事会合作提供]

这是一个合作集体项目课程,课程让学生创造一个节日准备条款,其中包括所有的使生产符合节日提交质量的法律文件和权利。本课程为学生提供了使用好莱坞场地、资源以及协议进行电影制作的机会。

COMM(传播学) 4614 好莱坞中的神学 [与基督教学院和大学理事会合作提供]

本课程鼓励培养分析好莱坞文化的必要技能,包括它在流行文化和神学交叉点上所扮演的角色。本课程希望通过对电影在神学上一些社会、伦理和心理的影响的调查,寻求神学与好莱坞和电影文化的交集。

COMM(传播学) 4623 电影制片 [与基督教学院和大学理事会合作提供]

这是一个短片制作的实践课程,学生要单独编写、拍摄、导演和编辑他们自己的项目作品。视觉叙述是通过发展导演、摄影和编辑技能实现的。

COMM(传播学) 4633 专业编剧 [与基督教学院和大学理事会合作提供]

一个针对专业剧本创作的课程,学生将在对戏剧结构、人物和对话发展以及写作过程的理解方面得到进步。课程中,学生需要完成一个完整的故事片或“一周电影”的剧本。

COMM(传播学) 4643 独立项目 [与基督教学院和大学理事会合作提供]

为特殊要求和安排设立的课程,学生必须提交一个文件和项目建议书。获得项目批准的学生将委托一名导师(好莱坞产业专业人士)进行项目监督。项目可以包括进一步发展文件或卷宗、重要研究或毕业论文项目。

COMM(传播学) 4951-5 实习及职业发展(1—5) [达到核心课程写作实践要求]

通过研讨会和服务社区组织或企业进行实际培训,包括结合知识和技能使用的课堂演讲和职业发展模拟。其中的3个学分要求学生在主管人员的监督下,在一个组织中每周进行不低于5个小时的工作,或在主管人员监督下获得至少80个小时的夏季教育安排,且每周加1小时的校园研讨会。要拿到4个学分的入学学生需完成组织内每周至少10个小时的工作,加上额外的课程。而要拿到5个学分的学生需完成组织内至少每周15小时的工作,加上额外的课程。学生将实习课或实习与之前和现在课程合并。学生还要制作一系列实习材料,一篇提供了实习经验重要分析的论文和多样的职业培养任务。该课程只对主修传播学中组织传播、公共事务或媒体研究的学生开放,以及导师要求的高级水准和许可。

COMM(传播学) 4956 实习:在好莱坞 [与基督教学院和大学理事会合作提供]

这是一个在好莱坞娱乐产业某些领域获得免费实习经验的课程项目。实习的岗位主要集中在办公室,岗位包括制片人、作家、导演、代理、后期制作人以及其他在整个电影生产和销售过程中的职务。

美国　佛罗里达大学

（University of Florida）

（新闻和传播学院）新闻传播学——新闻学课程列表

新闻课程将对专业新闻从业者的报纸和杂志报道、写作、编辑、排版、图形和摄影进行培训。学生也应该涉及由广告、公共关系、技术传播和通信提供的相关学校课程。

不承认这所学校的学生必须有一个 3.0 的总体平均成绩去参加新闻课程以外的 MMC（大众媒体传播）1000，MMC（大众媒体传播）2100，PUR（公共理解研究）3000 以及 RTV（广播电视学）2100 课程。

JOU（新闻学） 1001 新闻业概论（1）*

对多种形式新闻的概述；有一系列专业新闻记者向学生介绍新闻和信息产业。课程还为从事新闻业提供了必要的准备。

JOU（新闻学） 2005 写作技巧（1）

关注通过掌握基本的语法、标点符号和拼写，为专业工作培训媒介作者。

JOU（新闻学） 3101 报道（3）

先决条件：JOU（新闻学） 2005 和 JOU（新闻学） 3109C 至少要达到等级 C；并修课程：JOU（新闻学） 3346L。

对报道与写作基本的新闻故事进行介绍和训练，尤其强调处理新闻的风格、清晰性、准确性和责任感。

---

* 括号中数字表示学分数。后同。

JOU（新闻学） 3109C 多媒体写作（3）

先决条件：ENC（英语写作） 1102 和接下来的课程中择其一：JOU（新闻学） 1001 或 JOU（新闻学） 1100 或 MMC（大众媒体传播） 2604 或 PUR（公共理解研究） 3000，至少要达到等级 C。

向学生介绍新闻和公共关系写作，以及多媒体工具在搜集和传播信息中的使用。学生将学习如何在新闻工作中使用多媒体工具、采访技巧，以及使故事更有新闻价值的美国联合通讯社的风格和元素。课程由每周 2 个小时的课堂讲座和 3 个小时的实验室训练组成。

JOU（新闻学） 3110 应用事实查明（3）

先决条件：JOU（新闻学） 3109C 至少达到等级 C 和 JM（新闻专业）指定。

关于调查和解决复杂新闻问题的讲解和实践，尤其强调企业、文档和多媒体资源的使用，以及标准参考书和公共记录的使用。

JOU（新闻学） 3184 独家报道（3）

先决条件：JOU（新闻学） 3101 和 JOU（新闻学） 3110 至少达到等级 C。

报道大量重大公共利益事件的经验，强调关于执法部门、法院、学校、市和县政府、健康和环境问题方面的负责任的报道。

JOU（新闻学） 3220C 视觉新闻（3）

先决条件：JOU（新闻学） 1100 至少达到等级 C 和 JM（新闻专业）指定。

学习文字和图像是如何共同协作来呈现故事的。开发技能来解释和评价照片、地图、图表、交互式图形，网站和动画。学习和应用基本的设计原则。熟练掌握 Photoshop，InDesign 和其他软件。

JOU（新闻学） 3346L 多媒体报道（1）

先决条件：JOU（新闻学） 3109C 至少达到等级 C，并修课程 JOU（新闻学）3101。

学习在互联网新闻网站和其他在线媒体中使用数字工具，重点是使用工具来搜集有利于新闻叙述的视听材料。

JOU（新闻学） 3411 设计（3）

先决条件：JOU（新闻学） 3109C 和 JOU（新闻学），3220C 至少达到等级 C。

印刷媒体不同形式的设计；重点是设计的基础原则；字体与图片的使用相结合。

JOU（新闻学） 3413 杂志设计（3）

先决条件：JOU（新闻学） 3109C 和 JOU（新闻学），3220C 至少达到等级 C。

探索杂志视觉设计的原则和实践；学习如何使用字体、图片、插图和布局来实现与特定目标受众的内容相匹配的图像风格。

JOU（新闻学） 3601 新闻摄影（3）

先决条件：大学三年级学生。

将摄影看作印刷新闻业的一个主要组成部分进行研究和实践；强调摄影的基础色彩理论、电子扫描、照片的选择和使用，以及伦理、历史、法律、文体方面的一些知识，以及相机和一些用具知识。

JOU（新闻学） 4004 新闻史（3）

印刷与广播媒体的起源、发展与潜力；分析标准、政策、方法和控制的演变。

JOU（新闻学） 4111 高级报道（3）

先决条件：JOU（新闻学） 3110 和 JOU（新闻学） 3184 至少达到等级 C，或者导师的许可。

为出版物创制高质量的新闻和有特色的故事，获得提高自身新闻搜集和写作能力的经验，为自己的代表作制作片段，并且尽可能参加赫斯特新闻奖的项目。

JOU（新闻学） 4121 新闻调查（3）

先决条件：MMC（大众媒体传播） 2100。

介绍报纸和杂志通常用到的方法和调查，以及有关的典型研究类型（读者/周期，排版/制作，可读性和准确性）。从新闻编辑室的角度来审视材料，包括将统计技术作为报道工具来使用。

JOU（新闻学） 4123 调查性报道（3）

先决条件：JOU（新闻学） 3110 和 JOU（新闻学） 3184 至少达到等级C，或者导师的许可。

学习采用不同的故事平台开发和执行一个调查性报告项目；学生在这学期的课程中要调查公众感兴趣的有数据支持的话题；将主要研究和深度调查相融合。

JOU（新闻学） 4181 公共事务报道（3）

先决条件：JOU（新闻学） 3101 至少达到等级 C 和 JOU（新闻学） 3110。

基础公共事务报道的教学和实践，重点是法院、学校、市和县政府的职责报道。

JOU（新闻学） 4201 编辑（3）

先决条件：JOU（新闻学） 3101。

新闻编辑要素的基本指令和实践，包括副本阅读、标题写作、制作、技术和排版。

JOU（新闻学） 4202 高级编辑和设计（3）

先决条件：JOU（新闻学） 4201 至少达到等级 C，以及导师的许可。

职业新闻编辑；强调编辑中的创造性，布局和设计，颜色，决策，新闻选择和判断，技术和生产，出版趋势。

JOU（新闻学） 4301 文学新闻（3）

先决条件：JOU（新闻学）3101。

对文学新闻进行研究和训练；学生可能选择一个专业方向，也可能从事写作或者写作与摄影结合的工作。

JOU（新闻学） 4302 公众舆论和编辑分析（3）

先决条件：大三学生。

公众舆论是政府和日常生活的一个重点；把劝说性写作作为影响公众舆论的实际手段进行教学。

JOU（新闻学） 4308 杂志和特写（3）

先决条件：JOU（新闻学）3101。

为报纸和杂志出版物的特写和文章做准备，同时对杂志编辑问题进行研究；监督过程中产生的碎片营销。

JOU（新闻学） 4311 高级杂志写作（3）

先决条件：JOU（新闻学）4308 至少达到等级 B，以及导师的许可。

高级写作课程要求学生创新写作思维，研究和写作杂志非虚构性文章，并将它们发表于出版物上。

JOU（新闻学） 4313C 体育报道（3）

先决条件：JOU（新闻学）3101。

体育报道的教学和实践，尤其强调比赛报道和采访技巧；包括特写、专栏、预告和新闻发布会；故事出版的机会。

JOU（新闻学） 4341 在线媒体的报道和写作（3）

先决条件：MMC（大众媒体传播）3260 和 JOU（新闻学）3101，或 RTV（广播电视学）3303。

探索适应网络媒体的报道手段；分块开发原始新闻，并在可用的结构中链接它们，以让读者可以根据自己的选择进行操作；作为写作过程中的必要环节，学生应专注于写作和编辑自己的作品；课程强调信息设计，而不是图像设计；学生会进行个人项目和团队项目。

JOU（新闻学） 4412 高级设计（3）

先决条件：JOU（新闻学） 3101 和 JOU（新闻学） 3411 至少达到等级 C，以及导师的许可。

印刷媒体多种形式的高级设计和制作。强调先进原则、图片编辑、字体和其他设计元素的使用。

JOU（新闻学） 4445C 应用杂志（3）

先决条件：JOU（新闻学） 3411，JOU（新闻学） 4201 和 JOU（新闻学） 4308 至少达到等级 C，以及导师的许可。

旨在提供学生编辑和出版杂志的经验的课程。

JOU（新闻学） 4502 新闻研究（3）

先决条件：JOU（新闻学） 4201 至少达到等级 C，以及导师的许可。

获得媒介素养，成为关于媒介的受过教育的消费者、重要的思考者和研究员。学习研究方法、媒介商业模式以及媒介与经济的联系。

JOU（新闻学） 4510 媒介管理和出版（3）

先决条件：JOU（新闻学） 4201，JOU（新闻学） 3411 和 JOU（新闻学） 4308。

为杂志专业提供知识和杂志写作、编辑、设计、制作和管理的训练；强调杂志的组织、概念、受众、预算、印刷、广告、循环和推广。

JOU（新闻学） 4603 专业新闻摄影（3）

先决条件：JOU（新闻学） 3601 至少达到等级 C 或得到导师的许可。

新闻摄影仍然强调技术能力，强调专业技术和设备，强调彩色人像摄影、工作室制作、灯光、动态和相关技能。任务的准备工作是数字扫描，学生要装备一些 35 mm 的设备和大多数的供给。

JOU（新闻学） 4604 高级摄影记者 1（3）

先决条件：ARH（艺术史） 2002，JOU（新闻学） 3601 和一个 3JM（新闻专业）指定。

主要关注点是通过组合一内容单一的故事，用图片或图片组，甚至图片故事来叙述。介绍电脑页面布局。强调最后期限的压力；概述图片编辑的职责；趋势；社会影响；组合准备。作业包括计算机编程。学生应提供装备，主要是 35 mm 的相机设备和闪光灯。

JOU（新闻学） 4605 高级新闻摄影 2（3）

先决条件：JOU（新闻学） 4604 至少达到等级 C，以及导师的许可。

延续 JOU（新闻学） 4604 课程，强调图片故事、布局和新闻摄影历史人物的研究。将主要焦点集中于杂志、色彩和专业发展；图片编辑的职责涉及范围广，计算机的先验知识扫描和布局方案预估；作品集准备总结；按次序的终端课程；学生需要提供装备和主要设备。

JOU（新闻学） 4700 社会中的新闻问题和伦理（3）

先决条件：4JM 称谓。

阅读、分析和计划新闻业当前的和预估的问题，包括它们的专业方面和社会方面。

JOU（新闻学） 4905 新闻中的个人问题（1—3）

先决条件：新闻学在高年级至少达到 10 学分并获得部门许可。

学生和导师将选择一个问题或项目进行关注，它们将带给学生在其主攻领域的实际经验。

JOU（新闻学） 4630 新闻专门研究（1—3）

先决条件：导师许可。

多样的内容提供学生对新闻学学术问题进行研究的机会，比如新闻文学和其他包括在学校职能中的研究领域。

JOU（新闻学） 4940 新闻实习（1—3）

先决条件：至少达到绩点 3.0 并完成实习所需要的新闻专业课程。必须由部门批准获得学分。

学生和导师将选择一个与新闻业相关的合适的领域开展工作实习。学生获得 1 个学分至少要做满 100 个小时的工作。进度报告和总结。(S-U)

JOU（新闻学） 4943 新闻摄影实习（1）

先决条件：JOU(新闻学) 3601 和新闻摄影协调员的许可。

主要集中于日报照片操作，尤其注重通过一周的报纸参与与摄影师进行互动；论文要达到摄影师协调员的要求许可；学生要负担自己的个人支出，也必须自己提供需要的设备。

JOU（新闻学） 4946 应用在线记者（3）

先决条件：MMC(大众媒体传播) 3260 至少达到等级 C；选择 JOU(新闻学) 3601，JOU(新闻学) 4341 或 MMC(大众媒体传播) 4341L 中的一个或多个，至少达到等级 C；导师的许可。

一个将之前的新闻课程应用到实际经验和制备与处理新闻副本、图片和聚合材料的新闻编辑室训练中的高阶课程。有专门针对电子出版的部分。

MMC（大众媒体传播） 1000 大众传播概论（3）

介绍各种各样的大众传播媒体，尤其强调了它们在社会和公众中的作用和责任。

MMC（大众媒体传播） 1009 媒介与传播概论（1）

向学生介绍由新闻与传播学院提供的工具、资源和学术成果，以及课外活动；包括学院的历史与组织，学术，以及职业准备的课程。

MMC（大众媒体传播） 1702 摇滚和美国社会（3）

可以针对不同内容重复选修：摇滚和美国社会第一部分和摇滚和美国社会第二部分。

关于流行音乐在美国文化中扮演角色的课程研究。这不是一个音乐课程，只是来看看声音记录对流行文化的影响。第一部分强调摇滚和它的影响(从 1954 年到 1970 年)。第二部分包括了 1970 年至今。

MMC（大众媒体传播） 2121 传播者的写作基础（3）

三分之一的课程是确保学生有足够的语法和标点符号技能来进行清晰表述。另外三分之二的课程，学生将要把好的写作原则付诸实践，通过短文写作训练进行实际应用。

MMC（大众媒体传播） 2265 技术、变革和传播（3）

探索传播技术如何影响社会，以及同艺术、经济、教育、娱乐、政府和宗教这样不断变化的机构进行互动。比较新的数字技术和早期技术的采用和使用，包括字母、纸张、印刷、摄影、电报、广播、电视和互联网。

MMC（大众媒体传播） 2604 大众媒体和你（3）

审视当代大众媒体在现代社会中扮演的角色和产生的影响；思考媒体的权利、责任和道德，探索政府、受众和媒介公司的关系，以及回顾媒介内容的经济、政治、社会决定因素。

MMC（大众媒体传播） 3007 媒介文学（3）

旨在提供大量的关于媒介对当今社会的影响的见解。探索媒介的文化内容，回顾潜在因素，以及媒介信息的使用和建构。各种练习有助于批判性分析和媒体评估的技能开发。

MMC（大众媒体传播） 3030 传播者的个人品牌（1）

先决条件：3JM(新闻专业)指定。

这是一个专业的发展课程，教导学生如何与专业人员进行练习和沟通。课程强调掌握写作、演讲、展示和求职的技能，与媒体的合作，处理媒体采访和使用社会媒体以建立专业身份。

MMC（大众媒体传播） 3203 大众媒体中的伦理和问题（3）

先决条件：2JM(新闻专业)指定和 ADV(广告学) 3008，JOU(新闻学) 1001，PUR(公共理解研究) 3000 或 RTV(广播电视学) 3007 至少达到等级 C。

一个对媒体专业人员面临伦理相关情况的跨学科介绍。主题包括行为的专业标准、受众表达与参与、与生产相关的问题，反映受众最佳利益的信息呈现和交付，客户和利益相关者。

MMC（大众媒体传播） 3254 媒介企业（1）

先决条件：大二学生选修。

向学生介绍媒介企业，聚焦于如何将数字技术转化为产业。学生将以小组为单位合作来开发新的数字媒介业务。学生将开发和推销观念，探索市场分析，制定商业和金融计划，研究社会媒体策略。

MMC（大众媒体传播） 3260 网络传播（3）

先决条件：3JM(新闻专业)指定或导师许可。

在线传播从图文电视到万维网的历史、发展和当前状态；聚焦于在过去、现在与将来，在线服务如何与大众媒体相联系；分析内容方法、受众和收入来源；学生将创建与大众传播相关的项目。

MMC（大众媒体传播） 3420 消费者和受众分析（3）

先决条件：3JM(新闻专业)指定。

旨在为学生提供实际的分析技能建设，使那些计划从事分析/研究，社会媒介、媒介业务、广告/营销和公共关系的人受益。

MMC（大众媒体传播） 3614 媒介和政策（3）

提供一个对媒介在政治系统中扮演角色的理解。课程话题包括电视辩论、政治广告、政治新闻、互联网和其他媒体。

MMC（大众媒体传播） 3703 体育媒介和社会（3）

先决条件：大二学生选修。

课程涉及体育、运动员、媒体和受众的关系；内容包括体育媒介从早期的体育记者到现在由运动员自己通过推特掌控的演变；课程还涉及多种多样的媒介（报纸、杂志、书籍、广播、电视、在线论坛、博客和社交媒体），包括它们的历史、功能和影响。

MMC（大众媒体传播） 4200 大众传播的法律（3）

先决条件：4JM（新闻专业）指定。

理解保证和保护特权，以及定义大众媒体责任的法律；包括宪法、诽谤、隐私和政府法规的问题。

MMC（大众媒体传播） 4302 世界传播系统（3）

世界大众媒介系统的理论基础，传播的国际通道，分析区域和国家的新闻和广播系统。

MMC（大众媒体传播） 4341L 高级在线媒介生产（3）

先决条件：JOU（新闻学） 3601 和 MMC（大众媒体传播） 3260。

适应在线新闻生产技术中的高级技能。网络信息导航接口的复杂设计；屏幕/页面设计和网站结构规划；网络视频，音频，图片和动画；Web 表单和数据库。强调专业技术和标准。一些软件包的使用；学生必须能够积极主动学习。学生最后需要完成一个组合项目。

PGY（摄影） 3610 新闻摄影的调查（2）

必要条件：3JM(新闻专业)指定。

该课程并非对新闻摄影专业开放，但介绍的还是摄影知识；包括摄影在印刷媒介中的选择和使用；包括法律、历史、文体、伦理和技术方面。拍摄照片至少要达到JOU(新闻学) 3601课程的水准；有共享的照相机提供。

课程描述中使用的符号

一般教育类别：

(B)＝Biological Sciences 生物科学

(C)＝Composition 写作

(D)＝Diversity 多元化

(H)＝Humanities 人文科学(其中的3个学分必修HUM 2305什么是美好生活?)

(N)＝International 国际

(M)＝Mathematics 数学(其中的3个学分是必修一门批准的纯粹数学课程)

(P)＝Physical Sciences 物理科学

(S)＝Social and Behavioral Sciences 社会和行为科学

特定的课程可以被定义为多种类别；比如，一个课程可能被算作C或H。

学生乐意只算一个类别的课程，除了D和N的学分，他们必须在获得学分的同时选修其他不同于D或N的学分；例如C或H，并且D的课程不能同时算作D和N的课程。

其他符号：

(WR)表明课程满足写作要求；

(S-U)表明课程必须在符合要求或不符合要求的基础上进行。

请参考课程安排的具体信息。

美国　哥伦比亚大学

（Columbia University）

（新闻学院）新闻学硕士——硕士课程

研究生研讨班

无论是秋季入学还是春季入学，特定领域的研究生研讨班（艺术与文化；科学；健康与环境；商业与经济；或者政治）都是硕士学位中最重要的部分。教授课程的老师是新闻学院教师和哥伦比亚大学或外聘的学科领域专家，研讨班包括课程阅读、案例研究、实地考察和专家访问，以为学生选择研究领域提供专业知识。

硕士论文

论文是硕士学习的必要组成部分，是为了让学生有机会深度地探索一个话题，并且将所学知识用复杂的方式进行综合。最后的成品将作为长期新闻学习的成果（打印文本的字数要求为 8 000 至 10 000 字，或者字数相同，要求用其他介质方式呈现）。

理想状况下，硕士论文要在受众需求写作的要求与对新闻学复杂问题作周密细致入微描述的要求间进行平衡。因此，论文不仅会由新闻学教授进行指导，也会由论文涉及的课题有深厚研究背景的其他教授（或者其他专家）进行指导。

其他学科的专家（或者“外部顾问”）将为你的论文提供相关指导和批评。例如，外部顾问可能会给你建议论文的潜在信息来源，包括背景知识阅读和可采访的人物。他们可能会指出学生在阐述论点时的缺点和弱点，或者向你解释发现的问题，或者帮你进行信息分析。

在这两位导师的帮助下，攻读硕士学位的学生将能够做好准备去完成工作，这种工作质量力求达到这样的标准：不仅能让受过教育的读者（或观众，或听众）愉快受用，也能被专业人士认为是明智和周到的。

论证与推理

论证与推理是一个一学期的课程，将教授记者职业所需的先进研究技术，区别于学校其他学科的获得和评估信息的特殊方法。它们包括理解统计数据、严格的面试，和应对专家的工作。课程也教授一个严格的“记者方法”，包括测试假设和假说，叙述可以扭曲真相的识别方法，确保报告是可靠和透明的。

来自哥伦比亚大学和其他地方的一群杰出的学者将帮助教授这门课程。最近的客座教授包括心理学家托里·希金斯（Tory Higgins），口述历史学家玛丽·马歇尔·克拉克（Mary Marshall Clark）和生物统计学家杰西卡·安珂（Jessica Ancker）。

新闻史（1/2 个学期）

新闻史为新闻从业者提供了一个从殖民时期到现在美国新闻业的概述。它强调在民主国家对于其他机构的新闻关系，研究媒介角色如何出现，如何改变，以及这个角色与其他民主国家是如何相似与区别的。

新闻业的未来（1/2 个学期）

这门课的目的在于让学生理解新闻业的技术变革——从加快的新闻周期到内容建构的高科技方法，从读者参与度的文化发展到根本上不断变化的业务需求。

数字媒介

数字媒介课程是硕士课程的组成部分之一。所有学生都可以在秋季选修数字技术课程，学习音频制作、摄影、Photoshop 和 Final Cut Pro（视频剪辑工具）。

外校课程

每位硕士研究生有三个学年课程可以选择：一个是在秋季，两个是在春季。学生可以参加哥伦比亚大学的任何研究生课程，包括其他职业学校，提供这种学习方式将能加深学生对选择研究领域的深度。

访问大学的学术项目页面可以看新闻学院外提供的课程选项。新闻硕士研究生都要参加研究生选修课，以了解更多跨校选课。

研究生外校课程列表将为你提供过去学生尝试选择过的外校课程列表。比如，艺术与文化专业的学生会选修现代戏剧、新纽约规划、爵士乐和美国文化、维多利亚时代的诗歌等课程；商学院学生一般需要会计和企业融资课程，同时也选择价值投资、债务市场、合并和收购之类的课程；在前些年，政治学院的学生还会选择国际与公共事务学院的情报和外交政策课程，教育学院的城市教育社会学课程，以及交通规划和全球都市生活课程；科学院的学生会参加复原生态学、碳循环、医学史、美国家庭变革和环境法课程。

英国　普利茅斯大学

（Plymouth University）

（艺术与传媒学院）出版硕士——学位课程

你想在竞争激烈、动态的全球行业中开启你的研究生生涯吗？在普利茅斯大学，你可以培养至关重要的编辑、生产和营销技巧，以及与行业相关的数字技术，获得一个专业联系的网络，通过工作安置和协作项目获得宝贵经验。从国际事务中获得收益，比如伦敦书展，同时也探索关键的出版流程。另外，你也将学习专业软件和制作原始出版物。

课程概况

学习我们的出版硕士课程，你将获得出版行业关键领域的观察和观点，得到部门的资质认可。你也有机会通过我们的专业来专注于自己的研究。在学习过程中，你会沉浸在数字出版的世界，发现新技术，以及它们对行业的影响。通过专门的模块学习，您将培养作为一名专业出版者所必需的技能和职责理解，以及对行业至关重要的角色和协作过程。学生将从事发布过程的不同阶段，从生产、分配到营销、财务可行性。你可以通过配售和合作项目与出版公司的客座讲师建立联系，并沟通宝贵的工作经验。从与关键行业出版商如弗兰克-威廉姆斯和普利茅斯大学出版社的媒体合作中受益。

核心课程

MAPU（出版学） 512 出版创意产业

该课程模块培养学生的理解技能，包括对出版专业人员的角色与职责和工作的相互依存关系；同时，在出版过程和行业中进一步培养和深化对自己专业领域的理解和了解。

MAPU（出版学） 515 出版论文或出版项目与报告

这个课程模块提供了关注和参加商谈研究的机会，与在学生选择的出版部门中进行大量研究的机会。后者应采取发表论文或出版项目和报告的形式，通过适当的方法论和理论框架进行发表和发展。

出版实践和目标市场

这个课程模块要求学生分析现有的出版物和/或通过评估目标受众、内容、结构、生产和分配的方法，创建和分析潜在出版物选题市场。

MAPU（出版学） 513 出版过程

该模块提供了有效参与出版过程不同阶段的机会，考虑生产的模式、分布、内容、结构、目标受众和产品适用性、质量和盈利能力的可行性。

MAPU（出版学） 514 出版工作经验/协作

这个学习模块需要学生与外部机构谈判并保持联络，以从事行业工作经历或出版项目的开发和生产的合作。这也可能发展成为最后的专业项目。

编　码	名　称	学期	必修/选修	学分值	状态
2812	文学硕士/硕士文凭出版				
2812	文学硕士/硕士文凭出版	14/AU/P			Y
2812/1	文学硕士/硕士文凭出版　一年级	14/AU/PT/S	选修	180	Y
MAPU（出版学）511	出版实践与目标市场	14/AU/M	必修	30	Y

续表

编　码	名　称	学期	必修/选修	学分值	状态
MAPU（出版学）512	出版　创意产业	14/AU/M	必修	30	Y
MAPU（出版学）513	出版流程	14/AY/AU/M	必修	30	Y
MAPU（出版学）514	出版工作经验/合作	14/AY/AU/M	必修	30	Y
MAPU（出版学）515	出版毕业论文或出版项目 & 报告	14/AY/SP/M	必修	0	Y

（艺术与媒体学院）图形传播与排版——课程列表

编　码	名　称	学期	必修/选修	学分值	状态
3887	文学士（荣誉）图形传播与排印	14/AU/P			Y
3887/1	文学士（荣誉）图形传播与排印　大一	14/AU/S	选修	120	Y
GCOM（图形传播）110	设计研究导论	14/AU/M	必修	10	Y
GCOM（图形传播）113	排印与图像　A	14/AU/M	必修	20	Y
GCOM（图形传播）123	排印与图像　B	14/AU/M	必修	20	Y
GCOM（图形传播）130	设计研究开发	14/SP/M	必修	10	Y
GCOM（图形传播）133	识别设计	14/SP/M	必修	20	Y

续表

编　码	名　称	学期	必修/选修	学分值	状态
GCOM（图形传播）143	编辑设计	14/SP/M	必修	20	Y
GCOM（图形传播）153	信息设计	14/SU/M	必修	20	Y
3887	文学士（荣誉）图形传播与排印	13/AU/P			Y
3887/2	文学士（荣誉）图形传播与排印　大二	14/AU/S	选修	120	Y
GCOM（图形传播）210	设计研究呈现	14/AU/M	必修	10	Y
GCOM（图形传播）213	设计与排版　A	14/AU/M	必修	20	Y
GCOM（图形传播）253	展望未来	14/SU/M	必修	20	Y

请选择课程 GCOM（图形传播）223，GCOM（图形传播）230，GCOM（图形传播）233 和 GCOM（图形传播）243。

请注意：如果要参加春季学期的交换项目，课程 GCOM（图形传播）250 和 GCOM（图形传播）255 将取代 GCOM（图形传播）230，GCOM（图形传播）233 和 GCOM（图形传播）243 成为必选科目。

请注意：在已找到设计作品的情况下才可选修 GCOM（图形传播）200，否则，请选修 GCOM（图形传播）223，GCOM（图形传播）233 或 GCOM（图形传播）243。

编　码	名　称	学期	必修/选修	学分值	状态
GCOM(图形传播)200	设计商谈	14/AU/M	选修	20	Y
GCOM(图形传播)223	识别设计沟通	14/AU/M	选修	20	Y
GCOM(图形传播)200	设计商谈	14/SP/M	选修	20	Y
GCOM(图形传播)230	理解沟通(设计案例研究)	14/SP/M	选修	10	Y
GCOM(图形传播)233	编辑设计沟通	14/SP/M	选修	20	Y
GCOM(图形传播)243	信息设计沟通	14/SP/M	选修	20	Y
GCOM(图形传播)250	交换项目	14/SP/M	选修	40	Y
GCOM(图形传播)255	交换项目报告	14/SU/M	选修	10	Y

课程GCOM(图形传播)200没有任何单独的安排,课程教学根据课程GCOM(图形传播)223,GCOM(图形传播)233和GCOM(图形传播)243来定,因此学生无须担心该课程的课表安排。

编　码	名　称	学期	必修/选修	学分值	状态
3887	文学士(荣誉)图形传播与排印	12/AU/P			Y
3887/3	文学士(荣誉)图形传播与排印　大三	14/AU/S	选修	120	Y

续表

编　码	名　称	学期	必修/选修	学分值	状态
GCOM（图形传播）313	设计与排版　B	14/AU/M	必修	20	Y
GCOM（图形传播）323	主题设计	14/AU/M	必修	20	Y
GCOM（图形传播）343	重点设计	14/SP/M	必修	40	Y

请选择 GCOM（图形传播）320 与 GCOM（图形传播）333，或者仅选择 GCOM（图形传播）340。

编　码	名　称	学期	必修/选修	学分值	状态
GCOM（图形传播）320	毕业论文	14/AY/AU/M	选修	20	Y
GCOM（图形传播）340	加长型毕业论文	14/AY/AU/M	选修	40	Y
GCOM（图形传播）333	对外	14/SP/M	选修	20	Y

英国　爱丁堡龙比亚大学

（Edinburgh Napier University）

（艺术与创意产业系）出版全日制硕士——课程列表

课程概览

期限：1年

学习类型：全日制

课程代码：54701MM

具体课程信息

第一学期

出版环境，出版实践：从概念到创造，创造工具

这些模块课程将向您介绍当前出版行业的实践，并提供出版过程关键方面的基本知识。成功完成这些模块课程，你将有资格获得一个研究生证书。

第二学期

出版部署与专业发展，出版实践：从创建到消费

这是一个有选择性的课程模块，它能够让所专注于所选择的专业领域。目前，您可以从创建新企业、从脚本到荧幕、互动媒体或杂志出版这几个模块中进行选择。

这些模块课程将向你介绍业务发展和管理、营销理论和技术、权利和产品开发，以及出版工作的经验。成功完成这些模块，你将有资格获得研究生

文凭。

第三学期

你将专注于论文工作——一个深入的、基于产业的研究项目。成功完成课程任务，你将获得硕士学位。

相关课程描述

出版环境

该模块课程将使你熟悉出版行业的历史发展，有助于学生置身于行业的商业和文化语境中。你将回顾出版和其他创意产业之间的关系；出版和法律；出版和政府机构。整个模块中，你将参与作为大众媒体一部分的出版领域，以及其在全球经济中的经营。

出版实践：从概念到创造

这个模块旨在让你体验行业的商业现实，体验职业生活和就业中一些不能在学术环境教学中获得的元素。学生将扩展其人际关系和专业的沟通技能，并培养自我反思能力。

出版实践：从创造到消费

在全球环境下经营的出版业是一个复杂的行业；书籍的出版不能不适当考虑它们要面向的消费市场。这个课程模块将建立在你通过实践，成功完成出版活动而培养的技能和获得的知识基础上：从概念到创造。你将探索当前书籍和杂志的营销环境、出版的法律和合同要求、数字化环境及其对工作流程的影响、国际版权管理、设计意义、印刷品和电子产品市场和分配的过程。

出版部署与专业发展

这个模块旨在使你体验行业的商业现实，体验职业生活和就业中一些不能在学术环境教学中获得的元素。学生将扩展其人际关系和专业的沟通技能，并培养自我反思能力。

论文

该学习模块将为你计划、研究和写作毕业论文做好准备。它会培养你学术写作、文献回顾和研究方法的相关技能；会培养你的独立性，即作为一名学生独立完成与你选择的学位项目主题相关的15 000至20 000字论文。

创造工具

在这个模块，你将被引入用于广告、设计和出版的全方位软件应用程序，还将探索在今天的媒体文化中，图像和文本关系的力量，并学习释放它们创造潜力所需的技术技能。该项目包含一系列的讲座、演讲、研讨会和评论会，鼓励对各种各样设计和生产话题的讨论。行业标准软件将在整个模块广泛应用。一些练习将使用传统设计、演示、排版和打印页面流程。您将学习如何表达思想和视野，以及如何将文字、图片整合到一系列发人深省的报道中。

（艺术与创意产业系）杂志出版全日制硕士——课程列表

课程概览

期限： 3学期

学习类型： 全日制

课程代码： 54734MM

你的生活与杂志息息相关吗？你跟随时尚，跟随名人或者对运动感兴趣吗？你希望自己为你最喜欢的时尚工作吗？如果是这样，那么这门课是为你而设的。

该课程是英国第一个此类型的研究生课程，这是一个密集、实用、实践的课程，它会帮助你做好从事多媒体杂志出版的准备。这种创新的课程将在广义上研究杂志，包括印刷的和在线的杂志。讲座、研讨会、培训班和密集的硕士课程将探索杂志的日常运作，以及向你展示如何踏入该领域的大门。

具体课程信息

第一学期

出版环境，杂志业务，创造工具

成功完成这些模块课程，你将有资格获得一个研究生证书。

第二学期

杂志出版，新闻、信息与社会，出版部署与专业发展

成功完成这些模块课程，你将有资格获得一个研究生证书。

第三学期

论文——一个深入的、基于行业的研究项目。

成功完成课程任务，你将获得硕士学位。

相关课程描述

出版部署与专业发展

该模块旨在使你体验行业的商业现实，体验职业生活和就业中一些不能在学术环境教学中获得的元素。学生将扩展其人际关系和专业的沟通技能，并培养自我反思能力。

杂志出版

该模块向你提出了高度实用的和创造性的生产印刷或在线出版的挑战，如期刊杂志从基本概念到最终成品的所有方式。你进行团队工作，分配角色和职责，学习如何建设性地评判对方的贡献。您将在写作和设计上应用技能——这些技能将会发展到一个更高的水平，以生产一个专业产品（如

一本时尚杂志或电子杂志出版物)。在这个模块中包含一些反馈元素,你将从事连续的、对杂志生产和作为一个整体的行业的讨论。

活动创建

这个课程模块侧重于在一系列重点选定的媒体上创造有效的广告活动。许多创意简报会直接来自广告公司,你会培养对它们不同风格和细微差别的认识和理解。数字媒体作为活动中的组成部分,其扮演的角色越来越重要也将被考虑。你会被鼓励去欣赏创意过程的微妙和理解原始思维的影响。应时而动,不断争取"大思维"。你将了解团队工作、承担责任、工作预算、创意媒体购买的价值,以及最终如何产生多媒体活动以应对复杂的简报。

(艺术与创意产业学院)新闻学与出版学——相关课程描述

产品出版学课程

课程名称:产品出版学

学分:20

课程代码:CLP10119

课程导师:Derek Allan 先生

所属学院:艺术与创意产业学院

专业领域:新闻学与出版学

授课形式	教学活动	学时
面对面	授课	6
面对面	实践/实验室	36
教师辅导下的自主学习	教师辅导下的自主学习	158

续表

授课形式	教学活动	学时
	总学时	200
	预计总学时	200

学习内容

在这门课程中，你将学习出版学所需的各种创意应用软件程序。了解当今出版界图片与文本间的关系，学习发挥创造性潜能所必需的技能。这门课程包括一系列的讲座、演讲、实践以及对各种设计和产品话题的批判性讨论。学生将学习出版生产的流程，行业标准软件将在课程中广泛使用。此外，还会有一系列使用传统方法设计、演示、排版和操作页面打印流程的实践机会。

课程描述

授课和实践包括行业标准的应用程序，例如 Adobe Creative Suite 软件和出版业使用的生产流程。学生将学习基础设计原理、页面布局、排版、图像增强、保存及转换文本格式，以作为最终的数字作品，为出版和演示做好准备。这门课程的目的是使学生了解当今软件应用程序提供的创造可能性，提高学生的信心，发挥应用程序的最佳优势。

课程效果

通过这个课程的学习，你将会得到：

熟练高效使用出版行业标准的应用软件；

了解各种印刷品和数字媒体出版生产原理的理论与实践；

掌握电子交付的不同方法并合理使用；

具有批判性及高效的演讲技巧和创造性的作品；

掌握创意排版、设计布局及图像的相关技能。

图书史

课程名称：图书史

学分：20 *

课程代码：CLP10107

课程导师：Alistair McCleery 教授

学院：艺术与创意产业学院

专业领域：新闻学与出版学

授课形式	教学活动	学时
面对面	授课	12
面对面	实践/实验室	24
教师辅导下的自主学习	教师辅导下的自主学习	164
	总学时	200
	预计总学时	200

学习内容

本课程将向学生介绍图书史和档案研究实践相关的基本理论。档案研究将通过我们自己收藏的珍贵书籍和手稿开展；在爱德华·克拉克艺术馆和苏格兰国家图书馆里有大量的出版商档案，包括约翰·默里的档案。通过案例分析的方式，学生可以分析过去和现在的文化及经济文本作品，包括创建、出版、发行和接受。

课程描述

从 15 世纪印刷术的发明开始，图书和印刷文化一直集中塑造着西方文

* 使用苏格兰学分与学历体系（SCQF）。后同。

化。这个课程讲述从中世纪手稿到未来电子书的发展史，涉及西方特别是苏格兰地区的社会、文化和思想史。内容涵盖从1600年至今印刷的出现、传播和接受；从启蒙运动前到凯尔特人时期的苏格兰印刷文化；从1800年至今的文学作品，连载小说、识字和阅读实践、作者、出版商和读者。

学习效果

通过这个课程的学习，你将会得到：

准确的评估各种文本的创作、出版、传播和接收；

批判性的反思作者、出版商和读者的历史作用；

准确的评估相对于各种文本的出版、传播和接收的历史价值；

评价 The Edward Clark Collection 和苏格兰国家图书馆中各个出版商的档案；

分析识字和阅读行为在创造一个充满活力的阅读文化中的作用。

小说出版市场

课程名称：小说市场出版

学分：20

课程代码：CLP10120

课程导师：Avril Gray 女士

艺术与创业产业学院

专业领域：新闻学与出版学

授课形式	教学活动	学时
面对面	授课	13
面对面	辅导/讲座/团队课堂	26
教师辅导下的自主学习	教师辅导下的自主学习	161

续表

授课形式	教学活动	学时
	总学时	200
	预计总学时	200

学习内容

通过课程学习，你将能够准确接触英国和国际小说，并学习很多核心问题，掌握在小说出版市场，具有创造性和商业角色的责任编辑所需要的分析方法。学生将分析过去和当前的出版清单，评估电子印刷物的影响。学生需要批判性的评估自媒体对市场的影响，以及最新的畅销书作者是如何通过社会媒体市场和数字出版物寻找市场途径的。

课程描述

学生将了解在小说出版市场具有创造性和商业角色的责任编辑的角色，同时还将评估全球出版行业中小说出版的突出性，以及版权、版权销售、法律关系的重要性。学生将批判性的反思小说编辑在编辑政策、预算、市场销售、作者开发、设计和插图的发展中的作用。通过稿件评价、创意编辑技术以及作者、编辑、代理商关系的培养，来检验责任编辑的创造性角色。

学习效果

通过这个课程的学习，你将会得到：

批判性的反思英国和国际小说市场；

检验出版清单的过程以及评估范围广泛的小说作品；

分析小说出版涉及的市场因素；

批判性的反思范围广泛的权利和许可证问题以及划分首要销售和权利区域；

检验作者和出版商关系的法律要求以及出版过程中文稿代理商的角色；

通过评价页面设计和封面摘要，反映设计和插图在小说出版中的重要性。

毕业论文

课程名称：毕业论文

学分：40

学院：艺术与创意产业学院

专业领域：新闻学与出版学

学习内容

这门课程是规划、研究、书写你的毕业论文，学生将掌握学术写作技能、文献检索和研究方法。作为一名学生，通过完成一篇自己选择的与专业相关的一万字毕业论文，你将提高自己的独立性。

课程描述

第一学期包含教学部分，涵盖高级文献检索、制定和产生研究问题、方法论的问题（包括反思）、定性研究方法、批判性分析、学术写作和演讲。学生在导师的指导下，经过独立研究，在第一学期和第二学期后完成与专业相关的一万字论文。在第一学期和第二学期会举行多次的校内研讨活动。

学习效果

通过这个课程的学习，你将会得到：

评估与专业学习相关的问题；

开发研究相关问题或者发现问题；

收集、总结和评判性的分析与问题相关的学术文献；

制定一个合适的研究方法；

通过收集、分析、综合和解释数据去研究问题；

制定适当的形式来表明论点、调查结果和结论。

英国　卡迪夫大学

（Cardiff University）

现代大众媒介及其由于计算机技术而产生的与新媒介的加速融合，理应成为高等教育的重要对象。我们的本科学位响应日益增长的媒介课程需求，旨在帮助学生批判性地理解、评论和参与媒介自己和其他社团的多样角色和功能平台。

该课程项目主要是一个学术的研究项目（而不是一个职业学位）。

（新闻、媒介和文化研究学院）媒介、新闻和文化（文学学士）——学位课程

媒介、新闻和文化课程的总体目标是在媒体饱和的社会，使你成为一个消息灵通的公民。在课程中，你能够获得的实践模块数量有限，本学位的重点在于学术和分析。该课程是基于这样一种设想，即为了理解现代社会，我们需要理解媒介和文化产业在社会中起到的核心作用。

你将要研究媒介和文化产业的产品、内容和引起的反应，尤其强调理解社会生产以及含义和思想的流通。

该学位也旨在使学生对媒介和文化产业及其在现代社会的作用研究所需的历史和文化基础有一个理解。课程将会培养学生对不同媒介文本进行精细分析的能力，包括印刷媒介、可视化媒介、音频和动图。

该学位的学生将能够遵循新闻和传播路径或文化和传播路径，通过三年的研究，最终将呈现在基于文化研究或新闻的论文中。

大　一

第一年的学习主要由四个必修模块组成：

大众传播和文化的历史

媒介知识

理解新闻研究

展示

大　二

大二的学习旨在对大一介绍的思想和推论进行发展与改进。

大二核心课程：

进行媒介研究

广告与消费者社会

可选/选修模块举例：

科学、环境和健康报道

媒介和民主政治

新闻发布室

媒介法律

社会媒介发展趋势

全球新闻学

战争、政策和宣传

大　三

基于前两年的学习，你将在这一年进入更加专业和先进的广泛研究领域。

你将获得根据你专注的兴趣领域选择课程。每个模块课程将有 20 个学分，而论文是 40 个学分。

可选/选修模块举例：

媒介法

公共关系和新闻媒介

体育和媒介

讨论高清电视

新闻发布室

新闻的制作和塑造

媒介、种族主义和冲突

政治暴力的中介

流行音乐和身份

21世纪英国电视：产业、形式和观众

公民媒体

创意和文化产业

管理媒介传播

世界电影：历史与文化

（新闻，媒介和文化研究学院）新闻与传播（文学学士）——学位课程

新闻与传播学学士学位是三年制的，全天，模块化方案。

大多数学习模块由12周的教学组成。学期剩下的部分由考试和其他类型的评估方式组成，连同打分过程和考试委员会评定。

每一位威尔士人士的学生有通过威尔士的媒介完成他们第一学年课程的机会，并且我们也提供一个只能通过威尔士的媒介进行三年制模块学习的课程。——新闻编辑室

这个新闻和传播学学士学位本质上既具有挑战性，又具有学术性，但是不提供新闻培训。

大一

大一核心学习模块：

媒介知识

大众传播的历史

展示

通信和文化

理解新闻研究

大　二

大二的学习旨在对大一介绍的思想和推论进行发展与改进。

大二核心课程：

管理媒介传播

进行媒介研究

可选/选修模块举例：

社会媒介趋势

媒介和民主政治

广告和消费者社会

媒介、种族主义和冲突

全球新闻

媒介和社会性别

公民媒体

报道科学

大　三

基于前两年的学习，你将在这一年进入更加专业和先进的广泛研究领域。所有课程在大三都是选修课，除了论文和当今媒体的写作。

你将获得根据自身专注的兴趣领域选择课程。每个模块课程将有 20 个学分，而论文是 40 个学分。

大三核心课程：

论文

当今媒体的写作

可选/选修模块举例：

新闻的制作和塑造

新闻、新媒体和公众

体育和媒介

政治暴力的中介

公众关系和新媒体

传播原因

轻写作

新闻发布室

（新闻、媒介和文化研究学院）媒介和模块传播（学士学位）——学位课程

新闻与传播学学士学位是三年制的，全天，模块化方案。

大多数学习模块由12周的教学组成。学期剩下的部分由考试和其他类型的评估方式组成，连同打分过程和考试委员会评定。

每一位威尔士人士的学生有通过威尔士的媒介完成他们第一学年课程的机会，并且我们也提供一个只能通过威尔士的媒介进行三年制单元学习的课程。——新闻编辑室

这个新闻和传播学学士学位本质上既具有挑战性，又具有学术性，但是不提供新闻培训。

大一

大一核心课程：

媒介知识

大众传播的历史

展示

通信和文化

理解新闻研究

大 二

大二的学习旨在对大一介绍的思想和推论进行发展与改进。

大二核心课程：

流行文化

进行媒介研究

可选/选修模块举例：

社会媒介趋势

媒介法

广告和消费者社会

流行音乐和身份

通信

媒介、种族主义和冲突

公民媒介

世界电影：历史和文化

大 三

基于前两年的学习，你将在这一年进入更加专业和先进的广泛研究领域。所有课程在大三都是选修，除了论文。

你将获得根据所专注的兴趣领域选择课程。每个模块课程将有20个学分，而论文是40个学分。

大三核心课程：

论文

创造性和文化产业

可选/选修模块举例：

讨论高清电视

文化机构：理论与实践

运动和媒介

数字文化

传播课程

轻写作

新闻编辑室

英国　谢菲尔德大学

（The University of Sheffield）

（新闻学院）新闻学学士——学位课程

以下课程列表是根据上一个学年做的课程示范，课程开始时可能会有些变动。对于最新的课程信息，请与部门直接确认。

第一年

新闻技能（第一部分）

该单元旨在向学生介绍新闻写作的原则和制作一个精确的、有可读性的故事所面临的挑战。它通过讲座计划进行教学，旨在探索包含在出版物写作和新闻工作的行业内容中的技巧。这个讲座计划由实际的工作室支持，在那里，学生可以通过大量多变复杂的练习来提高他们的写作技巧。

记者的公共管理

对地方和国家政治体系，以及它们工作方式的理解和知识是记者必须要掌握的内容。这个单元向学生们介绍国家和地区政府的结构和发展，它们和社会的关系，受到的财政压力，接下来的计划，以及它们提供公共服务的方式。作为新闻来源，学生将要学习政党和政治家所起到的作用。

研究和报道

该单元旨在为学生装备进行有效新闻研究和报道所必需的理解、知识、见解和技能。该课程由基础的实践技能构成，比如在进行当地政府会议和当地社区事务报道的内容中加入精确的信息记录和有效采访。学生将学习如何在多样的素材中寻找和加工故事。

新闻伦理问题

在不断审视和辩论中明确记者工作的道德框架。该课程将允许学生探索记者面临的道德困境中的主要争议领域,并考虑为今天的新闻实践提供框架的行业守则和准则。重点在于道德和新闻之间关系的讨论,而不仅仅是单向传播"正确"答案。

道德与新闻

该课程提供了对新闻伦理与实践关系的介绍,包括道德困境、行为准则和监管系统。问题包括个人的、客观的和公共利益。课程主要针对英国,尽管国际案例也会适当包含其中。

新闻研究介绍

该课程向学生介绍关于所有平台新闻过程和产品的关键文献。它提供一个报告新闻分析概念的论坛,包括政治和新闻的关系,媒体所有权的意义,技术对新闻业的影响,以及新闻业面临的当代挑战。该课程的组织方式是允许学生有一个较长的时间,通过讨论和课堂练习考虑问题。课程鼓励学生跨平台反思问题,将这些应用在他们自己阅读的内容中,并作为新闻学生和从业者的直接经验。

理解媒介

使学生学习英国媒介中的多样新闻,包括来自印刷和广播新闻的案例。该课程聚焦于在历史、社会和政治环境下新闻的作用。

谢菲尔德声明——地方问题的全球视野

谢菲尔德声明将告诉你,作为一个社会学家的意义和研究的性质。通过跨学科组织工作,你将执行一个基于现实生活主题的问题和产品的项目,并且呈现一个作品,以分享你的发现。你将接触其他学科,并获得能够在之后的研究和自己未来就业上帮助自己的必要技能。成功完成这个单元,你将被要求积极参与你的小组,与导师一起参加重要的事务和日常会议。

第二年

广播新闻 1

该课程向学生介绍广播新闻的基础知识，重点是开发技术能力和信心，尤其是在录音和编辑领域。技术技能要建立在广播媒体如何讲述故事和广播媒体与其他媒体如何区别于其他媒体的环境。学生对应用新闻技巧的最初过程进行练习，比如新闻搜集和在广播情境下进行采访。

广播新闻 2

该课程将重点转移到在多样的广播风格、情境和框架下，进行新闻故事生产。我们还将尤其注重广播写作技巧的培养，以及其区别于印刷媒体的方式。学生将在模拟专业工作环境的条件下编写和呈现完整的新闻公告，并提高其在工作室环境下的技术技能。学生还将培养自己的新闻搜集能力和对如何有效地将这些知识应用于广播的理解。

新闻技能（第二部分）

通过实践一阶段课程要求的新闻技能和知识以及媒介法律来提升自我。学生将经常访问法院并要准备一个法院报告文件。课程将教导他们写作和故事结构。通过学习 InDesign 软件，学生将学习必要的制作技术。要通过该单元课程，学生必须通过 JNL208 总共三个评估标准，也由此才能进阶到第三阶段。

媒介法律

该课程旨在帮助学生理解英国新闻工作者的法律限制，包括诽谤和蔑视法律。学生还将学习什么样的作品能在公共领域出版，以及记者要如何挑战无效的限制。我们还将在课程中研究新闻投诉委员会的行为准则。

网络新闻

该课程主要是向学生介绍网络新闻。他们将研究新媒体对新闻和新闻记者的理论和实际影响。学生们还要探索与网络新闻相关的一些主要问题。使用最新的行业软件，他们将学习如何创建 web 页面，展示他们对风格的理解，呈现传统媒体与新媒体之间的差异，尤其是关于内容、多媒体和超链接的使用。

第三年

广播新闻 3

该课程将向学生介绍在当代广播生产中常见的新闻和技术复杂格式，如功能和策划。我们期望学生无论是在广播媒体，还是在电视媒体都能应付自如，并在两种媒体中都能发展他们的创造力。课程将包括广播和电视的新闻特点，当代格式下广播和电视的节目安排。学生还将有机会批判性反诉他们的工作和广播新闻惯例。

新闻技能（第三部分）

通过讲座、研讨会和作业，我们将探索报告和助理编辑的关系。学生将涉及经营故事及在压力下处理副本。我们也期望学生能够安排当地新闻报道，使用通讯社报道，以及生产大报和小报的页面。

杂志新闻和特写

好的写作包括哪些内容？该课程旨在要求学生将在过去两年半中学到的写作技巧提高到新的水平。学生将探索各种故事叙述技巧并测试自己多样的才能，学习为特定的受众写好各种风格。学生也将学习不仅要思考已经写了什么，而且要考虑其在页面上如何利用。同时，我们将探索杂志生产的问题，并进行团队合作，制作一个新的杂志产品。

澳大利亚　埃迪斯科文大学

（Edith Cowan University）

（传播与艺术学院）传播学学士——新闻学辅修课程

这是为希望获得新闻实践和技能基本知识的学生准备的理想辅修课程。

辅修课程结构

这个单元设置结构包含了该单元组成课程，以及完成该单元所需学分的全部信息。

该辅修课程对于想获得新闻实践和技能基本知识的学生来说是理想的选择。学生进入核心课程单元，学习新闻概论，然后从列表中的九个课程中选择其他三个新闻课程，九个课程包括政治、卫生、体育、商业、科学、广播和新闻自由。

具体课程

完成以下学习单元(15)*：

JOU(新闻学) 2111 新闻学概论　　15

附加，完成以下学习单元中的三个(45)：

JOU(新闻学) 2103 媒介法规和道德　15

JOU(新闻学) 3113 健康新闻　　15

JOU(新闻学) 2106 体育新闻　　15

---

* 括号中数字指学分数。后同。

JOU(新闻学) 2107 政治新闻 15

JOU(新闻学) 2108 科学新闻 15

BRO(广电学) 2000 广播新闻编辑室 15

JOU(新闻学) 3109 商业新闻 15

JOU(新闻学) 3110 新闻自由 15

JOU(新闻学) 3205 新闻编辑室 15

(传播与艺术学院)传播学的艺术学学士——新闻学专业课程

在这个高速旋转的世界,高质量新闻实践的重要性从来没有被提到如今这样高的高度。

这个新闻学专业主要包括写作和研究技能,在音频、视频和网络环境下工作的知识,以及职业的法律和伦理的框架。

学生还可以对专业领域进行学习和研究,比如政治、科学、卫生、商业和体育报道。

相关职业

记者、文案人员、在线记者、制片人、主持人、新闻秘书、电影评论家

专业课程结构

这个单元设置结构包含了该单元组成课程,以及完成该单元所需学分的全部信息。

该课程是由澳大利亚新闻教育协会(JEAA)认证,出色的学生经常赢得国家新闻奖,还能进入澳大利亚西部主要新闻机构工作。

学生可以在招生的第一和第二学期开始他们专业第二阶段的单元课程,但建议先完成JOU(新闻学)2111 新闻学概论。

具体课程

JOU(新闻学) 2103 媒介法规和道德 15

JOU(新闻学) 2107 政治新闻　15

JOU(新闻学) 2111 新闻学概论　15

BRO(广电学) 2000 广播新闻编辑室　15

JOU(新闻学) 3205 新闻编辑室　15

附加选择 45 学分(三个单元)从以下课程中选择:

JOU(新闻学) 3110 新闻自由　15

BRO(广电学) 3000 电视新闻　15

CMM(传播学) 3104 专业安排 1　15

JOU(新闻学) 2106 体育新闻　15

JOU(新闻学) 2108 科学新闻　15

JOU(新闻学) 3109 商业新闻　15

JOU(新闻学) 3113 健康新闻　15

新西兰　奥克兰理工大学
（Auckland University of Technology）

（传媒学院）传播学研究学士学位（荣誉）——学位大纲

传播学研究学士(荣誉)是一个研究生研究学位，适合高水平的学生提高他们通过本科学位学习获得的技能和知识。荣誉课程提供了一个集创造性、学术性和研究性为一体的课程选项，学生将进行为期一学期的个人研究项目。

简　介

课程代码：AK1261

水平等级：8

学分：120

期限：1 年 全日制/2 年 非全日制

地点：市中心校区

开始时间：2015 年 3 月 2 日

奥克兰理工大学鼓励尽早提交申请，因为名额有限。如果课程招生没有招满，晚提交的申请可能被接受。申请人通常会以他们的学术成就和水平为基础来被选择，并被要求参加选择面试。

入学要求

为了获得传播学研究学士学位(荣誉)，申请人必须在传播学研究学士学位的第七等级课程考试中达到平均 B 级或更高的分数，或者同等学历。

课程结构

学生在论文写作方面可以灵活选择,但要包含一篇核心研究方法论文和至少一篇以媒体和传播学发展为背景的论文。学生进一步还可以选择写定位于其他背景领域的论文和一系列有创造性论点的论文。

通过与课程导师和检查团队的讨论,你将完成一篇论文。论文可以采用传统的学术格式或部分采用创造性研究内容(比如剧本、深度新闻报道、数字媒体作品、广播节目或公关活动)。

包含创造性元素的论文也要求包含对放置这样一个创造性内容的分析,包括它的重要性、理论性、历史性和个人背景。

多数论文有一个学习的时间写作,对应 15 个学分,学生总共必须完成 120 个学分。

具体课程内容

论文研究方法：从以下选择一个，包含 15 个学分

149107 媒介传播研究方法（15）

介绍传播研究目的和道德在研究范式和领域上的广义区分。探索与制作、文本和反应相关的研究问题。提供理论和技能,让学生能进行高级的独立研究。

149141 数字媒介研究方法（15）

介绍数字媒体研究目的和道德在研究范式和领域上的广义区分;探索和评估基于实践的研究模型;并提供了一系列背景和理论框架来帮助学生设计和执行独立数字媒体研究。

149148 多种模式媒介研究方法（15）

构建多种模式媒介分析作为研究方法的理论和方法论理解。建构和培

养一个各种相关环境和设置中有关传播和社会科学实践的分析方法。质问和评价设计研究项目并分析现实世界使用多种模式媒介框架的案例。

论文(可选)

148112 论文(A)(30)

学生选择一个合适的主题和/或小型研究项目进行独立的学术调查。向他们介绍在监督下进行研究的规划,开展和执行过程。另外,论文可以包括文学相关选题的批判性分析和评估,以及进一步研究潜在领域的基本原理和识别方法。

或

148113 论文(B)(60)

学生选择一个合适的主题和/或小型研究项目进行独立学术调查。向他们介绍在监督下进行研究的规划、开展和执行过程。另外,论文可以包括文学相关选题的批判性分析和评估,以及进一步研究潜在领域的基本原理和识别方法。

选修课论文: 45 学分来自

149106 合作教育(30)

提供学生在与其所选专业相关的传播产业领域中应用他们所学知识和获得实践经验的机会。合作的经验将帮助学生批判性反思学术研究和实践之间的关系,培养团队精神和解决问题的能力。学生要设计和完成一个有利于组织发展的项目。

149108 媒介的政治经济学方法(15)

批判性评估媒介组织的历史结构和运作环境;建构和培养政府政策、媒体整合、商业化和全球化研究的分析方法;媒体组织内的问询和评价实践,以及探索政治和经济环境影响它们"输出"的方式。

149110 媒介传播论文阅读（15）

学生探索与他们计划课程相关但并不包括在教学任务中的相关传播领域感兴趣的专业，内容将取决于个人的研究路径。因此，提议专门从事调查性新闻的学生可以阅读全球媒体所有权趋势和它们对新闻业影响的相关论文。

149111 媒介、文化与社会（15）

批判性评估分析日常文化的生产、象征及其接收的文化研究理论和方法。鼓励学生通过调查文化研究和媒体实践的非主流方法来探索文化与文化霸权。调查和评价学生对媒体的关系，转变关于阶级、性别、种族、民族认同感和全球化的观念。鼓励对日常媒体技术的集成研究。

149112 新媒介与社会（15）

批判性评估一系列关于新媒体在社会中作用的当前争论。建构和培养对新媒体概念在媒体传播、商务、工作、政治和日常生活中逐渐扩大“影响”的研究的分析方法。通过一系列新媒体来分析前沿主题，问询和评价网络的作用，以及它的各种应用程序，包括媒介融合、网络社会和在时间、空间和虚拟世界变化的经历。

149114 时间、暂时性和全球化（15）

讨论了全球化的理论、定义和分期；定位当代全球化的关键特性：时间、空间和力量、文化、意识形态和消费主义；思考全球化对奥特亚罗瓦/新西兰的影响。

149116 媒介传播实践中选择课题（15）

培养对相关知识特定领域的深入理解，但不一定限于广告创意、创意产业、数字媒体、新闻、公共关系、广播和电视领域。

149138 名人文化与社会组织的名望（15）

批判性评估当代媒体角色之间的关系以及西方和非西方社会中得出并

得到集体认可的对名望的定义。建构和培养社会学和历史学的分析方法来研究名声的形式及其生产、复制和使用的方式。评价媒体在创造一种新形式的私人名望中的影响，及其预期的和意想不到的后果。

选修：从以下课程中修得不超过30的学分

149117 3D动画（15）

为3D计算机建模和动画的理论研究与实践提供框架。培养3D建模和动画所需的应用理论和技术知识，并将这些知识应用到运动图像序列的开发和生产。3D动画技术的使用将被置于包括短片、标题序列、视觉识别、音乐视频和电影特效在内的一系列动图中进行考察，并运用一系列交付模式。

149120 交互式媒体（15）

发展为互联网或其他交付模式生产复杂实践互动媒体所需的高级实践与理论知识。一系列关于互动概念的理论结构将被评估和应用于叙事、传播和信息架构结构的开发；同时提高互动媒体所需的高级实践技能。

149121 调查与议程设置新闻（15）

介绍奥特亚罗瓦/新西兰关于调查和议程设置新闻先进的研究成果。批判性分析作为民主进程组成部分的调查，记者在其中所扮演的角色。练习学生专业性的反思思维，并学习如何评价深入调查或议程设置报道。

149122 评论创造性组织（15）

批判性评估构成组织生活的传播方式，特指创造性组织。建构和培养研究作为创意产业的部分商业和组织行为研究发现的分析方法。

149123 移动图像（15）

培养广泛适应各种移动图像序列数字化操作的复杂复合材料、动画、动画和视觉效果生产所需的高级实践与理论知识。这些技术的使用将被置于一系列移动图像形式中去思考，包括标题序列、视觉识别、音乐视频和电影特效，并放置于一系列交付模式中考虑，如广播、电影、DVD和宽带。

149124 公共关系的概念和批判（15）

批判性评估历史背景下公共关系的性质和发展；通过各种分析模型建构和培养公共关系作为一种职业的分析方法；介绍并探索公共关系作为一个研究领域进行进一步研究的机会。

149125 广播（15）

学生实施应用指导研究到先进的广播生产的计划。研究广播在社会中地位的理论方法，对广播节目制作与广播系统和模型进行研究及批判性评估。学生结合理论方法与实际工作来开发和反思先进“最佳实践”电台的技能。

149126 电影剧本创作（15）

使学生体验在新西兰开发影视脚本的写作流程；课程提供个人建构和培养为电影、电视屏幕或其他媒体在叙事阶段设计和开发脚本草案原始概念的机会。

149127 电视（15）

提供对在视频产品中担当特定角色的高级技能的分析和实践考察；评估和评价该角色的特点；建构和培养分析方法来研究一系列产品的各种当代风格，并提供在指定产品中选择岗位全面的实践基础。

149128 创意产业、文化和市场环境（15）

探索文化在市场环境中的历史作用，尤其关注文化与现代性/后现代性之间的关系。在这个广义的制度化框架中课程评论制度化的文化，并探讨新西兰和全球的创意市场。

149135 纪录片研究（15）

批判性评估电视和电影纪录片的理论、实践和文化背景，强调社会和政治变革推动了纪录片理论发展；培养探索纪录片生产历史和实践模式的先进理论知识。

149142 新闻和媒介关系（15）

批判性评估记者和新闻的大众媒体工作环境，与公共关系从业者的媒体关系的专业实践相比较。开发和培养分析方法来理解公共演讲和宣传的应用，以及为各种不同的组织平衡新闻报道。

149143 新闻法律和伦理（15）

为学生提供一个深入的概念框架来理解和评判有关新西兰新闻与新闻伦理原则的法律；通过理论和实践模式的研究，学生获得使其能够在新闻中展开法律和伦理层面探讨的知识，以及用最有效的专业方法来处理道德—法律困境。

149144 新闻理论与实践（15）

批判性评估媒体行业，包括其基本概念和新闻采集、写作、演讲和出版实践背后的理论。建构和培养合成、表达和分析用于专业实践的新闻理论相关的重大问题所必需的批判意识和反应能力。

149145 管理传播和公共关系（15）

批判性评估公共关系从业者的专业和职业角色；开发和培养企业、政府和非营利组织范围内理解公共关系操作和环境实践的分析方法。

149146 数字视觉传达（15）

发展使用数字技术成功设计、生产和进行视觉传达所需的先进的实践和理论技能与知识。培养数字视觉传达实践的批判性研究—驱动方法；探讨和评判当代数字视觉文化以生成一组传播设计策略和实践的环境框架；发展对视觉传达作用的关键性认识。

149147 网络媒体（15）

开发网络媒介设计和生产中的高级实践和理论技巧与知识；为设计和实现基于标准的、可访问的网站培养一个关键研究—驱动方法；开发对网络技术、文化和实践重要的历史性理解；为技术混合、界面可用性和导航识别，以及评论当前和新兴的网络标准，生成一组专业实践的原则。

149149 新闻编辑和设计研讨会（15）

批判性评估新闻生产中的专业和职业角色，开发探索编辑出版、网络媒体技术和技能的实践与理论模式的先进知识。

149150 公共事务报道研讨会（15）

通过批判性评估收集材料和写作，体会公共责任机构在新闻中的专业和职业角色。开发探索《怀唐伊条约》和当代新闻环境中的多元问题报道技能和技巧先进的知识实践和理论模式知识。

149151 高级幕后制作（15）

荧幕后期制作的高级研究，开发和培养理解当代风格的后期制作的专业和相关实践的分析方法。

149152 高级非虚构电影剧本创作（15）

批判性评估非虚构作家的专业和职业角色，开发探索从最初的概念到生产开发原始脚本的过程，学习专业的先进实践和理论模式知识。

149153 电视制作（15）

批判性评估电视制作的专业和职业角色。为学生提供一个深入的概念框架来理解和批判当代奥特亚罗瓦/新西兰中电视制作更广泛的环境。

149154 国际公共关系（15）

在国际背景下探索和评估公共关系实践和理论，把公共关系、商业、文化理论和批判性分析应用于国际案例研究上，为其提供开发国际公共关系的战略方法。

JOUR800 杂志新闻（15）

新西兰和海外杂志写作的批判性分析；评价出版物的内容、写作风格和目标；重点是形象和功能写作，包括多平台和社交媒体写作；清晰、有效和适当地传达复杂的故事。

JOUR801 亚太新闻研究（15）

介绍了专注于亚太地区比较新闻学和媒体全球化中的先进研究；回顾媒体在选定地区的政治经济，以及全面的媒体环境；本课程提供了进行深度区域文化、环境、政治、治理、国家发展、社会、媒体自由和法律问题报道的机会。

就业机会

新闻报道

数字媒体

新闻

公共关系

广播

剧本写作

读研究生进行进一步的深入研究

（传媒学院）传播学学士——新闻专业课程

当今快速变化的媒体环境要求新闻记者拥有专业技能，能够知道如何使用今天的多媒体技术寻找、编写和制作新闻，并有了解广泛的传播理论的坚实基础。

传播学学士学位中的新闻专业将培养你为真正的出版物写作故事和报道突发新闻的技能。你将获得新闻报道的经验，以及不同的写作和制作职业方向，包括二元文化的报道、跨文化报道、新闻摄影、媒体法律和道德。

具体课程设置

大多数课程周期为一个学期，对应 15 个学分。学生每年必须完成 120 个学分（获得学位需要 360 个学分）。学生每年要学习核心课程（强制），并从选项范围内选择其他课程。

第一学年

该课程学习侧重于媒体和人际传播，以及传播、技术和新西兰社会之间的关系。学生必须在第一学年成功完成新闻基本原理课程，因为这是进入新闻学第二学年学习的先决条件。

核心论文

第 5 等级：

145701 人际传播（15）

提供理解人际传播的框架。通过理论知识、反馈和反映，学生将进一步发展对自我、感知、人际关系、语言和非语言传播的理解，并开发他们在一系列环境中更有效地沟通传播的能力。

145708 媒介传播Ⅰ（15）

探讨大众传媒和社会之间的关系，大众传媒与其周围的政治、经济和社会结构相关联的过程。审视大众传媒产业和网络、媒介组织、媒体信息，以及观众的态度和行为之间的关系。

145717 图像和声音（15）

介绍视觉文化和传播的研究，考察通过图像建构意义的机制；为静态及动态图像研究提供重要的框架，包括在不同视觉媒体中的叙事结构和风格；评估当代生活中视觉的作用。

145718 媒介生产研讨会（30）

介绍音频、视频和数字媒体领域的基本操作技能；提供体验这些领域之间异同的练习；在技术变革环境下认识这些领域之间的聚合模式。

285008 应用媒介伦理（15）

分析伦理问题的本质；考察伦理框架和准则，以能够对个人判断进行评估，并能够对多样化的道德推理方法进行批判性的评估，尤其是在一系列专业的媒体环境范围中。

145727 新闻学原理（15）

向学生介绍专业新闻领域快速变化的世界；概述新闻生产的实践和社会环境；探讨新闻叙事和支撑当代新闻传播的大量知识、文化、政治、哲学和伦理问题。

选修：从选修课程中再选择一个 15 个学分的课程或任何其他传播学学士课程。

在学习新闻业期间，学生有很多机会接触现实的新闻世界。这包括为奥克兰报纸提供故事报道，在省级新闻编辑室进行为期一周的实地考察工作，最后在全国范围内任何一个编辑部进行两周的实习。编辑们知道我们的学生需要可发表的工作机会，会继续大力支持我们的计划。

第二学年

核心课程

第 6 等级：

146719 跨文化传播（15）

提供分析跨文化传播的重要框架；构建一个批判的文化互动来发展文化的概念，民族和种族，以及民族认同感；研究奥特雷新西兰、澳大利亚和亚洲太平洋地区跨文化传播的社会和历史背景，以及民族关系。

146723 媒介传播ⅡA（15）

考察媒体产业的性质和影响，与大众传播竞争理论相关的网络工作。在这种背景下，同时探索媒体研究面临的政治和商业的交叉压力。

146752 广播新闻准则（15）

为学生提供关于广播新闻的概述：广播如何选择新闻，如何写作。学生还将了解广播和在线新闻行业。

JOUR600 新闻报道（15）

通过印刷和在线平台发展新闻实践能力，包括研究、采访和按出版标准制作新闻和照片；开发用新闻风格和语法进行统计数据报道的能力；广泛讨论与新闻法律、伦理、跨文化报道和社会多样性有关的问题。

从选修课程中再选择 60 个学分的课程或任何其他传播学学士课程。推荐学生从其他专业学习先决条件的课程。如果你想副修，可以在第 6 等级的课程中选修 30 个学分作为你的副修领域。

第三学年

核心课程

第 7 等级：

147717 媒介传播Ⅲ（15）

批判性分析计算机、媒体和电信的加速和多层融合；考察被大肆宣传的传播环境，包括“信息社会”、“信息高速公路”、互联网和移动电话；考虑各种理论方法的见解——后工业主义、女权主义、马克思主义和监管学派——探索在新西兰经济、政治和社会基础上新的传播技术。

147830 新闻法律和伦理（15）

使用的法律、伦理和哲学概念运用批判话语探讨考察新闻法律和道德。向学生介绍新西兰新闻机构和传统的政治经济方法。

147831 公共事务报道（15）

包括收集和编写关于公共责任主体的新闻，包括地方的和国家的，尤其强调《怀唐伊条约》和多元文化、身份和多样性问题，包括亚太地区。

JOUR700 高级新闻报道（15）

发展为出版物各种新闻标题进行新闻报道和特写的高层次能力，包括从属于奥克兰新闻媒体到促进过渡就业。培养学习的专业标准，包括记者所需的笔记和视听技术。

JOUR701 采编部任务（15）

为学生完成从教室到编辑部过渡的新闻职业生涯做准备，包括实习课程。鼓励高层次理论反思在专业实践和新闻文化背景下新闻的作用和未来。

从选修课程中再选择45个学分的课程或任何其他传播学学士课程。如果你想副修，可以在第7等级的课程中选修30个学分作为你的副修领域。

选修课程

第5等级：

145705 写作原则（15）

探索有效写作的原则和过程，特别强调写作的结构和形式——介绍和总结书面工作、分段、最大影响和流量信息安排的策略，建立创意、修改和编辑之间的联系。强大的理论基础与实际应用相结合来学习解释性的、好辩的/有说服力和叙事描写性写作的模式。

145719 大众文化导论（15）

介绍本地和全球当代流行文化的形成；将流行文化定义为集体身份通过大众媒体消费形成和转换的过程，并探讨身份、社会和权力的媒体呈现与大众体验之间的交流。

145720 表演传播艺术（15）

通过一系列循序渐进的练习和作业，在一系列表现风格中培养信心和专业知识，包括预先准备的和即兴的。发展技能和有效的公开演讲、面试、故事讲述、导演、辩论和乐团表演，以及声音和动作表演。强调团队合作和表现力，鼓励根据经验进行写作上的反思。

145724 音频生产技术（15）

介绍和发展必要的数字音频录音、操作和故事叙述的能力。评估和评判数字音频生产技术和实践，专注于开发和生产数字音频项目。

145726 电影叙述生产（15）

开发关于电影故事叙事结构和生产技术的重要分析。使用创作实践发展电影叙事和生产技术的意识。学习制作摄像机产品的技术，包括相机、音频和编辑。

915404 声音制作（15）

向学生介绍声音的理论，声音生产的历史，从模拟到数字技术是如何改变的，以及记录的历史。声音的实际应用，以及声音的生产将包括录音技术的引入、介绍模拟和数字录音技术、介绍声乐生产和麦克风技术。

915405 技术和创作（15）

向学生介绍音乐软件、Midi 序列和音乐思想的发展；包含了对各种行业标准音乐软件的探索；学生将应用技术学会创建最终的音乐背景创作。

第 6 等级：

116232 摄影（15）

课程涉及广泛的技术领域，包括数码相机技术，要求让学生独立使用摄影技术或采用跨学科的方法使用其他视觉媒体。图像/主题的解读，并分析摄影概念和技术之间的关系。

916100 技术和创造性表达（15）

向学生介绍当代流派为歌曲写歌词的技术、故事叙述并通过技术作曲；学生将技术应用于一系列的表现形式中。

ADVT602 媒介心理学、策略和策划（15）

从消费者心理学的角度探索媒体渠道规划和实施传播策略的见解；主题包括媒体在通过媒体广告策略的管理加强消费者和品牌之间的关系的作用；主题评价是建立在新传播机会激增和消费者生活方式不断变化的背景下。

TVSP600 电影生产实践（15）

发展电影生产的叙事技巧和叙事技巧的关键分析，以及风格的想法；进一步发展单摄像产品的技术性电影技巧，包括照明、摄像和编辑，以及发展对非虚构叙事电影和电视的历史演化的理解。

第7等级：

147723 说服性传播（15）

探讨影响和公众态度改变的理论，并将其应用在公共劝说的作用上；强调新西兰工作场所和公共活动中的说服活动的动力研究；包括自主和个人研究、文本分析研讨会的表达和说服力演讲。

147732 编辑和设计（15）

制作新闻的关键性考察；重点在于印刷和在线媒体的编辑技术和技能；页面编辑和页面设计的批判性分析。

147734 杂志新闻（15）

新西兰印刷产业中杂志写作的批判性分析；从地铁、北与南和听众到文摘型女性杂志的出版物审查；特别关注描写和特写相关的风格类型。

147777 音乐产业（15）

研究与广播和新媒体相关的音乐和娱乐产业的作用，特别强调音乐生产技术、权利和音乐产业的基础设施。

147786 高级演播室生产（15）

分析和实际考察电视演播室的生产，包括先进的生产技术的操作实践和各种演播室多样摄影类型特点的评估。教授参与基于演播室项目生产的个人作用，包括原始演播项目的创建和写作。

147788 摄影表现（15）

介绍包含在电视摄影表现、阅读和呈现中的技能和流程；遵循摄影叙事规律，发展声音与身体、自信与休闲的技能；为学生介绍导演和表演者的引导，以及预览。

147789 广播新闻（15）

探索和批判性反映适用于广播新闻的新闻收集、编写和制作原则与实践。培养电台新闻广播标准所需的实用技能和技术流程新知识，包括广播新闻产品和工作实践的批判性分析。

147790 摄影新闻（15）

批判性分析摄影记者的角色，要求学生通过一系列实用新闻摄影作业理解视觉语言；展示各种各样的摄影技巧和技术，包括软件应用程序在编辑和处理新闻照片上的使用。考察伦理问题和在媒体法要求背景下的新闻摄影实践。

147791 电视新闻（15）

探索和批判性反映适用于电视新闻的新闻收集、编写和制作原则与实践。培养电视新闻广播标准所需的实用技能和技术流程新知识，包括电视新闻产品和工作实践的批判性分析。

147792 高级文案（15）

考察媒体频道激增的影响，从印刷媒体到电子媒体，广告文案的理论与实践；进一步发展在各种各样的媒体上写作广告文案的技能和技术；允许学生专注于特定领域媒体应用的技能。

147803 为演播室写作（15）

批判性分析和评价多种摄影脚本的写作技巧。制定和评估基于演播室和多样摄影项目的写作技巧，从最初的想法，通过研究，到最终完成的脚本。

147804 电视生产管理（15）

批判性分析和实际考察管理电视制作所需的知识和技能；要求收集、综合和评价法律、经济、人员和资源管理所需技能以确保成功生产。

147805 广告创意的特定主题（15）

通过基于当前的研究和/或相关行业最佳实践的适当学习和教学策略，探索和评估其他课程没有涉及的主体知识。

147806 创意产业的特定主题（15）

通过基于当前的研究和/或相关行业最佳实践的适当学习和教学策略，探索和评估其他课程没有涉及的主体知识。

147807 新闻的特定主题（15）

通过基于当前的研究和/或相关行业最佳实践的适当学习和教学策略，探索和评估其他课程没有涉及的主体知识。

147808 数字媒体的特定主题（15）

通过基于当前的研究和/或相关行业最佳实践的适当学习和教学策略，探索和评估其他课程没有涉及的主体知识。

147809 公共关系的特定主题（15）

通过基于当前的研究和/或相关行业最佳实践的适当学习和教学策略，探索和评估其他课程没有涉及的主体知识。

147810 广播的特定主题（15）

通过基于当前的研究和/或相关行业最佳实践的适当学习和教学策略，探索和评估其他课程没有涉及的主体知识。

147811 电视和电影生产的特定主题（15）

通过基于当前的研究和/或相关行业最佳实践的适当学习和教学策略，

探索和评估其他课程没有涉及的主体知识。

147813 广播和社会（15）

批判性评估广播研究的关键概念。在其社会、文化和历史背景下评估广播，以奥特亚罗瓦/新西兰为特定参考。建构和培养一种分析方法来进行广播和声音的研究，质询和评价广播在公共领域的角色。

147816 推广文化（15）

批判性评估推广文化研究的关键概念。在其社会、文化和历史背景下评估各种促销的案例，以奥特亚罗瓦/新西兰为特定参考。建构和培养一种分析方法来进行宣传文化的研究，质询和评价宣传文化在当代社会的作用。

147817 广播采访和生产（15）

发展在第 6 等级学到的出镜采访拍摄技能，关注录音作品和直播内容的风格、结构和开发。

147825 太平洋地区报道（15）

批判性分析太平洋地区的当代问题，包括奥特亚罗瓦/新西兰，如新闻媒体背景下的犯罪、经济、教育、环境、渔业和海洋开发、性别、健康、人权、正义、土地权利、迁移、军事和安全、政治和可持续发展。强调记者对报道问题的洞察力和深度战略。

147826 毛利和帕斯菲卡媒介产业（15）

研究和批判性分析在奥特亚罗瓦/新西兰地区的毛利和帕斯菲卡新闻媒体的增长和发展。早期毛利媒体的历史发展和后来的帕斯菲卡出版，iwi 广播的兴起，帕斯菲卡社区广播的发展，以及广泛的主流媒体和种族背景下毛利和帕斯菲卡影视和网络自主媒体的进化。

147827 赞助和推广（15）

使学生能够制定和实施包含营销元素的战略，并通过赞助和/或慈善事业进行品牌或企业推广。

147832 高级广告艺术指导（15）

考察媒体频道激增的影响；从印刷媒体到电子媒体，广告艺术指导和构思的理论和实践。进一步发展在各种各样媒体上的艺术指导技能和创意技术。允许学生专注于特定领域媒体应用的技能。

147836 创意市场（15）

定位创意领域市场的结构变化。批判消费主义和文化之间的关系，质询创造性成果的真实性，探讨奥特亚罗瓦/新西兰的创新营销。

147837 创意产业和电影（15）

提供电影产业中创意过程的批判性理解。定位在当代经济中，市场对电影制作和发行的影响。批判创造力和团队管理之间的关系，质询摄影中的知识产权资本并考察电影产品的不同版本。

ADVT702 广告的专业形式（15）

分析广告的专业形式并探索广告有效应用所需的洞察力和技能。

JOUR702 移动新闻（15）

考察和批判新闻的移动数字技术、生产和管理，以及新闻媒体网站的社会媒体素材。覆盖在文本、图像、音频和视频中通过移动应用进行移动记录，包括众包、直播和社交媒体协作在系列网站上发表。建立 e 组合而成为进入当代新闻学专业的基础。

JOUR703 数据新闻（15）

课程向学生介绍数据分析的新闻和统计技术，并演示如何使用工具来评估、管理、过滤、分析和解释数据，为生产分析和视觉丰富的文章提供基础。事件和问题处理将来自重要国家和国际新闻，特别关注经济、社会和政治话题。

PUBL700 商业环境中的传播（15）

评估商业领域传播从业人员的角色和责任；开发对商业活动和金融市场的理解；为金融利益相关者、决策者和投资者的有效传播寻找机会。

TVSP702 编剧：戏剧（15）

实际介绍为动态图像写作戏剧的过程。在从概念开发一个最初的想法时，专注于在“戏剧性的规则”公约内写作，通过人物和故事写作分镜头剧本。

TVSP703 编剧：非虚构（15）

分析非虚构剧本创作技巧；发展非虚构剧本技巧，从最初的想法，进行研究，到完成脚本。

就业机会

报纸、杂志、电视、广播和网络媒体的新闻记者

自由撰稿人

专业作家

产品记者

网站编辑

意大利　米兰语言与传播自由大学

（Libera Università di lingue e comunicazione IULM MILANO）

米兰语言与传播自由大学新闻传播相关专业

本科——传播、媒体和广告；公共关系和商业传播

研究生——市场、消费和传播；电视、电影和新媒体；新闻学硕士；音乐制作和出版硕士（MBA课程）；文案和广告传播硕士；出版学硕士

专业所属学院：传播、广告和公共关系学院（新闻学、传播学不分开）

（传播、广告和公共关系学院）传播、媒体和广告（本科）——专业和课程

所属类别：L－20 传播学

学年制：3 学年

授课类型：传统教学模式

授课语言：意大利语

具体课程

第一学年

媒体和社会学文化概论（9）

信息和传播技术（6）

广告语言策略和交际（6）

电影和电视语言（6）

多媒体娱乐公司（12）

媒体、新媒体和社会网络（12）

符号学(6)

专业英语(6)

第二学年

当代史(6)

语言理论与电视技术(6)

电影历史与美学(9)

视听传播心理学(6)

社会研究方法和技术(9)

专业英语Ⅱ(6)

第二外语语言和文化(6)

选择培训活动(12)

第三学年

经济政策(9)

语言文学(12)和其他

大众传播理论和技术(9)

新闻语言的理论和技术(9)

专业英语Ⅲ(6)

选择培训活动(6)

最终测试(6)

选修课程

广告实验室(6)

创意写作—实验室(6)

意大利电影史(6)

文化娱乐事件的组织和管理(6)

文学与媒体(6)

新闻实验室(6)

传播企业的商业计划(6)

政治话语分析(6)

社会学基础(6)

政治哲学与文化(6)

有效的沟通—实验室技术(6)

定量分析的基本概念信息(6)

电子文献的英文(6)

职业戏剧实验室(6)

用于传播公共政策(6)

传播学经济(6)

媒体市场(6)

传播、媒体和犯罪(6)

政治沟通(6)

伦理学与经济学(6)

(传播、广告和公共关系学院)公共关系和商业传播(本科)——专业和课程

所属类别：L－20 传播学

学年制：3 学年

授课类型：传统教学模式

授课语言：意大利语

具体课程

第一学年

媒体和社会学文化概论(9)

工商管理(9)

公共关系和企业的沟通(9)

信息和传播技术(6)

企业文化消费(6)

符号学(6)

广告语言(6)

专业英语(6)

第二学年

消费心理学和神经学营销(6)

市场营销(9)

统计和市场调研(9)

大众传播理论与技术(6)

数字时代的创新和社会(9)

专业英语Ⅱ(6)

第二外语语言和文化(6)

选择培训活动(12)

第三学年

公关实验室(6)

经济政策(9)

英文写作和通信(6)

企业组织与人力资源管理(6)

公法与私法的机构(6)

创意实验室(9)

(创意与设计或技术创意广告)

专业英语Ⅲ(6)

选择培训活动(6)

最终测试(6)

选修课程

企业战略与政策(6)

企业通讯的语言和数字(6)

社交(6)

用于传播的公共政策(6)

零售及品牌沟通(6)

传播经济(6)

政治沟通(6)

(传播、广告和公共关系学院)市场、消费和传播(硕士)——专业和课程

所属类别：LM－59 传播学，商业和广告

学年制：2 学年

授课类型：传统教学模式

授课语言：意大利语

具体课程

第一学年

数字营销(6)

论全球化(6)

市场研究和数据分析(15)

深度营销(9)

商务英语(在每个第二学年考试)

企业的经济数字(6)

社会网络(6)

选择培训活动(12)

第二学年

战略和社会化媒体营销的技巧(6)

商务英语培训(9)

传播策略和媒体策划(9)

企业法和数字传播(6)

复杂组织中的领导、群体动力学和心理学(6)

专业舞台/工作室(6)

最终实验室测试与职业化(18)

选修课程

问题与危机传播(6)

理论和组织管理模式(6)

风格和消费趋势：进化和比较分析(6)

战略与企业绩效(6)当代时尚(6)

战略和密集型企业设计政策(6)

社会统计社会网络分析的实验室(6)

数码市场(6)

传播性能测试(6)

（传播、广告和公共关系学院）电视、电影和新媒体（硕士）——专业和课程

所属类别：LM－65 多媒体制作与表演学

学年制：2 学年

授课类型：传统教学模式

授课语言：意大利语

具体课程

第一学年

实验室指导(9)

数字编辑实验室(12)

照明和拍摄技术实验室(6)

媒体声音(12)

视觉研究(12)

虚拟数字(6)

活动选择(6)

第二学年(电影和新技术方向)

电影故事和叙事(12)

动画及视觉效果实验室(9)

影院扩展(6)

电影实验室(9)

专业舞台/工作室(3)

活动选择(6)

最终测试(12)

第二学年(电视和跨媒体方向)

跨媒体故事讲述和叙述(12)

新媒体与数字娱乐(12)

电视、社交媒体和网络(6)

电视跨媒体的要素和业务模式(6)

专业舞台/工作室(3)

活动选择(6)

最终测试(12)

（传播、广告和公共关系学院）新闻学硕士——课程设置

具体课程

第一学年

编辑和新闻写作

新闻史

视觉信息处理与通信图

新闻与出版的权利

第二学年

专业领域

多媒体编辑项目

（传播、广告和公共关系学院）音乐制作和出版硕士（MBA课程）——课程设置

具体课程

理论模块

音乐学（音乐、古典、爵士、流行、民族、电影和媒体）

历史和音乐出版实践

版权法

企业经济学元素

营销

现代音乐语言与翻译

计算机科学（网络媒体）

新媒体技术

案例研究

模拟实验室

最终测试

实用模块

唱片制作

市场营销推广光盘

社交媒体和新闻办公室

数字电视的发展与管理

视听产品

社交网站和网络推广

版税和许可证

搜集

出版音乐

与意大利作家和编辑会的关系

市场分析与研究

（传播、广告和公共关系学院）文案和广告传播硕士——课程设置

具体课程

神奇的词汇

字数统计

戏剧性的词汇

非营利性文案

什么是平均中立?

伟大的文案

寄生虫,自信,永远饥饿(广告创意)

创造力是一种病毒(病毒式营销和它的工具)

品牌娱乐

从文案看文案

当非传统营销不再是时尚

新词(1)

新词(2)

梦想的词汇

词汇的由来

只要这个词

音乐与词汇

故事的胜利

无论如何都要面对的工作日常

如果穆罕默德不上山(积极性与主动性)

语言是石头

你的语言(简报)

（传播、广告和公共关系学院）出版学硕士——课程设置

具体课程

硕士课程

模块 1：意大利出版史

模块 2：行业专业化

模块 3：与作者的对话

模块 4：编辑

模块 5：样稿

模块 6：页面布局

模块 7：封面图形、内部图形与 Photoshop

模块 8：校对；作者的修正和编辑校正

模块 9：PDF 印刷准备；发送打印文件，FTP

模块 10：电子书

模块 11：促销卡

模块 12：发票和装运单据

模块 13：新闻

模块 14：事件

模块 15：贸易展会

实用模块

编译评估

编辑干预

样稿的校正

书籍布局

海报布局

润饰图像

校对

晋升编译

准备发票和装运单据

事件的制备

参与事件

参加贸易展览会

日本　上智大学
（Sophia University）

（文学院—新闻学院）新闻学专业本科——专业课程

必修科目

学年	科目	学分	担当教员	备考
	〔必修科目〕			
1年	传播原理	4	石川　旺	后期研讨
	练习(报纸新闻)	2	植田　康夫	作文·稿件练习
	练习(广播电视)	2	音　好宏	电视中心培训
2年	新闻史	4	铃木　雄雅	
	时事研究	4	桥场　义之	抽选科目
	国际传播原理	4	藤田　博司	抽选科目
	练习Ⅱ	2	学科教员	隔周,每月开讲2回
3年	人类行为和大众传播	4	音　好宏	
	媒体论	2	田岛　泰彦	
	练习Ⅲ	2	学科教员	隔周,每月开讲2回
4年	媒体伦理的立法理论	4	田岛　泰彦	
	练习Ⅳ	2	学科教员	
	卒业论文	4	学科教员	

选修科目

学年	科目	学分	担当教员	备考
	〔学科科目(A群)〕			
2—4年	新闻论	4	桥场　义之	
	广播电视论	4	石川　旺	
	杂志论	4	植田　康夫	
	出版论	4	植田　康夫	
	电影论	4	千叶　伸夫	2004年度休讲
	〔学科科目(B群)〕			
2—4年	外交部新闻Ⅰa	2	阿部　るり	
	外交部新闻Ⅰb	2	音　好宏	2004年度休讲
	外交部新闻Ⅱa	2	铃木　雄雅	
	外交部新闻Ⅱb	2	田岛　康彦	
	外交部新闻Ⅲa	2	音　好宏	2004年度休讲
	外交部新闻Ⅲb	2	音　好宏	
	〔学科科目(C群)〕			
2—4年	时事专项研究Ⅰ（国内）	4	仓重　笃郎	
	时事专项研究Ⅱ（国际）	4	西仓　一喜	
	（国际）			
3—4年	英语报道Ⅰ	4	藤田　博司	抽选科目、99年次生以前是必修
	英语报道Ⅱ	4	阿部　るり	抽选科目、99年次生以前是必修

选修科目

学年	科目	学分	担当教员	备考
	〔学科科目(A 群)〕			
2 年	论文写法Ⅰ	4	仙名　纪(讲师)	元朝日新闻社、翻訳家
3 年	论文写法Ⅱ	2	城山　邦纪(讲师)	
3 年	论文写法Ⅲ	2	城山　邦纪(讲师)	
3—4 年	传播技术	4	阿部　るり	
2—4 年	影视制作Ⅰ	4	音　好宏	
3—4 年	影视制作Ⅱ	4	金山　勉	2004 年度休讲
	报道论	4	桥场　义之	
	编辑论	4	元木　昌彦、初见　国兴	轮讲
	广告论	4	脇田　直枝、落藤　隆夫	隔年开讲、轮讲
	媒体控制查	4	渡辺　久哲	2004 年度休讲
1—4 年	特殊新闻Ⅰ	2	田岛　康彦(代表)	轮讲、抽选科目
	特殊新闻Ⅱ	2	石川　明	
3—4 年	大众文化论	4	植田　康夫	
2—4 年	今天的新闻	4	音　好宏(代表)	轮讲、抽选科目

（文学研究所—新闻学院）新闻学专业研究生——专业课程

本学科旨在进行有关新闻和大众传播的专门研究。从上智大学的国际传统出发，重点放在理论和历史研究，以及对报纸、广播、杂志、出版、电影、广告、新媒体和公共关系的分析。在完成硕士课程所需获得的知识的基础上，博士课程的目的是通过传播理论的研究，系统培养在大众媒体和新媒体这一专业领域的研究人员。

课程列表

传播理论（讲座）

新闻史（讲座）

新闻史（研讨会）

大众传媒（讲座）

主题：新闻（讲座）

主题：广播（讲座）

大众传播的法律与伦理（讲座）

美国大众传媒（讲座）

研究方法（讲座）

传播理论专题研究研讨会

传播理论专题研究Ⅰ

传播理论专题研究Ⅱ

新闻史专题研究

新闻史专题研究研讨会

大众传媒专题研究Ⅰ

大众传媒专题研究研讨会

日本　筑波大学
（University of Tsukuba）

筑波大学没有独立的被称为传播学或者新闻学的专业，相关的课程内容基本上都集中在信息（情报）学群的专业中。

所属总学群：信息（情报）学群

下属学群：信息科学；知识信息·图书馆学；信息创生学

下属具体专业和领域：

信息科学：软件科学专业；信息系统专业；智能信息专业

知识信息·图书馆学：知识科学；知识信息系统；信息资源经营

信息创生学：图像、声音媒体；交互系统；网络科技；网络媒体的信息管理、共享、搜索、发现；数字内容的制作、表达；高级计算机开发；认知科学

（情报学群）信息科学——课程设置

第一、二学年

信息领域的基础学习

专业科目及主要专业共通科目，信息领域国际标准和课程体系中必需学习的科目。这些课程，是情报科学类的所有学生养成的共同的知识基础。

专业课

第一学年

电脑基础·同实习

程序设计入门 A·B

情报科学基础实验

离散结构

逻辑电路

情报科学概论 1

计算机

第二学年

数据结构和算法・同实验

逻辑电路实验

软件科学概论 2

情报概论 2

智力信息媒体概论 2

计算机科学算法

数值计算法

系统控制概论

情报理论

逻辑和形式化

电路/机械语言绪论

逻辑系统・同实验

软件技术

软件构成论

计算机图形基础

数学・物理学

第一、二学年通识

线性代数 1・2

解析学 1・2・3

复函数论

概率论

电磁学

模拟物理力学

个人意愿型课程

第二学年

信息特别演习 1

技术英语

信息学群共通科目

第一、二学年

信息社会法制建设

知识产权概论

一般科目

第一学年

职业

国语

第一外语(英语)

第二外语

第一、二学年

综合科目(培养广阔视野的各学科通识性科目)

自由科目(自由选修其他学科科目)

体育

第三、四学年

主要专业的专业学习

软件科学、信息系统、智能信息媒体,以这三个主要专业为学习专业开展。

共通科目

程序语言论

数学算法

人工智能

计算机体系结构

计算机网络的操作系统 1

数据库概论 1

信号处理概论

模式识别

人机界面

情报

计算机科学算法

软件科学方向主要科目

程序/自动机和形式语言理论

计算模型理论

计算逻辑

情报可视化

软件科学

情报随机过程

数理情报学

数字模拟

互动 CG

系统数理 1・2

情报线性代数

信息系统方向主要科目

并行处理架构 1・2

系统评价技术

VLSI 工学

程序语言处理

操作系统 2

系统程序

分散系统软件工学

数据库概论 2

信息检索概论

电子电路

智能信息方向主要科目

认知科学概论

统计学

自然语言处理

视觉信息科学

知识处理概论

机械学习

信号分析

数字信号处理

声音听觉信息处理

画像识别工学

画像工学

个人意愿型课程

信息特别演习 2

实习 1·2

毕业研究 A·B

专业语言 A·B

自由科目

自由科目

体育

（情报学群）知识信息·图书馆学——课程设置

共通科目

信息社会法制

知识产权概论

体验型系统开发

基础科目

综合科目 1

综合科目 2

综合科目 3

体育

第二外语

专业基础课目

知识信息概论

哲学

信息系统概论

图书馆概论

信息基础

信息基础实习

博客练习

信息数学

基础数学

统计

知识信息演习

定量调查法

多变量解析

专业英语

信息探索论

信息行动论

知识发表基础论

知识资源组织化论

自然资源解析基础

社会学

公共经济学

经营组织论

知识探索的世界 1、2

专业科目

（知识科学方向主要科目）

特许信息论

医疗信息论

技术交流

科技传播学

知识论

知识传播

社会文化论

（知识信息系统方向主要科目）

信息程序库

信息记录

信息服务系统

信息检索法

网络编程

信息技术

信息表现处理

知识资源记录

知识资源的分析

知识资源的用语管理

信息构造

信息处理

……

（信息资源经营方向主要科目）

图书馆论

学术情报基础论

情报经济论

信息服务构成论

图书馆和信息服务的比较研究

教育文化政策

学校图书馆论

信息教育实践评估

情报法

知识产权论

图书馆信息法制论

图像文化论

图书馆文化史论

中国图书学

日本图书学

（学科共通）

知识信息特论 1、2、3

学习指导与学校图书馆

情报信息的活用

读书与丰富的社会性

实习

（情报学群）信息创生学——课程设置

第一、二学年

共通科目

第一学年

综合科目 1

第一外语

专门英语基础演习

综合科目 2

体育

第二学年

第二外语

国语

自由科目

专业基础科目

教养科目

第一学年

信息社会与法制

教养与科学

科学技术史

第二学年

知识财产概论

生物与信息

媒介社会学

网络技术

第一学年

信息媒介概论

信息通信概论

第二学年

信息工学概论

网络技术概论

内容流通基础概论

信息表达法/网络编程

人类学

第二学年

认知科学

人类测量方法

信息基础和信息科学

第一学年

线性代数 1

解析学 1

情报数学 1

第二学年

解析学 2

概率统计

统计分析

情报数学 2、3

信息技术

第一学年

信息技术实验

第二学年

信息概念

数字模拟

互动 CG

实习与实践

第三、四学年

专业选修课

网络和通信技术

通信网络

先进技术与内容表现

组织运用和管理

内容积累和流通技术

数据库系统 1、2

经营语言……

交互技术

知觉心理学

视觉信息处理

交互技术

信息可视化

工科

系统数学 1、2、3

情报数学 4

有限形式语言

内容处理与技术活用

图像情报处理

声音信息处理

音乐信息处理

知识与自然语言处理

内容制作与基础技术

交互 CG

信息设计 2

图像表现法

日本　东京经济大学

（Tokyo Keizai University）

在传播学院，本学科有三个方向的课程可供选择，设立了以两年为一个单位的课程模块。学生可以选用以下两个课程来设置自己的课程模式。

由于这些课程设置仅为参考案例，实际上使用的学习计划会考虑毕业要求，以及满足每个人的兴趣和学习期望，经常酌情设置调整课程。其中需要注意的是，属于学科综合教育的英语交流和电脑知识介绍是必修课程，四个学年中要完成8个学分的毕业研究。

三个课程方向分别是：

(1) 全球课程(全球)：深化文化多样性的认识，要学好作为必要工具的英语学科，并需要学习社会上热门的主题。

(2) 媒体课程(媒体)：和大众媒体，如电视、报纸、杂志、互联网和手机等新的社交媒体相关的传播主题。

(3) 企业课程(公司)：理解企业传播、企业管理、媒体环境和公民意识，滋养“战略性思考力量”，将学习必要的公共关系和广告人员知识。

（传播学院）传播学本科——全球课程内容

全球课程 · A 系列课程

目的在于提高英语水平，同时要选修20个学分以上的英语学科科目。

综合教育科目（36学分以上）

第一学年

英语交流Ⅰ/Ⅱ

跨文化交际

文化人类学

文化学

语言学

传播原理

计算机知识介绍

信息社会理论

媒体代表

核心科目

第一学年

传播学概论

媒介素养概论

多媒体概论

社会研究概论

第二学年

实习

毕业研究

主题课程（20 学分以上）

第二学年

全球传播科学

英美文化理论

英语语言学概论

英语和文化理论

英美文学

现代语言学

当地的文化理论

业务沟通

研讨会主题

英语研讨会

演讲

翻译和解释方法

高级英语Ⅰ/Ⅱ/Ⅲ

学术写作

英语口语

英语语法

英语阅读

日语研讨会

全球课程·B系列课程

广泛了解周边地区文化，以及各种风格的呈现模式。

综合教育科目（36学分以上）

第一学年

英语交流Ⅰ/Ⅱ

跨文化交际

文化人类学

文化学

语言学

传播原理

计算机知识介绍

信息社会理论

媒体代表

核心科目

第一学年

传播学概论

媒介素养概论

多媒体概论

社会研究概论

现代社会学

第二学年

实习

毕业研究

主题课程（20 学分以上）

第二学年

全球传播科学

视觉文化理论

媒介文化理论

美国文化理论

英国音乐文化理论

本土文化理论

比较文化

电视文化理论

传播史

艺术理论

代表和批评

研讨会主题

英语研讨会

肢体表现研讨会

（传播学院）传播学本科——媒体课程内容

媒体课程·A系列课程

广播、电视、报道等制作和编辑的技术，以及培养这类工作意识的课程。需要重视多样的媒体制作技术。

综合教育科目（36学分以上）

第一学年

英语交流Ⅰ/Ⅱ

跨文化交际

文化人类学

文化学

语言学

传播原理

计算机知识介绍

信息社会理论

媒体代表

核心科目

第一学年

传播学概论

媒介素养概论

多媒体概论

社会研究概论

现代社会学

社会心理学

第二学年

传播史

实习

毕业研究

主题课程（20学分以上）

第二学年

媒体传播科学

媒介理论

影视文化理论

广播理论

大众传播理论

新闻理论

出版理论

社会调查理论

信息产业理论

通信产业的理论

网络通信原理

计算机网络原理

广告理论

公共关系理论

视觉文化理论

地域文化论

比较文化

研讨会主题

肢体表现研讨会

媒体制作研讨会

数据研究研讨会

社会研究研讨会

媒体课程·B系列课程

广泛学习特定的媒体传播模式，学习了解社会背景以理解媒体和内容。

综合教育科目（36学分以上）

第一学年

英语交流Ⅰ/Ⅱ

跨文化交际

文化人类学

文化学

语言学

传播原理

计算机知识介绍

信息社会理论

媒体代表

核心科目

第一学年

传播学概论

媒介素养概论

多媒体概论

社会研究概论

现代社会学

社会心理学

第二学年

传播史

计算机科学

实习

毕业研究

主题课程（20学分以上）

第二学年

媒体传播科学

媒介理论

影视文化

传媒文化

广播理论

大众传播理论

新闻理论

出版理论

社会研究论

信息论产业

通信产业理论

网络传播理论

社会化媒体理论

计算机网络原理

广告理论

市场营销理论

视觉文化理论

音乐文化理论

研讨会主题

肢体表现研讨会

媒体制作研讨会

数据研究研讨会

社会研究研讨会

（传播学院）传播学本科——企业课程内容

企业课程·A系列课程

重点放在企业的外部传播交流学习。

综合教育科目（36学分以上）

第一学年

英语交流Ⅰ/Ⅱ

跨文化交际

文化人类学

文化学

语言学

传播原理

计算机知识介绍

信息社会理论

媒体代表

经济学

工商管理

核心科目

第一学年

传播学概论

媒介素养概论

多媒体概论

社会研究概论

现代社会学

社会心理学

沟通心理学

第二学年

实习

毕业研究

主题课程（20学分以上）

第二学年

企业通信基础

公共关系理论

广告理论

市场营销管理

沟通策略理论

网络营销管理

社会化媒体理论

计算机网络原理

社会调查理论

媒介理论

呈现理论

研讨会主题

媒体制作研讨会

数据研究研讨会

社会研究研讨会

企业课程·B系列课程

重点放在企业的内部沟通与管理。在学习过程中，也借用其他学院的课程，如经济学和工商管理专业课程

综合教育科目（36学分以上）

第一学年

英语交流Ⅰ/Ⅱ

跨文化交际

文化人类学

文化学

语言学

传播原理

计算机知识介绍

信息社会理论

媒体代表

经济学

工商管理

核心科目

第一学年

传播学概论

媒介素养概论

多媒体概论

社会研究概论

现代社会学

社会心理学

沟通心理学

第二学年

实习

毕业研究

主题课程（20学分以上）

第二学年

企业通信基础

公共关系理论

营销管理

沟通战略理论

组织传播理论

社会化媒体理论

网络通信原理

计算机网络原理

社会调查理论

演讲论

信息论产业

通信产业理论

研讨会主题

媒体制作研讨会

数据研究研讨会

社会研究研讨会

（传播学院）传播学硕士——研究生课程内容

研究生课程主要由导师进行个别指导和授课组成。

具体授课内容

硕士论文写作指导	川井凉介	教授
媒体与传播的社会心理学	川浦　康至	教授
企业传播研究	驹桥　惠子	教授
媒体、传播与人的关系	柴内　康文	教授

广告与消费者的沟通	関沢　英彦	教授
全球化研究	深山　直子	准教授
社会和传播	长谷川　伦子	教授
现场工作技巧和传媒文化研究	山田　晴通	教授
硕士论文修改指导	渡辺　润	教授

韩国　梨花女子大学

（Ewha Womans University）

（社会科学学院）互动·媒体学部专业——专业课程

所属学院：社会科学学院

所属学部：互动·媒体学部

对应专业：媒体信息专业；广告宣传专业；广播影视专业

互动·媒体学部的教育目标是培养在随着数码技术的发展而到来的媒体融合时代，理解并创意性利用各种全球化环境中的媒体，具备泛媒体竞争力的复合型女性专门人才。

为此，互动·媒体专业的教育课程构成是新闻报道讲座、战略公关讲座、影像文化讲座、数码公关讲座、媒体经营/法制讲座等，力求在涵盖各领域专业知识的同时，利用副-辅修专业和各种融合项目培养复合型人才。

本专业毕业生可在有关媒体政策法制的政府、民间及媒体产业领域和数码媒体领域作为专业记者、制片人、广告宣传专家施展其才华。

具体课程

互动·媒体学部共同开设的课程

36032 媒体的理解

36041 广告的理解

36042 PR（公共关系）的理解

36048 广播的理解

36047 媒体写作基础

34682 报道摄影实习基础

90048 消费者心理学

20309 大众传媒理论

33286 信息社会和新媒体

36033 新闻写作基础

36034 新闻英语初学

36049 影像文本实习

36050 广播制作基础

34691 媒体调查方法

34692 传媒法

20307 国际传媒

34706 女性和媒体

20321 传媒批判理论

20311 媒体社会学

33768 媒体需求者论

33759 媒体心理学

33761 政治传播

34697 统计分析及应用

36030 人之间的沟通

36029 媒体与现代社会

媒体信息专业开设课程

33289 媒体产业论

35792 言论思想选读

34710 网络采访练习

33285 广播新闻制作

35103 中级报道实习

35104 新闻报道和写作

34711 新闻评论

33753 电子编辑及出版实习

34716 报道照片制作

20326 媒体史

35790 国际报道

35791 虚拟传媒论

35106 网络媒体制作

34714 媒体伦理案例分析

33288 媒体现场实习

35107 杂志和特写

35108 高级新闻报道和写作

35109 高级报道实习

35110 媒介和政治法律

35794 文化产业和版权

广告宣传专业开设的课程

35111 宣传战略论

35113 广告和营销

35795 虚拟 PR(公共关系)

35796 写作及制作宣传

35797 宣传媒体

35798 广告宣传战略开发方法论

35799 广告创造性概论

35115 广告媒体计划论

35117 宣传规划论

35119 广告文案

35126 传媒员工关系

35801 文化传媒

35118 协同广告企划管理论

35122 营销公关

35124 广播广告制作

35121 宣传活动实习

35803 国际性广告

35127 行政宣传论

35123 广告活动实习

35125 广告和公关Ⅰ

35804 整合营销沟通

35085 广告研讨会Ⅰ

35806 宣传研讨会Ⅰ

35129 广告和社会

35130 广告和公关Ⅱ

35807 危机管理

35808 广告研讨会Ⅱ

35809 宣传研讨会Ⅱ

广播影视学专业开设的课程

35774 数码媒体和文化

35773 照片制作基础

34721 影像设计基础理论及实习

34722 电影的理解

34720 影视策划实习

34729 多媒体制作实习

35810 演讲沟通基础

35131 广播制作Ⅰ

34730 影像企划实习Ⅱ

35811 VJ(电视编导)实习

35812 综艺节目制作实习

34724 影像文本实习Ⅱ

34733 特殊影像效果理论及实习

35132 电影理论和批评

34723 视觉传播理论

35133 大众文化研究

35813 喜剧制作实习

35814 数码影像制作研讨会

35815 网络广播的理论及实习

34726 教育广播

34725 影像媒体评论

34727 广播现场实习

34728 影像媒体产业研究

35134 广播及实习进行报道

34731 纪录片的制作

34732 影像美学

33772 广播经营/编论

351351 广播制作Ⅱ

韩国　中央大学
（Chung-Ang University）

（社会科学学院—新闻传媒学院）媒体信息——专业课程

第一学年

第一学期

数字媒体论(3)*

媒体内容论(3)

传媒概论(3)

第二学期

新媒体与社会(3)

多媒体新闻学理论(3)

第二学年

第一学期

大众传播理论(3)

理解传媒经济(3)

虚拟传播(3)

广播方法 1(2)

新闻写作训练 1(2)

---

* 括号中数字代表学分数。后同。

媒体实践 1(2)

国际报道(3)

第二学期

媒体受众理论(3)

视频制作初学(3)

广播方法 2(2)

新闻写作训练 2(2)

媒体与文化(3)

媒体实践 2(3)

第三学年

第一学期

国际传播理论(3)

视频制作中级(3)

媒体领导人(3)

在线新闻理论(3)

新闻摄影入门(2)

第二学期

高级广播影视制作(3)

媒体信息公开理论(3)

在线新闻服务(3)

中级新闻摄影(3)

勘探报道论(3)

第四学年

第一学期

媒体产业论(3)

采访报道论 1(3)

第二学期

电视节目策划

媒介舆论夸张

采访报道论 2

（社会科学学院—新闻传媒学院）数字媒体——专业课程

第一学年

第一学期

数字媒体论(3)

媒体内容论(3)

传媒概论(3)

第二学期

新媒体与社会(3)

多媒体新闻学理论(3)

第二学年

第一学期

新媒体内容和文化(3)

传播理论(3)

数字内容法

道德(3)

内容创作实践入门(2)

了解媒体内容(3)

第二学期

视觉传播理论(3)

设计的理解利用(3)

媒体美学(3)

媒体和技术(3)

中级内容创作实践(2)

第三学年

第一学期

新媒体心理学(3)

媒体的报道叙事(3)

媒体接口(3)

媒体研究方法(3)

媒体内容策划(3)

消息评论(3)

人类传播(3)

第二学期

新媒体社会学(3)

数字媒体编制组织(3)

数字内容产业(3)

移动通信(3)

动画实践(2)

定性研究方法(3)

第四学年

第一学期

数字媒体政策论(3)

内容演示文稿(3)

第二学期

未来社会和文化产业(3)

需求者福利论(3)

后　记

本论文集是“上海市卓越新闻传播人才教育培养基地项目”的成果。媒介融合环境下排空而来的新闻传播行业之巨大变革，给高校教学带来一系列的挑战和冲击。上海师范大学人文与传播学院的新闻传播学科通过收集整理和分析18所世界名校新闻传播教学课程资料的研究工作，在这里纵览世界范围内高校体制中新闻传播学科的应对态势；并以实事求是的态度，正视这一变革给我们每一堂课带来的影响。老师们以对学生真诚的负责精神，从对教学工作精益求精的职业立场出发，认真研讨多年来的执教案例，寻求参照，总结经验，以一种更上层楼的自我期许，作符合我们个性教学的多元化教学设计与改革的探索。尽管这部分教改探索的内容可能有待完善，但我们敝帚自珍，将这一束思考之花留存下来，以作自我激励。感谢项目总负责人金定海教授给我们这一探索以充分的支持和鼓励。

本论文集的教改探索论文部分由上海师范大学新闻传播学科的老师们撰作完成。美国、英国、新西兰、澳大利亚、意大利、日本、韩国等18所高校的新闻传播学课程基本资料的选择与翻译、整理，则由本人带领新闻学科研究生赵文文、吴竹筠同学完成。吴竹筠同学还参与了论文集后期的整理工作。

这部分资料的得来，翻译与整理并不容易，其中绝大部分来自各国各校官方网站下的各类渠道，我们花费了半年的时间才得以基本完成，整理并展示它的目的，正如英国卡迪夫大学的新闻媒介和文化研究学院在介绍其本科课程设置时所言："现代大众媒介，以及由于计算机技术而产生的新媒介加速融合趋势，理应成为高等教育的重要对象。我们的本科学位响应日益增长的媒介课程需求，旨在帮助学生批判性地理解、评论和参与媒介自己和其他社团的多样角色与功能的平台。"他山之石，可以攻玉。国外诸多学校立足于应对新媒体新媒介变革基础上的课程教育资料，是我们宝贵的镜鉴。我们在收集资料时注意了新闻传播学科在本科和硕士上的两个层面，并将其设置的位置，例如主修还是辅修，进入的条件、学分等；设置的结构，例如是第几级、前后课程配置条件等；设置的内容，如课程的知识点、创新点、实践点；设置的方法，如教学的手段、师资的配置、教学的检验等，尽可能全面细致地给予巨细无遗的展示。我相信，这部分截至 2015 年 6 月的阶段性的翔实资料，对于国内高校相关学科培养方案的改革，各类课程，尤其是通识课程的设计与改良，能给予视野、观念、方法、内容上的参考；同时，对于学有远志的新闻传播学科师生，也是一部有实际意义的游学导览。

感谢研究生们的勤奋努力与积极参与，与此同时，也特别感谢广西师范大学出版社上海分社刘广汉社长对本项目在出版上的积极支持，而本书责任编辑熊慧女士正是出自本人门下。由师生而为同道，相信这是每一位教师所追求的职业目标。谢谢众多学子对文化传播，对出版事业不离不弃，始终如一的坚持和追求。新闻传播学科兴旺发达的希望，寄托在年轻人的身上！

陈丽菲

2015 年 6 月